Jacky GIRARDET
Jean-Marie CRIDLIG

DE LA LANGUE FRANÇAISE 2

Méthode de français

CLE

INTERNATIONAL

Cet ouvrage est le fruit d'une large concertation menée grâce à la collaboration d'enseignants et de formateurs du monde entier.

Leurs remarques, observations et suggestions ont été précieuses, qu'elles aient été formulées à l'occasion d'une intervention pédagogique, durant une table ronde ou à l'issue d'une présentation.

Qu'ils en soient ici publiquement remerciés et que veuillent bien nous excuser les très nombreux collègues dont le nom n'a pu être cité.

M. ALANKO, M. ANYFANTI, F. AKHAMLICH, E. ANGELMO, J. AROUTIOUNOVA, A. AUBIER, G. BAUSANO, M. BOSCARDIN, T. BONINI, M. BRODERICK, J. CACHO, M. CALVO, F. CAMBOUROPOULOU, M. CASSIO, F. CASTELLI, G. CELORIA, E. CERAGIOLI, V. CERQUETTI, J. CHARANTONI, R. CHAVEZ, G. CHUDAK, M. CHUN-MING, E. COGNIGNI-CHELLI, E. CONWAY, D. CORNAVIERA, S. COURTIER, L. DE FAZIO, E. DEL COL, J. DIAZ CORALEJO, D. D'ORIA, L. FARO, C. FANARA, M. GAGO, A. GASCON, S. GAVELLI, A. GAZEPIS, J. GEIGER, T. GEORGEVITCH, G. GIL CURIEL, A. GREPPI, S. HALVORSEN, T. HATZIMANOLI, A. HAYNES, G. HOVART, M. IKONOMOU, U. JACKOWSKA, A. KANIEWSKA, J. KAZLOR, B. KLECANA, K. KOSLACZ, I. LAFFONT, F. LANCIEN, L. LAZANAKI, L. LAPOUX, CH. LESSART, E. LIAPI, A. MARQUEZ, B. MARTINEZ, L. MENENDEZ, E. MICCHELI, G. MIGDALSKA, B. MOLAK, CH. MONTAIGU, N. MUSKAUG, M. NAPOLI, V. NETO, M. NICHOLSON, I. OKECKA, M.-CH. ORSONI, M. PAINE, S. PANATTONI, M. PANDURI, M. PANUFNIK, G. PARACCHINI, M. PENAMEN, K. PORAYSUA, M.-F. RALLIER, A. RECCHIA, G. REYNARD, M. RODGER, L. SAETTA, M. SALA, M. SHIPTON, P. SPANTIDAKIS, M. SQUARZONI, M. TOUPET, T. TAKADA, M. TABONE, R. TOSCANO, M. WAI-MIN-ZHIU, S. WUATTIER, P. YIANNELI, U. ZECCHIN, A. ZINOPOULOU, M. ZLOLKOWSKA.

Les auteurs et l'éditeur

• Édition : Marie-Christine COUET-LANNES
• Fabrication : André Doucet
• Conception graphique : Evelyn AUDUREAU
• Mise en page : Frédérique BUISSON
• Couverture : J.S.M
• Illustrations : Marie-Hélène CARLIER
             Benoît du PELOUX
             Jean-Pierre SACHSÉ
             Gilles JOUANNET
• Cartographie : Graffito/Jean-Pierre MAGNIER
• Coordination artistique : Catherine TASSEAU
• avec la collaboration de Christine MOREL

Ce deuxième niveau de la méthode de français langue étrangère PANORAMA s'adresse à des étudiants grands adolescents ou adultes ayant déjà suivi 120 à 150 heures de cours. Il est conçu dans le même esprit que le niveau 1 et vise l'acquisition d'une compétence de communication générale (compréhension et expression orales et écrites).

• **Deux approches de la langue.** Trois unités « Histoire » alternant avec trois unités « Projet ». Dans les unités « Histoire », la révision et la présentation graduée du vocabulaire, de la grammaire et des situations de communication se font à travers des dialogues et des documents qui s'enchaînent comme dans un film de la vie quotidienne. La trame narrative est ouverte, permettant des échappées créatives. Dans les unités « Projet », c'est la perspective de réalisation individuelle ou collective d'un projet qui détermine les apports linguistiques et communicatifs. Ainsi dans l'unité 2, les informations fournies aux étudiants et les compétences développées convergent vers la production, en commun, d'un journal proposé comme un objectif concret.

• **Une gamme variée d'outils d'apprentissage.** Les pages « Grammaire », « Vocabulaire » et « Civilisation » de chaque leçon proposent un large éventail d'instruments didactiques : textes et documents favorisant la compréhension et l'expression, tableaux sur la langue ou l'acquisition d'automatismes, activités impliquant le réemploi des acquisitions, lectures « pour le plaisir », etc.

• **Un panorama des réalités françaises actuelles.** L'étudiant apprend la langue tout en découvrant les comportements et les préoccupations des Français d'aujourd'hui ainsi que les connaissances communément partagées en France. L'aspect progressif de la méthode s'applique non seulement aux compétences linguistiques mais également aux contenus culturels qui sont des enrichissements des acquisitions du niveau 1.

• **Une réelle souplesse d'utilisation.** L'autonomie de chaque double page permet d'effectuer des choix en fonction des intérêts et des besoins et rend possibles des anticipations sur la progression.

• **Une invitation constante à la production orale ou écrite.** PANORAMA est conçu de façon à impliquer l'étudiant et à susciter des débats et des confrontations entre les cultures. Les activités en petits groupes y tiennent une place importante car le désir d'échanger des informations et des points de vue, d'abord à l'intérieur du petit groupe, puis entre les différents groupes, constitue un des meilleurs stimulants de l'apprentissage.

Les auteurs

MODE D'EMPLOI

ORGANISATION GÉNÉRALE

- **18 leçons** regroupées en **6 unités** de 3 leçons.
- Chaque unité est suivie d'un **texte de lecture** et d'un **bilan**.

- Dans chaque leçon :
  – une double page « **Introduction aux contenus** »
  – une double page à dominante « **grammaire** »
  – une double page à dominante « **vocabulaire** »
  – une double page à dominante « **civilisation** »

DEUX TYPES D'UNITÉS

• UNITÉS « HISTOIRE » (1 - 3 - 5)

Dans ces unités, les dialogues et les documents écrits des pages « Introduction aux contenus » s'enchaînent pour raconter **une histoire**.

• UNITÉS « PROJET » (2 - 4 - 6)

Dans ces unités, les dialogues et les documents écrits des pages « Introduction aux contenus » s'organisent à partir d'**un thème**.
Tous les contenus de ces unités convergent vers la réalisation d'**un projet individuel ou collectif** (dernière leçon de l'unité).

ORGANISATION D'UNE LEÇON (4 doubles pages)

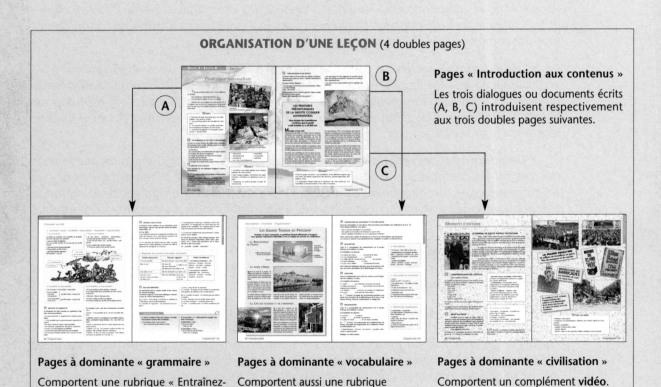

Pages « Introduction aux contenus »

Les trois dialogues ou documents écrits (A, B, C) introduisent respectivement aux trois doubles pages suivantes.

Pages à dominante « grammaire »

Comportent une rubrique « Entraînez-vous » (**automatismes grammaticaux**).

Pages à dominante « vocabulaire »

Comportent aussi une rubrique « Prononciation ».

Pages à dominante « civilisation »

Comportent un complément **vidéo**.

Pour le professeur et la classe :

 TROIS CASSETTES AUDIO

Enregistrements :
– des dialogues des pages « Introduction aux contenus »
– des rubriques « Entraînez-vous » et « Prononciation »
– des exercices d'écoute
LE LIVRE DU PROFESSEUR
LE FICHIER D'ÉVALUATION
LA VIDÉO

Pour l'élève :

LE CAHIER D'EXERCICES

- Exercices d'enrichissement lexical
- Exercices complémentaires de grammaire
- Activités d'orthographe
- Exercices de compréhension de l'écrit
- Activités d'expression écrite
- Préparation au Delf

 UN DOUBLE CD AUDIO
ou DEUX CASSETTES AUDIO

Unité 1

$U_{NITÉ}$ 1

COMPRENDRE ET S'EXPRIMER

- Raconter un événement passé.
- Aborder quelqu'un. Se présenter. Présenter et caractériser une personne.
- Comparer et apprécier dans le domaine esthétique.
- Décrire une personnalité, un comportement. Utiliser les pronoms compléments.
- Utiliser le subjonctif dans l'expression de la nécessité, de la volonté, du souhait. Se plaindre.
- Juger du caractère vrai ou faux d'un fait.

DÉCOUVRIR

- Scènes, images et mentalités de la province.
- L'art contemporain.
- Un auteur de comédie : Georges Courteline. Une plaisanterie célèbre dans les milieux artistiques de la Belle Époque.

Une journée presque ordinaire

Un samedi après-midi vers 6 heures dans une ville de Bretagne.

Retrouvailles

Chez un disquaire, deux anciens amis se retrouvent.

Le garçon : Bonjour ! Je crois qu'on se connaît. Je suis Arnaud... Arnaud Le Gall.

La fille : Arnaud ! Salut ! Comment vas-tu ? Qu'est-ce que tu deviens ? Tu travailles toujours au musée ?

Le garçon : Ben non. Le directeur n'a pas renouvelé mon contrat. Je suis de nouveau au chômage.

La fille : C'est pas normal ça. Il n'avait pas le droit !

Le garçon : Si. J'avais un contrat de six mois. Il a préféré engager une de ses amies. C'est dommage. J'aimais bien ce travail.

La fille : C'est moche ça.

Le garçon : Comme tu dis. Mais il le regrettera. Un jour …

Mécontentements

Au café Briand, on commente la dernière séance du conseil municipal.

L'homme : Ça ne peut pas continuer comme ça. Ce maire est un ambitieux qui pense seulement à son avenir personnel et qui se moque de notre ville. Regardez notre nouveau musée d'art contemporain. Il nous a coûté très cher. Et tout ça, pour des expositions que personne ne va voir.

La femme : Sauf quelques intellectuels parisiens.

L'homme : Mais c'est pas eux qui paient nos impôts.

Bizutage

Dans les rues, des étudiants de la faculté de médecine s'amusent.

Rencontre

Au musée d'art contemporain, les salles sont presque désertes.

L'homme : C'est moche ! C'est bête ! C'est nul, nul, nul ! Vous ne trouvez pas, mademoiselle... ou madame ?

La femme : J'ai l'impression que vous n'aimez pas beaucoup l'art moderne.

L'homme : L'art classique non plus. Voyez-vous, les tableaux, les pinceaux, les peintures, les sculptures, tout ça, c'est fini. Moi, je fais de l'art avec ma vie... Mais je me présente... Lambert Tanguy, professeur à l'École des beaux-arts... *(sonnerie)*. Ah ! Le musée ferme. Je vous invite à prendre un verre ?

La femme : Non merci.

L'homme : Et si j'insiste ?

La femme : Je persiste.

L'homme : Et si j'insiste encore ?

La femme : Je peux me fâcher.

Pages locales

Le lundi matin dans **L'Écho de Bretagne.**

À lire dans nos pages « LA VILLE »

- **Une séance du conseil municipal plutôt animée.** L'opposition critique les impôts trop lourds et la pire des gestions. Elle demande une ville plus propre et une meilleure sécurité.

- **Bizutage dans les rues.** Les étudiants d'aujourd'hui aussi fous et aussi inventifs que leurs aînés.

- **Acte de vandalisme au musée d'art contemporain.** Dans la nuit de samedi à dimanche, un ou plusieurs inconnus sont entrés dans le musée. Ils ont peint des moustaches sur un célèbre portrait de femme de Picasso. Ils ont aussi entouré de bandes de plâtre médical les membres d'une statue de Giacometti.

Passé - Présent - Futur

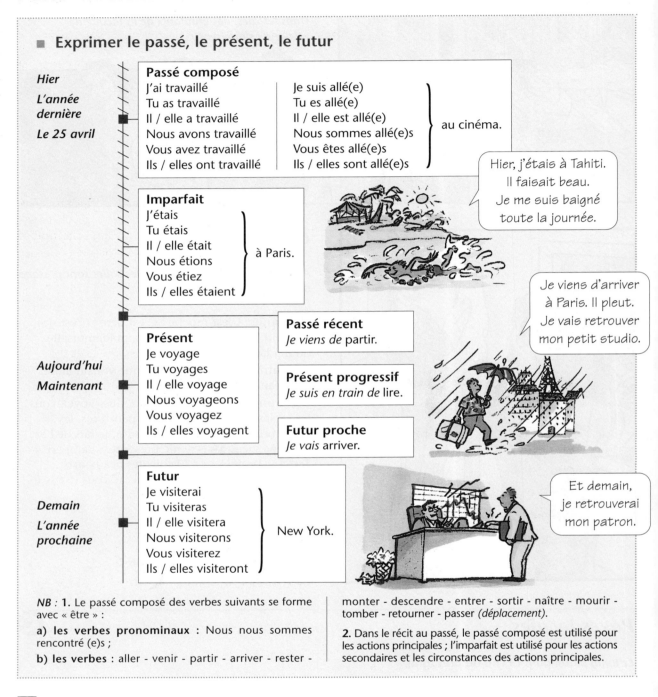

■ **Exprimer le passé, le présent, le futur**

Hier
L'année dernière
Le 25 avril

Passé composé
J'ai travaillé   Je suis allé(e)
Tu as travaillé   Tu es allé(e)
Il / elle a travaillé   Il / elle est allé(e)
Nous avons travaillé   Nous sommes allé(e)s   } au cinéma.
Vous avez travaillé   Vous êtes allé(e)s
Ils / elles ont travaillé Ils / elles sont allé(e)s

Imparfait
J'étais
Tu étais
Il / elle était   } à Paris.
Nous étions
Vous étiez
Ils / elles étaient

> Hier, j'étais à Tahiti.
> Il faisait beau.
> Je me suis baigné toute la journée.

Aujourd'hui
Maintenant

Présent
Je voyage
Tu voyages
Il / elle voyage
Nous voyageons
Vous voyagez
Ils / elles voyagent

Passé récent
Je viens de partir.

Présent progressif
Je suis en train de lire.

Futur proche
Je vais arriver.

> Je viens d'arriver à Paris. Il pleut. Je vais retrouver mon petit studio.

Demain
L'année prochaine

Futur
Je visiterai
Tu visiteras
Il / elle visitera   } New York.
Nous visiterons
Vous visiterez
Ils / elles visiteront

> Et demain, je retrouverai mon patron.

NB : **1.** Le passé composé des verbes suivants se forme avec « être » :

a) les verbes pronominaux : Nous nous sommes rencontré (e)s ;

b) les verbes : aller - venir - partir - arriver - rester - monter - descendre - entrer - sortir - naître - mourir - tomber - retourner - passer *(déplacement)*.

2. Dans le récit au passé, le passé composé est utilisé pour les actions principales ; l'imparfait est utilisé pour les actions secondaires et les circonstances des actions principales.

---

1 **RECONNAÎTRE LES TEMPS**

Arnaud Le Gall raconte.
Remettez les phrases dans l'ordre chronologique.
Imaginez son récit en ajoutant des précisions de temps *(Pendant six mois... Un jour... Alors...).*

• Je suis au chômage.
• J'ai travaillé au musée.
• Je vais m'inscrire à l'ANPE (Agence nationale pour l'emploi).

• Je me suis disputé avec le directeur.
• Je travaillerai ou je m'inscrirai à l'université.
• C'était un travail intéressant.
• J'organisais des expositions.
• Je viens de quitter le musée.
• Nous ne nous sommes plus parlé.
• Je lis. Je me promène.

« Pendant six mois, j'ai travaillé au musée. C'était un travail... »

2 PASSÉ COMPOSÉ OU IMPARFAIT

Mettez les verbes entre parenthèses au passé composé ou à l'imparfait.

Modifiez l'orthographe des pronoms quand c'est nécessaire.

La mère du narrateur vient de mourir.

« Je *(prendre)* l'autobus à deux heures. Il *(faire très chaud)*. Je *(manger)* au restaurant, chez Céleste, comme d'habitude. Ils *(avoir)* tous beaucoup de peine pour moi et Céleste me *(dire)* : "On n'a qu'une mère." Quand je *(partir)*, ils me *(accompagner)* à la porte. Je *(être)* un peu étourdi parce qu'il *(falloir)* que je monte chez Emmanuel pour lui emprunter une cravate [...]. »

Albert Camus, *L'Étranger*, Gallimard, 1957.

3 DU PASSÉ AU FUTUR

a) Elle raconte ce qu'elle a fait et parle de ses projets.
Utilisez les indications pour la faire parler.

> **L'an dernier...**
> Beaucoup de travail.
> Pas de vacances.
> Examen difficile.
> Rencontre avec Loïc.

> **Cette année...**
> Fatiguée.
> Toujours pas de vacances.
> Travail à mi-temps.
> Mariage avec Loïc.

> **L'an prochain...**
> Prendre un an de congé.
> Partir en voyage.
> Visiter l'Asie.
> Chercher un travail là-bas.

b) Leur vie va changer.
Imaginez et racontez.

L'an dernier, Christophe et Valérie se sont rencontrés. Ils sont tombés amoureux. Ils...

Mais cette année, ça ne va plus. Ils...

Alors, l'année prochaine...

4 RETROUVAILLES

Ils ne se sont pas vus depuis longtemps. Ils se retrouvent. Imaginez les scènes. Jouez-les.

• *Ils étaient étudiants dans la même université. Ils ne se sont pas vus depuis dix ans.*

• *Il sort de prison. Il retrouve ses anciens complices.*

« Alors, qu'est-ce que tu deviens ?
Qu'est-ce que tu as fait ces dernières années ?
Qu'est-ce que tu fais en ce moment ? »

Entraînez-vous

1. Ils sont passionnés par une activité. Répondez comme dans l'exemple.

• Est-ce qu'il lit beaucoup ?
– Il a beaucoup lu. Il lit beaucoup. Il lira beaucoup.

2. Répondez affirmativement ou négativement à ce sondage sur vos loisirs. Faites des phrases sans pronom complément.

• Est-ce que vous avez lu des romans cette année ?
– Oui, j'ai lu des romans.
– Non, je n'ai pas lu de romans.

Présenter une personne

■ **Présenter, caractériser les gens**

● **Pour présenter quelqu'un**
ou se présenter selon les situations.

François

Annie Durand

Je suis Patrick Durand, le mari d'Annie, et voici Arnaud Le Gall, un ami.

Je me présente : Patrick Durand.

Je vous présente Marie Lafont.

● **Constructions pour caractériser :**

→ **Le nom :** Florence est *une amie*. C'est *la collègue de mon cousin Arnaud*.

→ **L'adjectif :** Elle est *sympathique*.

→ **La proposition relative :** C'est une infirmière *qui travaille dans le même hôpital que lui*. C'est une amie *que je vois très souvent* et *avec qui je suis partie en Italie*.

REEVES (Hubert), astrophysicien. Né le 13 juillet 1932 à Montréal (Canada). Fils de Joseph Aimé Reeves, représentant, et de Mme, née Manon Beaupré. Père de 4 enf. : Gilles, Nicolas, Benoît, Évelyne. Études : Collège Jean-de-Brebeuf à Montréal, Université de Montréal, Université Mc Gill (Canada). Dipl. : Bachelor of science, Master of science (physique atomique), Doctor of physics (astrophysique nucléaire) de la Cornell University (États-Unis). Carr. : conseiller scientifique à la Nasa (1960-64), directeur de recherche au CNRS (depuis 1966), membre de la Société française de physique, membre de la Société royale du Canada (depuis 1991), auteur de séries télévisées comme *La Vie dans l'univers* (1982), de films scientifiques : *Le Soleil, notre étoile* (1981), etc. Œuvres : *Poussières d'étoiles* (1984), *Malicorne* (1990), *Compagnons de voyage* (1992) ; nombreux articles relatifs à l'astronomie, l'astrophysique, le nucléaire. Décor. : Chevalier de la Légion d'honneur, Officier de l'ordre du Canada. Distraction : musique. Sport : ski.

D'après le *Who's who in France*, 1995.

1 PRÉSENTER QUELQU'UN

Vous devez parler d'Hubert Reeves dans les situations suivantes.
Sélectionnez ce que vous allez dire dans chaque situation.

a) Un(e) ami(e) vous demande : « Qui est Hubert Reeves ? »

b) Vous êtes directeur d'un centre culturel. H. Reeves vient faire une conférence dans votre centre. Vous devez le présenter au public.

c) Dans une soirée, vous présentez H. Reeves à une de vos amies, écrivain et canadienne.

Jouez la situation c. avec votre voisin(e). Préparez par écrit la présentation de la situation b.

2 TRAVAIL EN GROUPES

Vous avez la possibilité d'inviter dans votre classe une personnalité célèbre.
Choisissez cette personnalité. Expliquez à la classe les raisons de votre choix.

3 SE PRÉSENTER PAR ÉCRIT

a) Lisez les extraits de lettres suivants. Observez comment les auteurs de ces lettres se présentent. Que peut-on apprendre sur ces personnes ?

b) Présentez-vous dans une lettre officielle. Choisissez une situation précise (demande d'emploi, d'entretien, de renseignements, etc.).

Exemple 1 : Un étudiant écrit à un professeur d'université qu'il ne connaît pas.

> Monsieur le Professeur,
> Je fais actuellement une thèse de doctorat sur l'œuvre de Julien Gracq. Passionné par cet auteur, j'ai lu avec intérêt les articles que vous avez publiés sur lui. Ils m'ont beaucoup aidé dans mes analyses mais je souhaiterais pouvoir approfondir le sujet avec vous.
> Je vous serais donc très reconnaissant, s'il vous était possible, de m'accorder un entretien.

Exemple 2 : Une secrétaire répond à une offre d'emploi. Cette lettre est accompagnée d'un curriculum vitae détaillé.

> Monsieur le Directeur,
> J'ai lu avec intérêt votre offre d'emploi pour un poste de secrétaire. Dix années d'expérience au service de deux petites entreprises m'ont permis d'acquérir le sens des responsabilités et le goût des tâches variées.
> Je souhaiterais vivement pouvoir travailler dans votre entreprise pour y apporter mon goût des contacts et mon sens de l'organisation.

4 ABORDER QUELQU'UN

🎧 **Écoutez les cinq scènes. Dans chacune, quelqu'un essaie d'engager la conversation avec un(e) inconnu(e).**

a) Notez :

– le lieu où se passe la scène
– la phrase d'introduction
– les réactions de la personne abordée.

b) Par quelles phrases aborderiez-vous un(e) inconnu(e) dans les situations suivantes :

– dans une réception de 300 personnes
– dans le train ou dans l'avion (la personne assise à côté de vous)
– dans une forêt
– dans une boîte de nuit
– dans la rue, etc.

Tybo et Goupil, *Le Guide du jeune couple*, Vents d'Ouest, 1993.

Prononciation 🎧

L'ARTICULATION DES VOYELLES

1 Écoutez les voyelles. Observez le tableau et sentez où la voyelle est articulée.

a) lecture horizontale : [i] → [y] → etc.
b) lecture verticale : [i] → [e] → etc.

2 Écoutez ces mots d'une syllabe. Trouvez la voyelle prononcée et répétez.

3 Écrivez ces mots. Ajoutez l'article qui convient :

Exemple : [vy] → la vue.

Position avant ———> arrière		
Bouche fermée [i]	[y]	[u]
[e]	[ø]	[o]
[ɛ]	[œ]	[ɔ]
Bouche ouverte [a]		

AIMEZ-VOUS L'ART MODERNE ?

H. Sorgh (1610-1670), *Le Joueur de luth,*
Leiweise Von Rijksmuseum, Amsterdam.

J. Miró, *Intérieur hollandais,* 1928, Museum of Modern Art,
New York.

1 ## COMPAREZ

Observez ces deux tableaux.

• Retrouvez dans le tableau de Miró les personnages et les objets présents dans le tableau de Sorgh.

• Comparez les couleurs et les formes des deux tableaux.
« Dans le tableau de Miró, les formes sont plus...
Le vert est moins... »

• Quel tableau préférez-vous ?

■ **Formes et couleurs**

• **Les couleurs**
(le) bleu - (le) jaune - (le) rouge, etc.
clair(e) / foncé(e), sombre
vif (vive) / nuancé(e)

• **Les formes**
une ligne droite / courbe
une forme géométrique
un cercle - un carré - un rectangle
un triangle

■ **Pour apprécier**

• **De l'intérêt à l'admiration**
• La peinture de Miró vous intéresse ?
– Oui, elle m'intéresse.
• Cette sculpture vous plaît ? – Elle me plaît.
• J'aime bien → j'aime beaucoup → j'adore
→ j'admire.
• C'est pas mal → bon → excellent.
• Je trouve ce tableau assez beau → beau
→ magnifique → superbe → admirable
→ génial.

De l'indifférence au rejet
• Ça me laisse indifférent.
• Ce n'est pas terrible.
Je n'aime pas beaucoup.
• Je n'aime pas du tout → je déteste →
j'ai horreur de...
• Ça ne vaut rien - C'est nul.
• Je trouve que c'est plutôt mauvais →
vraiment mauvais
laid → moche (fam.) → nul

2 PORTRAIT

Observez ce portrait réalisé par Arman.

• Faites la liste des objets que vous reconnaissez. Qu'apprend-on sur la personne représentée ?

• Choisissez 10 objets pour faire votre portrait à la manière d'Arman.

3 VOS PRÉFÉRENCES

Utilisez le vocabulaire de la rubrique *Pour apprécier* pour classer, par ordre de préférence, 5 artistes (peintres, musiciens, chanteurs, danseurs, etc.) que vous connaissez.

« J'ai horreur de...

... m'intéresse mais je ne l'aime pas beaucoup.

Je trouve la peinture de... admirable. »

4 PETITES HISTOIRES DE L'ART MODERNE

Lisez le texte ci-dessous et faites la liste des différentes manifestations artistiques. Donnez votre opinion sur ces manifestations. Connaissez-vous des histoires de scandales et de provocations artistiques ? Racontez.

Arman, *Portrait de Jacques de La Villeglé*, 1965, Musée d'Art contemporain, Nîmes.

LES ARTISTES CONTEMPORAINS : SÉRIEUX, HUMORISTES OU PROVOCATEURS ?

Depuis le début du xxᵉ siècle, le public ne comprend pas toujours les œuvres des artistes. Souvent, il se demande si ce qu'il voit est bien de l'art. En 1916, par exemple, Marcel Duchamp expose une roue de bicyclette. Il ajoute des moustaches et une barbe à une reproduction de *La Joconde*.

En mai 1957, Yves Klein invite le tout-Paris à une exposition intitulée *Le Vide*. La salle d'exposition est effectivement totalement vide et peinte en blanc mais le vernissage se déroule normalement : cocktail offert aux invités qui entrent par petits groupes, interview de l'artiste par les journalistes, etc. Deux ans plus tard, Arman invite le même public dans la même galerie, à une exposition intitulée *Le Plein*. La salle est cette fois entièrement remplie jusqu'au plafond d'objets de toutes sortes et personne ne peut entrer. En 1993, les Parisiens peuvent voir (et sentir !) à la galerie du Jeu de Paume une exposition de sculptures en beurre. À la même époque, James Turrel laisse ses visiteurs pendant 20 minutes dans une pièce obscure.

Tous ces artistes sont-ils sérieux ? Veulent-ils provoquer le public ou tout simplement veulent-ils nous amuser ?

Christo et Jeanne-Claude, *Le Reichstag Empaqueté*, Berlin, 1971-95.

La ville se réveille

Revendications

A

Lundi 10 h, au commissariat de police.

Le commissaire : Séverine, je m'en vais. Si le directeur régional appelle, dites-lui que je suis à la préfecture... Tenez, je vous laisse ces fiches.

Séverine : Qu'est-ce que j'en fais ?

Le commissaire : Eh bien, vous les entrez dans l'ordinateur.

Séverine : Monsieur le commissaire, je peux vous dire un mot ?

Le commissaire : Oui, mais dites-le vite. Je suis pressé.

Séverine : Écoutez, commissaire. Je travaille dans votre service depuis six mois. Et depuis six mois vous ne m'avez pas donné un seul travail intéressant. Les enquêtes, ce sont les autres qui les font. Quand il y a une urgence, ce sont les autres qui y vont. Et comme par hasard, les autres ce sont toujours les hommes. J'en ai assez ! Je n'ai pas fait l'école de police pour être secrétaire.

Le commissaire : Dites-moi ! C'est une révolte ça !

Séverine : Prenez-le comme vous voulez !

Le commissaire : Bon. Vous voulez une enquête ? Vous allez en avoir une. Occupez-vous de cette affaire de vandalisme au musée. Le dossier est sur mon bureau. Lisez-le ! On en parle à mon retour.

Suppositions

B

Quelques heures plus tard.

Le commissaire : Alors inspecteur, d'après vous, qui a fait le coup ? Vous avez une idée ?

Séverine : Pas encore. Tout est possible. Ça peut être un jaloux qui se venge du directeur du musée, des jeunes qui s'amusent, un déçu de la politique du maire...

Le commissaire : Vous croyez que l'opposition a pu organiser ça ?

Séverine : Pas vraiment. Il leur manque le sens de l'humour... Non, je vois plutôt une sorte de provocateur, un de ces idéalistes qu'on trouve dans les milieux artistiques...

Rumeurs

C

Pendant ce temps, en ville.

Il paraît que c'est cette bande de jeunes... Tout le monde les connaît. Mais la police va encore fermer les yeux. Il y a le fils du directeur de l'hôpital. Il y a...

Bonjour, Président ! Vous avez appris la nouvelle ? J'espère que notre Association des amis du musée va faire quelque chose.

J'ai déjà préparé une lettre de protestation.

Plutôt amusant, non ?

J'ai entendu dire que...

C'est inimaginable ! L'opposition utilise maintenant des méthodes terroristes !

La substitution

■ **Les pronoms compléments**

Le choix du pronom dépend de la nature du complément (personne ou chose) et de sa construction avec le verbe.

Tu connais Alice ?

Oui, je la connais.
Je lui téléphone souvent.
Je suis sorti avec elle.

Tu as lu des romans de Balzac ?

J'en ai lu.
Je les apprécie.

1. Pronoms compléments remplaçant des personnes (ou des animaux)

Personnes (pronoms sujets)	Construction sans préposition	Construction avec la préposition à (au, aux)	Construction avec la préposition de (du, des), Idée de quantité	Construction avec une autre préposition
je	me (m')	me (m')		moi
tu	te (t')	te (t')		toi
il-elle	le (l')-la (l')	lui	en	lui-elle
nous	nous	nous		nous
vous	vous	vous		vous
ils-elles	les	leur	en	eux-elles

2. Pronoms compléments remplaçant une chose ou une idée

Construction sans préposition	le (l') - la (l') les
Construction avec la préposition à (au, à la, aux) Complément de lieu	y
Construction avec la préposition de Complément précédé d'un mot de quantité	en

3. Constructions

• **forme affirmative**
Je le vois - Je l'ai vu - Je veux le voir.

• **forme négative**
Je ne le vois pas - Je ne l'ai pas vu - Je ne veux pas le voir.

• **forme interrogative (avec inversion)**
Le vois-tu ? - L'as-tu vu ? - Veux-tu le voir ?

• **forme impérative**
Regarde-le ! - Parle-lui ! - Prends-en !
Ne le regarde pas ! - Ne lui parle pas ! - N'en prends pas !

NB : Toutes ces constructions seront progressivement étudiées dans les rubriques « Entraînez-vous ».

1 COMPRÉHENSION DU SYSTÈME DES PRONOMS COMPLÉMENTS

Relevez les pronoms du dialogue A (p. 14).
Trouvez les mots qu'ils remplacent. Classez-les d'après les tableaux ci-dessus.

Exemple : « dites-lui » → **lui** remplace « le directeur régional ».
Construction : dire **au** directeur régional.

NB : Le verbe « s'en aller » signifie « partir ». Dans « je m'en vais », le pronom « en » fait partie du verbe.

2 CHOIX DU PRONOM ET CONSTRUCTION

Ils avaient des projets. Quelque temps après on les interroge. Trouvez les questions et les réponses comme dans l'exemple.

Exemple : J'irai à Florence. → Y es-tu allé(e) ?
– Non, je n'y suis pas allé(e).

• Je finirai mon travail. → ....
– Oui, ...

• Il téléphonera à Mireille. → ....
– Non, ...

• Nous irons en Suisse. → ....
– Non, ...

• Je ferai beaucoup de sport. → ....
– Oui, ...

• Je partirai avec Mireille. → ....
– Non, ...

3 EMPLOI DES PRONOMS COMPLÉMENTS

Complétez les deux dialogues avec les pronoms qui conviennent.

a) Projet de sortie

Lui : Tu as envie d'aller au restaurant ?
Elle : Oui, ...
Lui : On va au « Père Lapin » ?
Elle : D'accord, ...
Lui : On invite les Delvaux ?
Elle : Non, ...
Lui : On téléphone à Jacques ?
Elle : Non, ... Pourquoi tu veux inviter quelqu'un ? Tu t'ennuies avec moi ?
Lui : Mais non, ...

b) Un journaliste interroge le directeur du musée d'art contemporain.

Le journaliste : On a découvert les dégradations à quelle heure ?
Le directeur du musée : On .... à 9 heures.
J : C'est vous qui avez découvert ces dégradations ?
D : Non, ...
J : Avant 9 heures, il n'y avait pas d'employés dans le musée ?
D : Si, ... mais ils n'ont rien vu.
J : Est-ce que vous savez comment le malfaiteur est entré ?
D : Oui, ... Il est entré par la fenêtre du premier étage.
J : Il a volé des objets ?
D : Non, ...
J : Il a laissé quelque chose ?
D : Non, ...

4 COHÉRENCE DU TEXTE

a) Réécrivez le brouillon du texte ci-dessous en supprimant les répétitions.

Julien a rencontré Arielle un dimanche après-midi au jardin du Luxembourg. Julien a parlé à Arielle. Julien a invité Arielle à prendre un café. Julien a laissé son numéro de téléphone à Arielle. Le lendemain, Arielle a appelé Julien et c'est ainsi que tout a commencé. Arielle a présenté ses parents à Julien. Julien a apprécié les parents d'Arielle. Il a parlé aux parents d'Arielle de ses travaux sur l'histoire de Paris. C'est un sujet passionnant. Le père d'Arielle s'intéresse beaucoup à ce sujet. Il possède de nombreux livres d'histoire. Il a prêté deux livres à Julien.

« Julien a rencontré Arielle. *Il lui* a parlé... »

b) Un journaliste écrit un article sur les actes de vandalisme du musée d'art contemporain.
Utilisez les informations de la partie c, p. 7, et de la partie b de l'exercice 3 ci-dessus pour rédiger cet article.

Entraînez-vous

LES PRONOMS COMPLÉMENTS DIRECTS

1. Elle va partir en voyage. Un ami lui pose des questions.

a) Répondez affirmativement.
• Tu visiteras les États-Unis ?
– Oui, je les visiterai.

b) Répondez négativement.
• Tu visiteras la côte Ouest ?
– Non, je ne la visiterai pas.

2. Préparatifs de départ.

a) Répondez affirmativement.
• Tu as pris ton billet ?
– Oui, je l'ai pris.

b) Répondez négativement.
• Tu emmènes tes parents ?
– Non, je ne les emmène pas.

Les comportements

À QUEL TYPE DE FRANÇAIS APPARTENEZ-VOUS ?

TEST

Entourez une seule réponse par question

Que faites-vous pour rester en forme ?

A - de la gymnastique ou de l'aérobic
B - du jogging en famille
C - de la marche en forêt
D - du yoga
E - de la musculation

Où vous sentez-vous bien ?

A - en ville, dans la foule
B - dans un jardin public
C - dans une église déserte
D - sur une île déserte
E - sur votre moto

Quelles sont vos vacances idéales ?

A - quelques jours de ski ou de mer tous les trois mois
B - en famille, en camping-car
C - retour dans la région familiale
D - le tour du monde
E - dans un club de vacances

Quelle est votre dépense prioritaire ?

A - la voiture
B - l'assurance pour la maison et la famille
C - du matériel de bricolage
D - un voyage à l'étranger
E - votre maison

Quel est votre logement préféré ?

A - une belle résidence
B - une vieille maison à la campagne
C - un appartement bourgeois
D - le dernier étage d'une tour moderne
E - une maison avec jardin en banlieue

Comment payez-vous vos achats ?

A - avec une carte de crédit
B - par chèque
C - en espèces
D - vous préférez échanger quelque chose
E - vous achetez à crédit

Quel est votre repas préféré ?

A - un plat surgelé
B - un bon repas en famille autour d'un bœuf bourguignon
C - un petit repas simple en famille
D - un plat exotique
E - un hamburger et un Coca

Quel sport aimeriez-vous faire ?

A - du tennis
B - du vélo
C - du patinage
D - de la voile
E - de la compétition automobile

LES MOTS QUI VOUS CARACTÉRISENT

Dominante A.
Vous êtes un(e) ACTIVISTE.

Vous êtes travailleur, entre-prenant, réaliste, volontaire, professionnel, autoritaire, bien informé. Vous aimez bavarder. Vous êtes tourné vers l'avenir. Vous savez vous adapter.

Dominante B.
Vous êtes un(e) MATÉRIALISTE.

Vous êtes respectueux des tra-ditions. Vous avez peur du pro-grès technique. Vous aimez rester chez vous. Vous aimez bricoler. Vous avez le sens de la famille. Vous êtes calme, plu-tôt passif et modeste.

Dominante C.
Vous êtes un(e) RIGORISTE.

Vous êtes travailleur, économe, moralisateur. Vous aimez défendre les valeurs traditionnelles : la famille, le patrimoine, la religion. Vous avez peur du progrès. Vous avez le sens des responsabilités et vous respectez vos chefs.

Dominante D.
Vous êtes un(e) ORIGINAL(E).

Vous êtes cultivé, curieux de tout, créatif. Vous êtes très indépendant et orgueilleux et vous n'aimez pas l'autorité. Vous n'aimez pas beaucoup le travail. Vous aimez voyager. Vous êtes anticonformiste et souvent désordonné.

Dominante E.
Vous êtes un(e) INDIVIDUALISTE.

Vous aimez l'argent et vous êtes dépensier. Vous êtes un bon vivant en famille et avec votre petite bande de copains. Vous êtes débrouillard, parfois agressif. Vous faites toujours très attention à votre apparence.

Sources : Bernard Cathelat et Gérard Mermet,
Vous et les Français, Flammarion, 1985.

1 VOTRE PERSONNALITÉ

• **Faites le test de la page 18.**
Comptez le nombre de A, B, C, etc., que vous obtenez.

NB : Si vous avez entouré 3 fois la même lettre vous pouvez considérer que c'est une dominante.

• **Lisez la description de votre personnalité.**
Présentez-la à votre voisin(e) en donnant votre opinion.

« On dit que je suis entreprenant, c'est vrai. Mais je ne suis pas autoritaire… »

2 LES TYPES DE PERSONNALITÉS

Connaissez-vous, dans votre pays, des personnages qui correspondent à ces types (roman, cinéma, personnalités connues) ?
Présentez-les.

3 QUALITÉS ET DÉFAUTS

Dans les cinq descriptifs, trouvez des mots ou expressions pour compléter le tableau suivant :

	Qualités	Défauts
Profession	travailleur …	passif …
Relations humaines	calme …	…

4 HYPOTHÈSES

Participez à la conversation B, p. 15.
Faites des hypothèses sur l'auteur de l'acte de vandalisme.

Prononciation

L'ARTICULATION DES VOYELLES NASALES

1 Opposition voyelle / voyelle nasale.

Écoutez et répétez ces couples de mots.
Retrouvez les sons sur le tableau.
Écrivez ces mots. Mettez un article quand il s'agit d'un nom.

Exemple : [p ɛ] / [p ɛ̃] → la paix / le pain.

Position avant	⟶	arrière
[ɛ] - [ɛ̃]	[œ] - [œ̃]	[ɔ] - [ɔ̃]
	[ɑ] - [ɑ̃]	

2 Opposition entre les voyelles nasales.

Écoutez et retrouvez le sens de ces groupes de mots.
Écrivez-les et notez les voyelles que vous entendez.

Exemple : du bon pain de campagne.
[ɔ̃] [ɛ̃]   [ɑ̃]

UNE VILLE DE PROVINCE

PARIS / PROVINCE

• **Images**

Rennes (206 000 habitants), capitale régionale de la Bretagne.
Nombreuses manifestations culturelles.
Une technopole qui regroupe une université, des industries
et des organismes de recherche.

La « Bretagne profonde ».
Les activités agricoles disparaissent. Les jeunes quittent le pays.

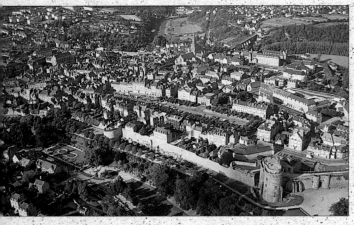

Dinan (13 000 habitants), une petite ville de province à quelques
kilomètres de Rennes.

1 **L'OPPOSITION PARIS / PROVINCE**

Observez et lisez les documents.

• Pourquoi les Français opposent-ils Paris et la province ?

• Peut-on parler d'une unité de la province ?

• Expliquez :
  – les différences de mentalité entre Parisiens et provinciaux ;
  – les jugements qu'ils portent les uns sur les autres ;
  – l'emploi des mots en italiques dans le paragraphe « Une différence d'altitude », p. 21.

• **Mentalités**

Mots préférés des Parisiens (non cités par les provinciaux) :

> original - théâtre - art - voluptueux - émotion - livre - différent - absolu.

Mots préférés des provinciaux (non cités par les Parisiens) :

> famille - fidélité - honnête - maison - campagne - mariage - naissance - honneur.

• **Jugements**

Des provinciaux sur les Parisiens

> Ils sont : - stressés (91 %)
> - élégants (62 %)
> - superficiels (44%)
> - antipathiques (38 %).

Des Parisiens sur les provinciaux

> - Ils vivent mieux que nous (70 %).
> - Ils travaillent moins que nous (50 %).
> - Ils ont toujours quelques années de retard sur nous (40 %).

• **Histoire**

Jusqu'à la Révolution, le royaume de France est composé d'une trentaine de provinces (la Bretagne, la Normandie, etc.) et chaque province garde ses particularités culturelles. À partir du XIXᵉ siècle, les provinces sont remplacées par les départements (environ 90) et les administrations sont *centralisées* à Paris. Progressivement, l'école publique et obligatoire unifie le territoire de la France et les particularités régionales disparaissent. Le mot province désigne alors « la France sauf Paris ».

• **Une différence d'altitude**

Même s'il vient de Saint-Véran (la plus haute commune de France), le provincial dit « *Je monte* à Paris ».

Le Parisien *descend* toujours en province, surtout quand il va dans la France *profonde*. Un fonctionnaire parisien nommé à Ambert (Auvergne) se retrouve dans *un trou*. L'homme politique envoyé dans la même ville pour être candidat aux élections est *parachuté*.

DINAN, VILLE DE PROVINCE

2 **UNE DINANNAISE PARLE DE SA VILLE**

Écoutez la conversation entre une habitante de Dinan et un étranger.

• Complétez les rubriques du guide touristique.

> ### DINAN (13 000 habitants)
> • Situation ……………………………………
> • Impression générale …………………………
> • Intérêt touristique …………………………
> • Vivre à Dinan …………………………………

• Rédigez un bref commentaire pour les photos de cette page.

• Quelles sont les caractéristiques de la vie dans cette ville de province que vous ne pouvez pas mettre dans un guide touristique ?

• Existe-t-il une opposition entre la capitale et la province dans votre pays ? Comparez avec la situation en France.

Pour la défense de la langue bretonne.

Dinan : la fête des Remparts.

Dinan : la place Saint-Sauveur.

Dinan : la rue du Jerzual.

L'enquête commence

Pressions

Le commissaire reçoit un appel du maire.

Le maire : Commissaire, j'ai appris que les journalistes menaient eux aussi leur enquête.

Le commissaire : C'est inévitable. Ils ont enfin quelque chose d'amusant à raconter.

Le maire : Ça vous amuse peut-être. Mais moi pas. Je n'ai pas envie qu'ils découvrent le coupable, qu'ils en fassent deux pages dans *L'Écho de Bretagne* et qu'ils vendent leurs informations au journal télévisé. Bref, je voudrais que vous mettiez vos meilleurs hommes sur cette affaire.

Le commissaire : Vous savez, ils n'ont pas que ça à faire.

Le maire : Écoutez ! J'ai rencontré ce matin le directeur de l'hôpital. Il se plaint que des journalistes soient allés interroger son fils à la sortie du lycée et qu'ils aient posé des questions indiscrètes.

Le commissaire : Ils ne sont peut-être pas sur la mauvaise piste…

Le maire : Vous voyez… Commissaire, il faut que vous ayez résolu cette affaire demain soir !

Interrogatoire

Séverine est allée voir Lambert Tanguy à l'École des beaux-arts.

Lambert : Ça alors, c'est une surprise ! Et depuis quand la police s'intéresse-t-elle aux artistes ?

Séverine : Depuis que les artistes font des bêtises.

Lambert : Ah ! parce que, d'après vous, c'est un artiste qui a fait le coup du musée ?

Séverine : Je n'en sais rien. Mais vous, vous avez peut-être une idée. Vous vous souvenez peut-être de quelque chose. Vous devez bien connaître le milieu des artistes ?

Lambert : Pas du tout. Je ne vois personne. Je vis comme un sauvage.

Séverine : Mais vous parlez à vos collègues quand même ! Vous avez bien des amis artistes ?

Lambert : Je ne fréquente ni les artistes ni mes collègues. Ce sont tous des imbéciles. Je les ignore. Vous pouvez vérifier. Je ne vous mens pas.

Séverine : Je vais d'abord vérifier une chose. Qu'est-ce que vous avez fait entre samedi 18 h et dimanche matin ?

Enquête

L'inspecteur Séverine Kermarrec continue son enquête.

Qui est donc le coupable ?

Le subjonctif

■ **Formes et emplois du présent du subjonctif**

En français, on peut présenter une information d'une manière :

● *objective*   Pierre viendra.
            Je crois que Pierre viendra.
            J'espère que Pierre viendra.
            } On utilise les temps de l'indicatif : présent, passé composé, imparfait, futur, etc.

● *subjective*   Il faut que Pierre vienne.
            Je souhaite que Pierre vienne.
            Je ne crois pas qu'il vienne.
            } On utilise le subjonctif.

1. Formes du subjonctif présent.

● **Verbes en** *-er*

Il faut   que je travaille
        que tu travailles
        qu'il/elle travaille
        que nous travaillions
        que vous travailliez
        qu'ils / elles travaillent

● **Autres verbes** (voir aussi tableau en fin d'ouvrage).

avoir : que j'aie, que nous ayons, qu'ils aient.
être : que je sois, que nous soyons, qu'ils soient.
aller : que j'aille, que nous allions, qu'ils aillent.
venir : que je vienne, que nous venions, qu'ils viennent.
faire : que je fasse, que nous fassions, qu'ils fassent.
prendre : que je prenne, que nous prenions, qu'ils prennent.
savoir : que je sache, que nous sachions, qu'ils sachent.
vouloir : que je veuille, que nous voulions, qu'ils veuillent.

pouvoir que je puisse

Il faut que vous soyez les meilleurs !
Je veux que vous marquiez un but
dans le premier quart d'heure.

2. Emplois. On emploie le subjonctif après les verbes exprimant :

● **La nécessité - L'obligation**

Il faut que... Il faudrait que...
Il est nécessaire (indispensable, utile, etc.) que...

● **La volonté - Le souhait**

Je veux que... Je voudrais que...
Je demande que... J'exige que...
Je désire que... Je souhaite que... J'aimerais que...

● **La possibilité - L'improbabilité - Le doute - L'incertitude** *(voir p. 52).*

● **Les sentiments** *(voir p. 122).*

● **L'antériorité** *(voir p. 80).*

● **Le but** *(voir p. 128).*

● **La conséquence** *(voir p. 128).*

● **L'opposition** *(voir p. 162).*

1   FORMES DU SUBJONCTIF

Mettez les verbes entre parenthèses à la forme qui convient.

Un cadre d'entreprise se plaint de son directeur.
« Comment veux-tu que je *(prendre)* des vacances ?
Le nouveau directeur veut que nous *(participer)* à des réunions sans fin. Il exige que nous *(aller)* faire des week-ends de travail à la campagne. Pour que je *(finir)* mon travail, il faut que je *(être)* au bureau à 8 heures le matin. Et encore, ce n'est pas toujours suffisant. En ce moment, un de mes collègues est malade. Eh bien, il faut que je *(faire)* son travail. Nous sommes vendredi après-midi, le directeur veut que j'*(étudier)* ce dossier avant lundi. Que je le *(vouloir)* ou non, il faudra que j'y *(passer)* mon samedi ! »

Pense-Bête

Moi
faire les courses
téléphoner à Marie
aller à la poste

Gérard
réparer la serrure de la porte
aller chercher la voiture au garage

Les enfants
faire leurs devoirs
préparer leurs affaires

2 EXPRESSION DE LA NÉCESSITÉ

Faites-la parler. Elle relit tout ce qu'il faut qu'elle fasse, que son mari et ses enfants fassent avant de partir en week-end.

> Il faut que je fasse les courses...

3 SE PLAINDRE

Il est mécontent de son hôtel. Il se plaint au patron.
À l'aide des indications ci-dessous, imaginez son dialogue avec le patron. Utilisez les verbes exprimant la nécessité, l'obligation, la volonté et le souhait.

• À 3 heures de l'après-midi, la chambre n'est pas encore faite.
• Les draps ne sont pas changés régulièrement.
• La douche ne marche pas. Il n'y a pas d'eau chaude au lavabo.
• La salle de bains n'est pas nettoyée.
• Les voisins font du bruit. Ils laissent marcher la télévision jusqu'à minuit.
• Il fait froid la nuit. On arrête le chauffage trop tôt.
• Etc.

4 RÉDIGER UNE LETTRE DE PLAINTE

Un propriétaire a loué son appartement. Quand le locataire s'en va, le propriétaire fait un « état des lieux » (état des dégradations observées dans l'appartement).

a) Rédigez cet état des lieux d'après l'image ci-dessous.

b) Rédigez la lettre de plainte que le propriétaire envoie au locataire.
Utilisez les verbes exprimant la nécessité, l'obligation, la volonté et le souhait.
Utilisez les verbes : *changer - nettoyer - réparer - repeindre.*

ₒEntraînez-vous

1. L'expression de la volonté. Une directrice donne des ordres à sa secrétaire.
Transformez comme dans l'exemple.

• Vous devez taper cette lettre.
  → Je voudrais que vous tapiez cette lettre.

2. L'expression de la nécessité. Une mère de famille doit s'absenter pour la journée. Elle donne des directives à ses enfants.
Transformez comme dans l'exemple.

• Vos lits ne sont pas faits.
  → Il faut que vous fassiez vos lits.

Dites la vérité, toute la vérité

■ **Interroger**

● **À propos d'une personne**

Qui a fait ça ? - **À qui** pensez-vous ? - **De qui** parlez-vous ?
Avec qui ... **Pour qui** ..., etc.

● **À propos d'une chose**

Que faites-vous ? - Vous faites **quoi** ? - **À quoi** pensez-vous ? - **De quoi** parlez-vous ?
Avec quoi... **Sur quoi**..., etc.

● **À propos d'un lieu**

Où étiez-vous ? - **Dans quel** café ? - **À quel** endroit ?

● **À propos du temps**

Quand êtes-vous parti ? - **À quelle** heure ? - **À quel** moment... ?
Depuis quand êtes-vous ici ? - **Depuis combien de temps**... ?
Pendant combien de temps êtes-vous resté ?

● **À propos de la cause**

Pourquoi êtes-vous parti ? - **Pour quelles raisons**... ?

■ **Savoir - Mémoire - Vérité - Mensonge**

● **Informer**

apprendre une nouvelle à quelqu'un - renseigner (quelqu'un) - mettre (quelqu'un) au courant (de...).

● **Apprendre**

apprendre une nouvelle (de...)
s'informer - se renseigner - se mettre au courant
apprendre une poésie (par cœur)

● **Savoir**

savoir une date, une leçon
savoir que + (événement)
savoir nager, danser
connaître une personne, un pays, l'œuvre de Victor Hugo
être au courant (de...)

● **Se rappeler / oublier**

se rappeler une date - se souvenir d'une date
oublier une date - oublier d'aller à un rendez-vous

1 POSER DES QUESTIONS

Lisez le récit ci-dessous.
Imaginez toutes les questions que Gérard doit poser pour connaître tous les détails de l'après-midi de sa femme Sylvie.

Sylvie est partie de chez elle à cinq heures et demie avec son amie Nathalie. Les deux jeunes femmes sont allées au cinéma, à la séance de six heures, voir le film *Un cœur en hiver* de Claude Sautet. À huit heures, elles sont sorties du cinéma et elles ont rencontré Philippe, un architecte, ami de Nathalie. Tous les trois sont allés prendre un verre au café et, pendant une demi-heure, ils ont parlé de musique et de théâtre. Puis Philippe a proposé aux deux jeunes femmes de les raccompagner chez elles en voiture. Il a d'abord déposé Nathalie. Ensuite, il est allé au 10 de la rue Chateaubriand où habite Sylvie. Mais Gérard, le mari de Sylvie, arrivait à ce moment-là. Il a vu sa femme descendre de la voiture de Philippe. La scène de jalousie n'a pas eu lieu parce que Sylvie a patiemment répondu aux questions de Gérard.

Au XVIIIe siècle, le chevalier d'Éon dissimulait son identité et se faisait passer pour une femme.
Il espionnait ainsi les Cours d'Europe.

Connaissez-vous des menteurs, des dissimulateurs célèbres ?

● **Vérité et mensonge**

dire la vérité / mentir
cacher, dissimuler la vérité
tromper quelqu'un

● **Vérité et erreur**

C'est vrai / faux
faire une erreur, une faute - se tromper

2 DIRE QU'ON NE SAIT PAS

On leur pose des questions. Ils ne savent pas.
Trouvez la réponse la plus appropriée à chaque question.

a - Pardon monsieur, vous pouvez m'indiquer la rue Rambuteau ?
b - Tu sais que Julien a épousé Chantal ?
c - Tu te rappelles la date de notre voyage en Afrique ?
d - Tu as vu ? Il y avait Nicolas Legrand à la réception de Bruno.
e - L'autre jour, je t'ai donné la recette du cassoulet...
f - Comment s'appelait cette fille que nous avons rencontrée chez Bruno ?

1 - Peut-être. Je ne l'ai pas reconnu.
2 - Oui, mais je ne l'ai pas retenue.
3 - Je ne peux pas vous dire. Je ne suis pas du quartier.
4 - Je ne sais plus. J'ai un trou de mémoire.
5 - Non, je ne m'en souviens plus.
6 - Non, je ne suis pas au courant.

3 COMMUNICATION DIFFICILE 🎧

Écoutez ces cinq scènes. Dans chacune, une personne demande une information.

• Trouvez le lieu et les personnages.
• Pourquoi l'information attendue n'est-elle pas donnée (oubli, erreur, mensonge, ignorance, dissimulation) ?
• Relevez les mots et expressions qui permettent d'exprimer ces idées (oubli, erreur, etc.).
• Trouvez d'autres situations où ces mots et ces expressions pourraient être réutilisés.

4 BAVARDAGES ET COMMÉRAGES

Imaginez les dialogues et jouez les scènes.

dispute / réconciliation — mariage / séparation / divorce — maladie — arrivée / départ / déménagement — succès / échecs

Elle a passé un an à l'étranger. Son amie la met au courant.

Bavardage avec la concierge.
« Vous savez que... Vous êtes au courant de... Vous avez appris... Eh bien, je vais vous dire... »

Prononciation 🎧

CONSTRUCTION ET INTONATION DE L'INTERROGATION

Avec chacune des phrases suivantes, utilisez les 6 mots interrogatifs de la liste pour poser des questions.
Écoutez la cassette. Vérifiez la correction de vos questions et répétez.

qui - avec qui - que / qu' - pourquoi - où - quand

1 Posez la question avec « est-ce que (qui) ».
• Elle chante.
→ Qui est-ce qui chante ? Etc.
→ ....
• Il a fait quelque chose de grave.

2 Posez la question avec l'inversion du pronom.
• Il travaille.
→ Qui travaille ?
→ Que fait-il ?
→ ....
• Elle a dansé.
→ ....

INTERROGATOIRE

Les pièces de théâtre comique de Georges Courteline (1858-1929) sont toujours actuelles et souvent jouées. Comme Molière deux siècles plus tôt, Courteline se moque des défauts de ses contemporains.

1 LECTURE DE LA SCÈNE

Faites une lecture silencieuse de la scène. Vous trouverez en marge des mots et des expressions pour comprendre les mots difficiles.

2 COMPRÉHENSION GÉNÉRALE

• Que vient faire Breloc au commissariat ?
• Comment devrait normalement se dérouler la scène ?
• Que se passe-t-il en réalité ?
• Que pense le commissaire ?
• Imaginez la fin de la scène.

3 MISE EN SCÈNE

En utilisant le vocabulaire des tableaux, donnez des indications pour mettre en scène cet extrait.

• Traits de caractère des personnages et intonation des phrases :

> curieux - énervé - étonné - en colère - fatigué - impatient - insolent - ironique - poli - surpris, etc.

• Gestes, attitudes et déplacements des personnages :

> lever / baisser la tête, les yeux, le bras - se lever - s'asseoir - se relever - se rasseoir - marcher - aller vers... - faire le tour de... - baisser / élever la voix - crier, etc.

4 JEUX DE RÔLES

Jouez les scènes d'interrogatoire de la partie C, p. 23.

5 IMAGINEZ LA FIN DE L'ENQUÊTE DE SÉVERINE

Un homme (Breloc) arrive au commissariat de police.

1 BRELOC : Monsieur le commissaire, c'est bien simple. Je viens déposer entre vos mains une montre que j'ai trouvée cette nuit au coin du boulevard Saint-Michel et de la rue Monsieur-le-Prince.
LE COMMISSAIRE : Une montre ?
5 BRELOC : Une montre.
LE COMMISSAIRE : Voyons.
BRELOC : Voici.
LE COMMISSAIRE : C'est une montre, en effet.
BRELOC : Oh ! Il n'y a pas d'erreur.
10 LE COMMISSAIRE : Je vous remercie.
BRELOC : Je puis me retirer ?
LE COMMISSAIRE : Pas encore.

• Lignes 1 à 25.
Trouvez les mots ou expressions qui signifient :
j'apporte - je peux partir - je vais prendre.

BRELOC : Je suis un peu pressé.

LE COMMISSAIRE : Je le regrette.

15 BRELOC : On m'attend.

LE COMMISSAIRE : On vous attendra.

BRELOC : Ah ?

LE COMMISSAIRE : Oui.

BRELOC : Mais ...

20 LE COMMISSAIRE : C'est bien. Un instant. Vous ne supposez pas, sans doute, que je vais recueillir cette montre de vos mains sans que vous m'ayez dit comment elle y est tombée.

BRELOC : J'ai eu l'honneur de vous expliquer tout à l'heure que je l'avais trouvée cette nuit au coin de la rue Monsieur-le-Prince et du boulevard

25 Saint-Michel.

LE COMMISSAIRE : J'entends bien, mais où ?

BRELOC : Où ? Par terre.

LE COMMISSAIRE : Sur le trottoir ?

BRELOC : Sur le trottoir.

30 LE COMMISSAIRE : Voilà qui est extraordinaire. Le trottoir, ce n'est pas une place où mettre une montre.

BRELOC : Je vous ferai remarquer ...

LE COMMISSAIRE : Je vous dispense de toute remarque. J'ai la prétention de connaître mon métier. Au lieu de me donner des conseils, donnez-moi

35 votre état civil.

BRELOC : Je m'appelle Breloc (Jean-Eustache). Je suis né à Pontoise, le 28 décembre 1861, de Pierre-Timoléon-Alphonse-Jean-Jacques-Alfred-Oscar Breloc et de Céleste Moucherol, son épouse.

LE COMMISSAIRE : Où demeurez-vous ?

40 BRELOC : Rue Pétrelle 47, au premier, au-dessus de l'entresol. [...]

LE COMMISSAIRE : Quelle heure était-il quand vous avez trouvé cette montre ?

BRELOC : Trois heures du matin.

LE COMMISSAIRE : Pas plus ?

45 BRELOC : Non.

LE COMMISSAIRE : Vous me faites l'effet de mener une singulière existence.

BRELOC : Je mène l'existence qui me plaît.

LE COMMISSAIRE : Possible, seulement moi, j'ai le droit de me demander

50 ce que vous pouviez fiche à trois heures du matin au coin de la rue Monsieur-le-Prince, vous qui dites habiter rue Pétrelle, 47.

BRELOC : Je revenais de chez ma maîtresse.

LE COMMISSAIRE : Qu'est-ce qu'elle fait votre maîtresse ?

BRELOC : C'est une femme mariée.

55 LE COMMISSAIRE : À qui ?

BRELOC : À un pharmacien.

LE COMMISSAIRE : Qui s'appelle ?

BRELOC : Ça ne vous regarde pas.

LE COMMISSAIRE : C'est à moi que vous parlez ?

60 BRELOC : Je pense.

LE COMMISSAIRE : Oh ! mais dites donc, mon garçon, vous allez changer de langage. Vous le prenez sur un ton qui ne me revient pas, contrairement à votre figure qui me revient, elle !

BRELOC : Ah bah !

65 LE COMMISSAIRE : Oui, comme un souvenir. Vous n'avez jamais eu de condamnations ?

BRELOC : Et vous ?

Georges Courteline, *Le commissaire est bon enfant* (Scène 4), 1899.

• Lignes 26 à 40.
Trouvez les mots ou expressions qui signifient :
je comprends - je vous interdis - j'ai l'ambition - habiter - espace entre le rez-de-chaussée et le premier étage.

• Lignes 49 à 64.
« Fiche » ou « ficher » (fam.) = faire - un ton qui ne me revient pas : un ton que je n'aime pas.

Une plaisanterie

*« Le Lapin agile, rendez-vous des artistes »,
par Utrillo.*

*La place du Tertre à Montmartre
aujourd'hui.*

Au début des années 1900, Montmartre, avec ses jardins, ses vignes et ses moulins, ressemblait à un village. On y trouvait de nombreux cafés et c'était devenu le centre de la vie littéraire et artistique parisienne. Des artistes et des écrivains y refaisaient le monde et y inventaient l'art moderne.

Un jour, un de ces artistes, Roland Dorgelès, dit à son ami le sculpteur Buron : « Je vais exposer une de tes sculptures au musée du Louvre. »

« Impossible ! répond Buron. Le Louvre n'expose jamais les œuvres d'un artiste vivant. »

Roland Dorgelès choisit dans l'atelier de Buron une sculpture abandonnée par l'artiste : une tête de femme au nez cassé. Puis il va au Louvre et observe les lieux. Il rentre ensuite chez lui et fabrique une petite étiquette semblable à celles du musée : « N° 402. *Tête de divinité* (Fouilles de Délos). »

Le lendemain, il retourne au Louvre accompagné d'une amie qui dissimule la tête sculptée dans ses vêtements. Il profite d'un moment où la salle des antiquités grecques est déserte, pose la sculpture sur une étagère et fixe l'étiquette.

Les jours passent mais personne ne remarque la fausse antiquité. Au bout de quelques mois, Dorgelès et ses amis font venir les journalistes et les photographes au musée du Louvre.

« Ce musée expose des faux. En voici un ! s'écrie Dorgelès. On se moque du public ! »

Le gardien appelle le gardien-chef qui appelle le conservateur. Mais personne ne croit Dorgelès. Encore un de ces artistes originaux qui veut se faire remarquer !

La sculpture de Buron restera à sa place au milieu des antiquités grecques. Et à Montmartre, on organise une grande fête en l'honneur du seul artiste vivant exposé au Louvre.

Quarante ans plus tard, Roland Dorgelès qui est devenu un écrivain célèbre, visite le Louvre. La jolie tête au nez cassé est toujours à la même place.

SCÉNARIO

Vous devez faire un film de cette petite histoire. Faites le relevé des différentes scènes, des lieux, des personnages et des actions.

Scènes	Lieux	Personnages	Actions
1 - le Montmartre des années 1900 - ambiance	vue de Montmartre - un café	groupes d'artistes et d'écrivains	ils discutent et boivent
2-			

1   *Les temps de l'indicatif.*

L'inspecteur Séverine est allée à Rennes pour étudier des dossiers.

À 11 h 15, elle téléphone au commissaire et lui raconte sa journée.

Rédigez son récit à partir des indications ci-dessous. Utilisez tous les temps présentés p. 8.

9 h 30 : Arrivée au commissariat de Rennes. L'inspecteur Bonnard est absent.

10 h : Arrivée de l'inspecteur Bonnard.

10 h / 11 h : Examen du dossier Michaud. C'est un dossier très compliqué.

11 h / 11 h 15 : Pause café.

11 h 15 / 12 h : Examen du dossier Ducret.

12 h / 13 h : Déjeuner avec l'inspecteur Bonnard.

13 h 30 : Départ pour Dinan.

→ « Il est 11 h 15. Nous venons de ... »

2   *Passé composé ou imparfait.*

Un touriste est allé visiter le musée de la petite ville de Bretagne. Il raconte sa visite.

Rédigez le récit à partir des indications ci-dessous. Utilisez comme il convient le passé composé ou l'imparfait.

Le touriste va au musée, tôt le matin. Dans l'entrée, il y a de belles statues de Giacometti. Il remarque qu'une statue est couverte de plâtre... Il visite les salles du musée. Il y a une très belle collection de peintures du xxᵉ siècle. Il admire aussi les Picasso. Mais il y a quelque chose de bizarre. Un portrait de femme a des moustaches. Il demande au gardien. C'est une plaisanterie faite par les jeunes de la ville.

→ « Hier, tôt le matin, je suis allé ... »

3   *Pronoms remplaçant des personnes.*

À la suite d'un cambriolage, l'inspecteur Séverine a arrêté un suspect.

Complétez le dialogue suivant :

• *Le commissaire :* Vous avez interrogé le suspect ?
– *Séverine :* Oui, ...

• *Le commissaire :* Il vous a parlé ?
– *Séverine :* Oui, ...

• *Le commissaire :* Il a donné le noms de ses complices ?
– *Séverine :* Oui, ...

• *Le commissaire :* Il a parlé à ses complices depuis le cambriolage ?
– *Séverine :* Non, ...

• *Le commissaire :* Il sait où sont ses complices ?
– *Séverine :* Non, ...

4   *Pronoms remplaçant une chose.*

Réécrivez les phrases suivantes en remplaçant les mots soulignés par un pronom.

« La semaine dernière, je suis entrée par hasard dans une librairie et j'ai vu un superbe livre d'art. J'ai feuilleté ce livre et j'ai eu envie de ce livre. Mais il était très cher et j'ai hésité à acheter ce livre. Le soir, j'ai parlé de ce livre à mon mari et j'ai dit à mon mari que ce livre était très beau.

Deux jours après, je me suis décidée. Je suis retournée dans la librairie. Mais le livre n'était plus sur l'étagère. J'ai demandé au vendeur s'il avait d'autres exemplaires de ce livre. Il m'a répondu qu'il avait vendu tous les exemplaires. J'étais très déçue.

Hier soir, c'était mon anniversaire. Sur mon assiette, il y avait un énorme paquet cadeau. J'ouvre ce paquet cadeau. Et qu'est-ce que je vois ? le livre d'art. Il ne faut jamais désespérer. »

5   *Subjonctif présent.*

Un couple prend une semaine de vacances pendant la période scolaire. Il laisse ses enfants chez les grands-parents. Le père fait des recommandations à ses enfants.

Mettez les verbes entre parenthèses à la forme qui convient.

« Les enfants, il faut que vous *(être)* gentils avec vos grands-parents. J'aimerais que nous *(ne pas avoir)* de reproches à vous faire à notre retour. Fabien, il faut que tu *(faire)* tes devoirs tous les soirs. J'aimerais que tu *(avoir)* une bonne note à ton contrôle de maths. Lucie, tu es la plus âgée, je veux que tu *(aider)* ta grand-mère de temps en temps. Par exemple, il faudrait que tu *(aller)* lui faire ses courses de temps en temps, que tu *(mettre)* le couvert... »

6 Apprécier.

Ces cinq personnes apprécient différemment le tableau.

Imaginez ce qu'ils disent.

Exemple : a - « Je trouve ce tableau magnifique. »

7 Les comportements.
Caractérisez ces personnes par un adjectif.

Exemple : Il aime faire des choses nouvelles. → Il est entreprenant.

- Elle aime commander. →
- Il n'est pas orgueilleux. →
- Elle rêve toujours du passé. →
- Il connaît beaucoup de choses. →
- Elle trouve une solution à tous les problèmes. →

8 Savoir. Mémoire. Vérité. Mensonge.

a) Trouvez le contraire des phrases suivantes :

- Elle dit la vérité.
- Ce que vous dites est vrai.
- L'addition est juste.

- Il dit tout ce qu'il sait.
- J'ai mis Françoise au courant.

b) L'inspecteur Séverine montre la photo d'un suspect au patron d'un bar.

Complétez le dialogue avec les verbes du tableau.

Séverine : Vous ... cet homme ?
Le patron : Oui, je l'ai déjà vu ici.
Séverine : Vous ... de son nom ?
Le patron : Non, mais je ... son prénom. C'est Bernard. Son nom, je l'ai su mais je l'ai ... . Ça ressemblait à Rigal, ou Rigaud, ou Bergal. Mais, je ne suis pas sûr. Peut être que je ... .

connaître - oublier - se rappeler - se souvenir (de) - se tromper.

9 Se plaindre.

a) Lisez cette petite annonce.

À LOUER À VALRAS-PLAGE

Grande villa - 5 pièces - Vue sur la mer - Meublée et équipée - Jardin avec arbres - Proche des commerces - À une minute à pied de la plage.
S'adresser à Mme BONNET,
13, rue Mirabeau - 34 000 Montpellier.

b) Vous avez loué cette villa par correspondance pour vos vacances d'été. Quand vous arrivez, le 1er août, vous êtes déçu(e).

Écrivez à la propriétaire pour vous plaindre.

10 Test culturel.

1. Citez deux villes de Bretagne.

2. Trouvez leur profession : *Arman - Hubert Reeves - Georges Courteline - Miró - Le Chevalier d'Éon* (astrophysicien - dramaturge - espion - peintre - sculpteur).

3. Citez cinq anciennes provinces françaises.

4. À quelle époque les provinces ont-elles disparu ? Quelle a été la nouvelle division administrative de la France ?

5. Donnez la signification de ces deux mots :
La Provence - la province.

UNITÉ 2

COMPRENDRE ET S'EXPRIMER

• Raconter. Rapporter des faits et des paroles.
• Présenter un fait comme vrai ou faux, sûr ou incertain, possible ou impossible, probable ou improbable.
• Mettre en valeur l'objet de la phrase par des constructions de sens passif.
• Exprimer la durée.

DÉCOUVRIR

• Les sports.
• Quelques aspects de la télévision.
• Les problèmes des banlieues.
• Panorama socio-économique de la société française. Le problème de l'emploi.
• Les « grands travaux » à Paris.
• Épisodes de l'histoire depuis 1945.

À travers la presse sportive

Titres **A**

COUPE DU MONDE DE FOOTBALL 1998

Le nouveau grand stade se construira à Saint-Denis

Paris, le 6 octobre 1994. Le grand stade prévu pour la coupe du monde de football 1998 sera construit à Saint-Denis à côté de Paris. C'est le projet d'un groupe de quatre architectes (Regenbal, Zubléna, Macari et Costantini) qui a été choisi par le Premier ministre.

CHAMPIONNAT D'EUROPE D'ATHLÉTISME 1994

Une médaille d'or pour Marie-José Pérec

La championne du 400 m s'est fait applaudir par le public.

Double victoire du tennis espagnol à Roland-Garros

En finale du simple messieurs, Bruguera bat son compatriote Alberto Berasategui. Chez les dames, la Française Mary Pierce est battue par l'Espagnole Arantxa Sanchez.

Victoires et défaites **B**

LES LARMES DE SURYA BONALY

Mauvais début d'année pour la championne française de patinage artistique. Chiba (Japon) 26 mars 1994.

Après ses quatre victoires successives aux championnats d'Europe, Surya Bonaly était le plus sûr espoir de la France pour les importantes compétitions de cette année. Mais la réussite n'a pas été au rendez-vous des Jeux olympiques de Lillehammer en février dernier. Dominée aux épreuves artistiques par l'Ukrainienne Oksana Baül et par l'Américaine Nancy Kerrigan, Surya a raté l'épreuve technique et n'a pas remporté de médaille.

Autre occasion manquée : les championnats du monde qui se déroulent actuellement au Japon. Battue de quelques points par Yuka Sato, elle a dû se contenter de la médaille d'argent.

Un demi-échec mal accepté par la championne qui a accusé les juges de l'avoir sous-notée et qui n'a pas réussi à vaincre son émotion. En larmes, elle a refusé de monter sur le podium pour y recevoir sa médaille.

Lors des grandes compétitions internationales, les Français réussissent mieux dans les petites disciplines sportives que dans les grandes épreuves très médiatisées. Ils remportent des médailles en ping-pong, en escalade, en escrime. Mais l'épreuve reine du 100 m n'a jamais été gagnée par un Français. Pour trouver une victoire française en tennis à Wimbledon, il faut remonter à 1946. En descente de ski, il faut se contenter de la médaille d'or de Jean-Claude Killy aux Jeux olympiques de 1968.

D'après les sportifs, les médias ont une grande part de responsabilité dans ces échecs. Le sportif qui remporte un premier succès dans une grande discipline devient une star du jour au lendemain. Les journalistes, les caméras le suivent partout. On s'intéresse même à sa vie privée. Le public devient moins indulgent et ne supporte plus un seul échec. Les publicitaires exigent de lui des résultats toujours améliorés. Beaucoup de sportifs ne sont pas préparés à affronter le stress de cette nouvelle vie. Alors, comme Surya Bonaly, ils « craquent ».

Isabelle Patissier, championne du monde d'escalade.

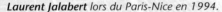

Laurent Jalabert lors du Paris-Nice en 1994.

Sergeï Bubka (Ukraine), champion du monde de saut à la perche (1994).

Le sens passif

■ La forme passive

Elle permet de mettre en valeur le complément direct d'un verbe.

1. La transformation passive

• **Au présent :** L'entreprise Duchamp construit **le nouveau stade**.
→ Le nouveau stade **est construit** par l'entreprise Duchamp.

• **Au passé :** C'est Auxerre qui a battu **Montpellier** en coupe de France.
→ C'est Montpellier qui **a été battu par** Auxerre en coupe de France.

• **Au futur :** Demain, le directeur **me** recevra.
→ Demain, je **serai reçu par** le directeur.

NB : « De » peut s'employer à la place de « par » quand le nom mis en valeur n'est pas vraiment actif.
→ Le directeur est accompagné **de** son épouse. Elle est aimée et appréciée **de** tout le monde.

2. Construction sans complément
(souvent utilisée quand on ne connaît pas le sujet)

On a cambriolé mon appartement.
→ Mon appartement a été cambriolé.

---

1 CONSTRUCTION PASSIVE SANS COMPLÉMENT

Voici la liste des promesses faites par le maire quand il a été élu.

- Construction d'un nouveau stade.
- Création d'espaces verts.
- Aménagement du boulevard périphérique.
- Augmentation du nombre des parkings.
- Développement d'une chaîne locale de télévision.
- Transformation de la bibliothèque en grande médiathèque.
- Rénovation du centre-ville.
- Diminution des impôts.

Six ans après, seules les quatre premières promesses ont été tenues. Imaginez :

• **Le bilan du maire.** • **Le bilan de l'opposition.**

Un nouveau stade a été construit …

Oui, mais la chaîne de télévision n'a pas …

2 TRANSFORMATION PASSIVE

Transformez ces phrases. Mettez en valeur les mots soulignés.

• **Le commentateur d'un match de football :**
« Oui, l'entraîneur a très bien préparé l'équipe d'Auxerre …
Elle vient de jouer le premier quart d'heure magnifiquement… Et voilà, Moussa Saïb marque un but !... Et ce premier but enthousiasme le public… Il n'y a plus de doute. Auxerre battra Montpellier. »

• **Au retour d'un séjour dans un club de vacances :**
« C'était parfait. Les organisateurs nous ont très bien accueillis… On m'a logé(e) dans un petit bungalow au bord de la mer. Ils ont parfaitement respecté le programme. Les guides ont très bien commenté les visites. »

Exemple : « L'équipe d'Auxerre a été très bien préparée par l'entraîneur... »

3 LE PASSIF DANS LA PRÉSENTATION DES ÉVÉNEMENTS

Avec les titres suivants, imaginez une phrase de construction passive, comme dans l'exemple.

Exemple : 20 septembre. Vote de la loi de finances.
→ La loi de finances a été votée le 20 septembre.
• Accident sur l'autoroute : 20 blessés.
• 1996. Le président de la République inaugure la Bibliothèque de France.
• 1992 : Découverte d'un vaccin contre l'hépatite A.
• Cambriolage dans une bijouterie du centre-ville.

■ Autres constructions de sens passif

1. La construction (se) faire + verbe

Elle permet de mettre en valeur la personne qui est à l'initiative de l'action.

• Une société d'audit a contrôlé la gestion du club sportif à la demande du **président** du club.
→ Le président **a fait contrôler** la gestion de son club par une société d'audit.

• L'entreprise Dubois construit la maison de **Jean**.
→ Jean **fait construire** une maison par l'entreprise Dubois.
→ Jean **se fait construire** une maison par l'entreprise Dubois.

NB : « se faire » quand l'objet appartient au sujet.

2. La construction pronominale

Dans certains cas, elle permet de ne pas parler de la personne qui fait l'action.

• Quelqu'un ouvre la porte.
→ La porte **s'ouvre**.

• On a vendu 20 000 places pour le match.
→ 20 000 places **se sont vendues**.

Elle s'est fait couper les cheveux très court. Ça se fait beaucoup aujourd'hui.

---

4 EMPLOI DE (SE) FAIRE + VERBE

Utilisez cette forme dans les situations suivantes :

• Il est poursuivi par la police. Il veut changer de visage.

« Il doit .... couper .... changer .... refaire .... raser ...., etc. »

• Elle vient de gagner à la loterie. Elle fait des projets.

« Je vais me faire servir .... construire .... habiller ...., etc. »

5 CONSTRUCTION PRONOMINALE À SENS PASSIF

Reformulez (donnez le sens) des phrases suivantes :

• Les jupes courtes se portent beaucoup cette année.
→ Cette année, les femmes portent des jupes courtes. Les jupes courtes sont à la mode.

• Le champagne se boit très frais.
• Les timbres s'achètent à la poste ou dans les bureaux de tabac.
• Les bruits de la fête s'entendent d'ici.
• Les téléphones sans fil se vendent beaucoup.
• La tour Montparnasse se voit de très loin.
• Est-ce que les langoustes peuvent se manger avec les doigts ?

Entraînez-vous

14, 15, 16

1. Vous êtes allé(e) voir le match Lyon-Marseille. On vous interroge. Répondez comme dans l'exemple.

• Marseille a battu Lyon ?
– Oui, Lyon a été battu par Marseille.

2. Elle a changé et son logement aussi. On lui pose des questions. Imaginez les réponses.

• Tu as les cheveux courts !
– Oui, je me suis fait couper les cheveux.

3. Les pronoms indirects de personne (voir p. 16).
Frédéric et Marion se sont séparés. Une amie pose des questions à Frédéric. Répondez « oui » ou « non » selon les instructions.

a) (non) • Tu écris souvent à Marion ?
– Non, je ne lui écris pas souvent.

b) oui -   c) non -   d) oui -
e) oui -   f) oui -   g) non

Les sports

1 VICTOIRES ET DÉFAITES

Lisez le texte B, p. 34. Relevez tous les mots qui évoquent l'idée de victoire et l'idée de défaite. Complétez les deux listes avec des mots que vous connaissez.

Utilisez ces mots pour rédiger des titres de presse sur un événement sportif.

Exemple : Échec de Montpellier face à Auxerre.

Victoire	Défaite
un succès	

2 QUALITÉS ET ACTIVITÉS SPORTIVES

a) Lisez et commentez les statistiques ci-contre. Quels sont les sports les plus / les moins pratiqués ? Imaginez pour quelles raisons. Comparez avec votre pays. Êtes-vous d'accord pour classer les jeux de boules et la pêche dans les sports ?

b) Quelles qualités faut-il avoir pour pratiquer ces sports ? Utilisez les mots de la liste ci-dessous.

l'adresse - l'équilibre - l'esprit d'équipe - la force - l'intelligence - la patience - la précision - les bons réflexes - la résistance - le souffle

« Pour pratiquer la natation, il faut... »

c) À quel(s) sport(s) de la liste peuvent s'appliquer les activités suivantes :

attraper - courir - frapper - glisser - lancer - marcher - nager - pédaler - plonger - sauter - soulever

LES FRANÇAIS ET LE SPORT

Pourcentages de la population qui pratique un sport occasionnellement
(Le premier chiffre concerne les hommes, le second les femmes.)

Natation	20 / 17	Randonnée à pied	11 / 9
Cyclisme	17 / 10	Football	10 / 1
Boules	15 / 5	Pêche en rivière	9 / 2
Tennis	15 / 8	Volley-ball	6 / 3
Ski alpin	13 / 8	Basket-ball	5 / 3
Jogging	13 / 8	Athlétisme	5 / 2
Ski de fond	11 / 9	Pêche en mer	5 / 1

d) 🎧 Écoutez. Un moniteur donne des conseils à des personnes qui n'ont pas fait de sports depuis longtemps.

Pour chaque sport, notez les dangers et les précautions à prendre.

Sports	Dangers	Précautions à prendre
marche		
VTT (vélo tout terrain)		
ski		
planche à voile		

Les matchs internationaux de football sont, avec le Tour de France cycliste, les compétitions les plus populaires et les plus suivies.

Les jeux de boules sont très pratiqués dans la région de Lyon et dans le Sud.

3 SPORT ET NATURE

a) Lisez le document. Trouvez le sens des mots nouveaux à l'aide des mots suivants :

> un itinéraire - le courage - au milieu de - faire un trou - célèbre - apprécier - le plaisir - l'exploration des grottes souterraines - une mairie

Parcours d'audace

Vous voici au cœur du Tarn-et-Garonne. Une région où les éléments ont travaillé la terre, usé les roches, creusé les falaises. Sur terre ou sous terre, un parcours d'audace et une initiation à toutes les formes d'escalade et de remontée vous attendent. C'est avec Bernard Milian, moniteur de haute montagne réputé, et Didier Raboutou, diplômé d'escalade, champion de France 1990 et premier au classement mondial de 1987 et 1988, que vous allez goûter aux joies de la randonnée sportive, de la spéléologie, de l'escalade... Vous logerez à Saint-Antonin-Noble-Val, cité médiévale qui possède le plus ancien hôtel de ville de France, bâti en l'an 1125.

• **129 €** par personne en pension complète, hôtel deux étoiles, 2 jours-1 nuit, encadrement, prêt du matériel, assurance professionnelle compris. **259 €** pour **4 jours-3 nuits.**

TARN-ET-GARONNE
☎ **63.66.04.42**

Document de la Fédération nationale des services de réservations loisirs accueil, 1995.

b) Vous avez fait ce séjour sportif pendant vos vacances. À votre retour, un(e) ami(e) vous pose des questions. Répondez.

Où étais-tu ? – ....
Qu'est-ce que tu as fait comme activités ? – ....
Vous étiez bien encadrés ? – ....
Le Tarn-et-Garonne, ça ressemble à quoi ? – ....
Tu étais bien logé(e) ? – ....
C'était cher ? – ....

Un spéléologue se prépare à descendre dans une grotte.

Les gorges du Tarn, un paysage idéal pour l'escalade, le canoë-kayak et la spéléologie.

4 RÉDACTION EN PETITS GROUPES

Votre petit groupe a créé un centre de vacances sportives dans une région pittoresque de votre pays. Rédigez une brève présentation de ce centre pour un guide touristique.

Prononciation

1 Écoutez et répétez cet extrait d'un poème de Jacques Charpentreau.

LA RÉUNION DE FAMILLE

Ma tante Agathe
Vient des Carpates
À quatre pattes.

Ma nièce Ada
Vient de Java
À petits pas

Oncle Firmin
Vient de Pékin
Sur les deux mains

Mais tante Henriette
Vient à la fête
En bicyclette

La Nouvelle Guirlande de Julie, Éditions ouvrières, 1976.

2 Imitez ce poème en faisant rimer des prénoms, des lieux, des activités.

Exemple : Mon amie Nathalie
Fait du ski
Aux îles Canaries

Faites rimer les voyelles : [a] (Patricia) - [i] (Sophie) - [o] (Arnaud) - [ɛ] (Audrey) - [u] (Jean-Loup) - [y] (Manu)

UNE SOCIÉTÉ MÉDIATISÉE

Depuis quelques années, les émissions satiriques se sont multipliées. On s'y moque de tout le monde et en particulier des hommes politiques. Ici, Jacques Chirac et Édouard Balladur caricaturés par les Guignols de l'Info (chaîne Canal Plus).

1 DANGERS ET EXCÈS DE LA TÉLÉVISION

Lisez la lettre ci-contre extraite des pages « Opinions des téléspectateurs » d'un magazine de télévision.

a) Quelles sont les émissions qui sont critiquées ? Pourquoi sont-elles critiquées ?

b) Travail en petits groupes. Dans chaque petit groupe choisissez une émission qui est considérée par certaines personnes comme contraire à la morale. Recherchez des arguments favorables et défavorables à cette émission. Présentez vos réflexions à l'ensemble de la classe.

PEUT-ON TOUT DIRE ET TOUT MONTRER ?

« Mais jusqu'où va-t-on aller ? D'après le magazine *Télérama*, un spectateur (adulte ou enfant) peut voir en une semaine, sur les cinq chaînes de télévision, 3 340 scènes de violence, 464 meurtres et 80 tortures. Tout cela a une mauvaise influence, en particulier sur la jeunesse. Récemment, des enfants de treize ans ont fait exploser une bouteille de gaz. Ils voulaient imiter le héros de la série américaine Mac Gyver. Ils confondent la fiction et la réalité. Est-ce qu'il est normal que dans ces émissions qu'on appelle les « reality-shows » les gens viennent raconter leurs problèmes familiaux, leurs disputes... ? Et un téléspectateur sur cinq regarde ces émissions ! Je trouve ça immoral, parce qu'on fait croire à ces gens qu'on s'intéresse à eux comme à des stars. Et ces pauvres gens confondent la fiction et la réalité. Ce sont des victimes de la télévision.
Et enfin, je trouve qu'il y a des émissions satiriques où on exagère. Il est normal qu'on se moque des personnalités politiques. On l'a toujours fait. Mais quand on montre, avec des manipulations d'images, un Premier ministre qui reçoit une poubelle sur la tête, je suis scandalisée ! »

Mme M.D. - Bourg-en-Bresse

◄ *Dans l'émission « Perdu de vue », des personnes qui ont été longtemps séparées se retrouvent en direct. Toute la France assiste au spectacle de leur émotion.*

2 LA TÉLÉVISION ET L'INFORMATION

a) Lisez les documents suivants. Résumez en une phrase l'opinion donnée dans chaque document (utilisez les adjectifs du tableau ci-contre).

b) Ces critiques sont-elles valables pour la télévision de votre pays. Avez-vous d'autres critiques à faire ?

c) Vous êtes directeur de l'information d'une chaîne de télévision. Comment organiseriez-vous la présentation de l'information ?
- Types d'émission (journal, flash, magazine, débat, etc.).
- Heure, durée, etc.

■ L'information

- un journal - un journal télévisé
- un bulletin d'information (à la radio)
- un flash - un magazine d'actualités
- un magazine débat
- une nouvelle - une information - un sujet
- un reportage - une enquête
- important - essentiel / sans importance
- secondaire - futile
- complet / incomplet - superficiel / sérieux
- documenté

Un journaliste est bien mieux payé pour une interview de la princesse de Monaco que pour un reportage dans un pays en guerre. Pour une révélation sur la vie privée d'une star, la presse utilise des moyens énormes. Ainsi, pour le mariage de Liz Taylor dans la propriété de Michael Jackson, 13 hélicoptères de presse tournaient au-dessus du ranch. Un journaliste a même sauté en parachute pour prendre une photo.

D'après *L'Événement du jeudi*,
10 août 1995.

Oui je lis la presse écrite tous les jours et je crois que je pourrais difficilement m'en passer. Le journal imprimé est indispensable.
Un seul numéro d'un quotidien contient 40 fois plus d'informations que le journal télévisé le plus long.

Michel Tournier (écrivain).
La Fureur de lire la presse,
Fédération nationale de la presse française,
17 octobre 1992.

Quel est le journaliste de télévision le plus populaire de France ? Bruno Masure. Pourquoi ? Parce qu'il est drôle. Il termine ses journaux avec des blagues de carabin[1], en faisant pouet-pouet[2] ! « Mais pourquoi fais-tu cela ? » lui ai-je demandé un jour. Il m'a répondu : « Tu sais, les nouvelles ne sont pas toujours très gaies... » Et Bruno, parfait honnête homme, vrai passionné d'infos, pense que, pour l'intérêt général, le deuxième journal de France doit donner les nouvelles et faire « oublier » les mauvaises.

Pierre Lescure (directeur de chaîne),
interrogé par *L'Express*
(3 novembre 1994).

(1) plaisanteries d'étudiants en médecine
(2) expression de clown

76 % des jeunes déclarent aimer l'émission « **Envoyé spécial** ».
Le succès d'« Envoyé spécial » tient à un mélange de rythme et de contenu : des reportages courts aux thèmes variés. Pour ces jeunes, ce magazine se substitue au journal télévisé, parce qu'il traite les sujets davantage en profondeur, et aux « news magazines » que les adultes achètent la veille du week-end [...]. Ils ont le sentiment de s'ouvrir sur le monde, de se cultiver et de se faire une opinion sur les problèmes d'actualité.

Télérama, 1er février 1995.

Anne Sinclair anime l'émission « 7 sur 7 », résumé de l'actualité de la semaine commentée par une personnalité, tous les dimanches soir.

« La Marche du siècle », magazine débat autour de faits de société, intéresse un large public.

Enquête dans une banlieue

Incidents

A

En 1995, un journaliste interroge le maire de Mantes-la-Jolie, une ville à 50 km de Paris. De nombreux incidents ont eu lieu dans la banlieue de cette ville, au Val-Fourré.

Le journaliste : Ça fait combien de temps que vous avez des problèmes avec les jeunes du Val-Fourré ?

Le maire : Tout a commencé il y a cinq ans environ, dans la soirée du 25 mai 1991. Il y avait quelques mois que la tension était forte dans le quartier. Ce soir-là, une bande de jeunes a voulu entrer dans la patinoire où le club de patinage faisait la fête. Il y a eu quelques bagarres, mais rien de sérieux jusqu'à ce que la police arrive. Quand les CRS sont arrivés, d'autres jeunes sont venus en renfort. En quelques heures, le Val-Fourré est devenu un champ de bataille. Bilan : deux morts – un jeune et une femme policier – des voitures incendiées, des magasins détruits. À partir de ce jour-là, le quartier n'a plus été le même. Tout peut exploser d'un moment à l'autre.

Historique

1960 Construction de 5 300 logements au Val-Fourré à l'intention des classes moyennes (petite bourgeoisie du centre-ville et provinciaux qui viennent travailler dans la région parisienne).

1975 La mauvaise qualité des logements décourage les classes moyennes qui quittent le Val-Fourré. La cité devient alors un ensemble de logements sociaux. En même temps arrivent de nombreux immigrés.

1995 Le Val-Fourré compte 30 000 habitants, 70 % ont moins de 25 ans.

50 % de ces jeunes sont d'origine étrangère (Marocains, Algériens, Sénégalais, Turcs).

50 % des jeunes en âge de travailler sont sans emploi.

Rachid, 30 ans, animateur

« Les vrais délinquants sont peu nombreux. Mais ils attirent d'autres jeunes qui sont rejetés par l'école et par le monde du travail. Il faut quand même dire que la moitié des jeunes sont intégrés et travaillent normalement. Il faudrait faire un gros effort pour aider les autres. »

Aïcha, 17 ans, lycéenne

« Si on ne me provoque pas, je ne suis pas méchante. Mais en anglais, la prof nous a dit au début de l'année : "La moitié d'entre vous ne réussira pas." Comment voulez-vous qu'on s'intéresse ? Et en français, le prof m'a dit : "Tu es nulle !" C'est faux. J'ai eu envie de le frapper. »

Sylvain, 20 ans, sans emploi

« Ma journée ? Je me lève à 3 heures de l'après-midi. Je mange. Je vais passer une heure près de l'arrêt de bus. Je rentre pour regarder un film à la télé. Je mange. Je sors et je traîne dans les rues jusqu'à 2 heures du matin. Parfois, on "emprunte une voiture" et on va faire un tour avec les copains. Vous savez, mes parents n'ont jamais pu m'acheter une mobylette. »

Arlette, 28 ans, enseignante

« Il y a quelques années, nous avons organisé un festival des banlieues appelé "Big Bang Banlieue". De nombreux jeunes créateurs amateurs ont eu l'occasion de s'exprimer dans tous les domaines (théâtre, musique, arts plastiques, modes, etc.). Le public bourgeois est même venu. Tous les jeunes ont pu voir qu'ils pouvaient exprimer leur malaise autrement que par la violence et qu'on s'intéressait à eux. »

Expression de la durée et récit

> Il y a deux ans qu'ils
> ont commencé.

■ **L'expression de la durée**

1. Sans point de repère

Elle a voyagé pendant tout le mois d'août.
Elle est partie pour quatre semaines.
Elle a visité l'Italie en un mois.

2. Par rapport au moment où l'on parle

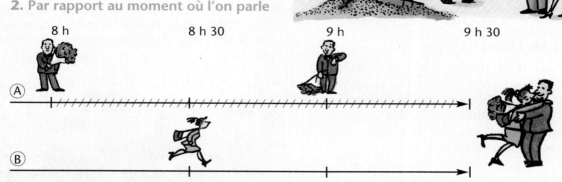

8 h   8 h 30   9 h   9 h 30

Ⓐ • Il est 9 h. Il attend **depuis** 8 h.

• **Il y a** une heure **qu'**il attend.
Ça fait une heure **qu'**il attend.
Il attend **depuis** une heure.

• Il attendra **jusqu'à** 9 h 30.
Il attendra **jusqu'à ce qu'**elle arrive.
(jusqu'à ce que + verbe au subjonctif)

3. Par rapport à un moment passé

• Il était 9 h. **Il y avait** une heure **qu'**il attendait.
Ça faisait une heure **qu'**il attendait.
Il attendait **depuis** une heure.

Ⓑ • Il est 9 h. Elle est partie **depuis** 8 h 30.

• Elle est partie **il y a** une demi-heure.
                ça fait une demi-heure.
                depuis une demi-heure.

• Elle arrivera **dans** une demi-heure.
                d'ici une demi-heure.

• Elle est arrivée **au bout d'**une demi-heure.
                une demi-heure **après**.

---

1 **SUCCESSION D'ÉVÉNEMENTS**

Lisez les deux documents de la partie A, p. 42.

a) Faites une brève chronologie des événements racontés par le maire.

• Quelques mois avant mai : forte tension.
• Le 25 mai dans la soirée : …………

b) Nous sommes en 1995. Un journaliste interroge le maire. Répondez :

• Il y a combien d'années que cette banlieue a été construite ?
• Ça fait combien de temps qu'il y a des immigrés ?
• Pendant combien de temps les gens des classes moyennes sont-ils restés ici ?
• À quelle époque sont-ils partis ?
• Il y a combien de temps que vous avez des problèmes d'insécurité ?

2 **POSER DES QUESTIONS SUR LA DURÉE. RÉPONDRE**

Lisez la chronologie du voyage en Grèce de Julien. Répondez, puis posez des questions.

1er novembre : Vol Paris/Athènes. Arrivée 21 h.

2 et 3 novembre : Séjour à Athènes. Visite des monuments et du musée.

4 novembre : Location d'une voiture. À 10 h, départ pour Delphes. Accident. Julien et sa voiture sont immobilisés deux jours à Thèbes.

5 novembre : Arrivée d'un télégramme pour Julien à Delphes. Il doit rentrer d'urgence à Paris.

6 novembre : Trajet Thèbes-Delphes. Arrivée 18 h. Découverte du télégramme. Retour à Athènes.

7 novembre : 10 h. Vol Athènes/Paris.

a) Nous sommes le 5 novembre. Répondez :

• Il y a combien de temps que Julien est en Grèce ?

• Ça fait combien de temps qu'il est à Thèbes ?

• Quand il est parti d'Athènes, ça faisait combien de temps qu'il y était ?

• Quand il trouvera le télégramme, ça fera combien de temps que ce télégramme est arrivé ?

b) Nous sommes le 4 novembre. Posez les questions correspondant à ces réponses :

.... ? - Il est arrivé à Athènes le 1er novembre.

.... ? - Il est resté deux jours à Athènes.

.... ? - Il restera à Thèbes jusqu'à ce que sa voiture soit réparée.

.... ? - Il repartira en France dans trois jours.

---

3 CHRONOLOGIES

Préparez et jouez les scènes :

a) Préparez une chronologie originale et précise (voir ci-dessous quelques suggestions).

• **Le cosmonaute**

08 / 03 / 86 : Départ de la terre.

09 / 03 / 86 : Arrivée sur la Lune.

....

• **La bûcheuse**

1993 : Baccalauréat.

....

2002 : Premier ministre.

• **Le globe-trotter**

Janvier ...... : Paris.

Février ...... : Italie.

....

Mai .... : Bangkok.

b) Dialoguez avec votre voisin(e).

• Indiquez-lui ce que vous faites : « Je suis un cosmonaute. Je voyage dans l'univers. Je suis actuellement sur Mars. »

• Votre voisin(e) vous pose des questions :

« Quand avez-vous quitté la Terre ?

Il y a combien de temps que vous êtes sur Mars ?

Dans combien de temps... ? »

4 NOSTALGIQUE OU PROGRESSISTE

Deux personnes discutent. L'un est un historien amoureux du passé, l'autre croit que tout sera mieux dans le futur.

Imaginez ce qu'ils disent sur les sujets suivants :

– un voyage de Paris à Marseille

– le mariage

– les moyens d'information

– le logement

– une dispute entre voisins ou entre les membres d'une famille

> Il y a 300 ans, c'était formidable. On mettait 10 jours pour faire Marseille-Paris. On s'arrêtait. On prenait son temps...

> Dans 20 ans...

> Il y a 100 ans...

> Dans 30 ans, on choisira sa compagne ou son compagnon par ordinateur...

Entraînez-vous

1. Voici le début de votre curriculum vitae. Lisez-le et répondez aux questions.

31 mai 1994 : Réussite au diplôme professionnel.

Juin-juillet 1994 : Séjour linguistique en Chine.

1er septembre-31 décembre 1994 : Employé(e) dans la Société EXPORTEX.

1er janvier-31 décembre 1995 : Séjour linguistique en France.

1er mars 1996 : Engagé(e) par l'entreprise TRANS-TEC à Paris.

2. Le pronom « en » *(voir p. 16).* **Elle est curieuse. Elle s'intéresse à tout. Répondez pour elle.**

des

• Vous lisez les journaux français ?

– Oui, j'en lis.

3. Le pronom « en » *(voir p. 16).* **Elle est difficile. Elle n'aime rien. Répondez pour elle :**

• Vous voulez un morceau de gâteau ?

– Non, merci, je n'en veux pas.

Faits divers

■ Les faits divers

● Pour parler d'un événement

se passer → Qu'est-ce qui s'est passé ?
arriver → Un accident est arrivé...
se produire → Un crime s'est produit...
avoir lieu → Un attentat a eu lieu...
se dérouler → Une manifestation s'est déroulée...

● Les conséquences

les victimes - les dégâts - les dommages
détruire - démolir - endommager - abîmer - détériorer - réparer - reconstruire - remettre en état

● Les catastrophes

une inondation (inonder) - un tremblement de terre (trembler) - une tempête - un ouragan - un incendie (brûler)

● Les crimes et délits
(commettre un crime, un délit)

un vol (voler) - un cambriolage (cambrioler) - un assassinat (assassiner) - un meurtre (tuer) - un enlèvement (enlever - kidnapper) - un attentat (faire exploser une bombe)

● Les accidents

un accident (se blesser - se tuer) - une noyade (se noyer) - un empoisonnement (s'empoisonner)

Une fillette de 18 mois a été relevée indemne après être tombée mardi soir par la fenêtre de l'appartement de ses parents situé au 5ᵉ étage d'un immeuble de Rambouillet (Yvelines).

Noël en mai !... Un incendie a dévasté mercredi l'appartement d'un Viennois qui avait allumé les bougies de... son sapin de Noël. La flamme d'une des bougies a mis le feu à l'arbre artificiel.

Mille microprocesseurs, pour un montant de 900 000 €, ont été volés jeudi soir à Fresnes (Val-de-Marne), dans l'attaque à main armée d'une société informatique. Les trois malfaiteurs ont pris la fuite.

Les deux policiers qui ont escorté à grande vitesse jusqu'à l'aéroport, sans autorisation de leur hiérarchie, l'ex-champion du monde des poids-lourds Mike Tyson, le jour de sa libération, se sont vu infliger une amende de 100 € chacun.

Deux individus, interpellés par la suite, ont agressé des jeunes d'origine maghrébine avant d'ouvrir le feu à plusieurs reprises sur l'un d'entre eux, sans toutefois le blesser, lors d'une course poursuite en voitures près de Mantes-la-Jolie (Yvelines).

Un Boeing 747 de Pakistan Airlines assurant la liaison Karachi – Paris – New York a dû faire hier un atterrissage forcé à Istanbul. Une passagère était sur le point d'accoucher.

Un sanglier de belle taille, égaré dans la ville, a créé l'événement à Toulouse, en remontant à contre-courant sur plus d'un kilomètre les eaux de la Garonne sous le regard incrédule de plusieurs centaines de citadins qui prenaient le frais sur les bords du fleuve.

Extraits du *Midi Libre* (24 heures sur 24).

1 NOUVELLES BRÈVES

a) Lisez les nouvelles brèves de la page 46. Complétez le tableau.

	1	2
Type d'événement	Chute du 5ᵉ étage	...
Lieu	Rambouillet	...
Acteurs (responsables, victimes, témoins, etc.)	Fillette de 18 mois	...
Cause(s)	Non précisée	...
Conséquence(s)	Pas de conséquence (indemne)	...

b) Rédigez un titre bref pour chaque nouvelle.

2 FAITS DIVERS

Observez les photos et écoutez les quatre documents sonores.

a) Faites correspondre les documents sonores et les photos.

b) Identifiez le type de chaque document :

– informations à la radio
– récit d'un témoin
– interview d'un journaliste
– récit d'un acteur de l'événement

c) Pour chaque document, rédigez une nouvelle brève.

3 JEUX DE RÔLES

**Par groupe de deux ou trois choisissez l'un des faits divers de la page 46.
Imaginez une scène dialoguée pour ces faits divers.**

Exemple : Fait divers 1
→ La fillette se penche à la fenêtre. Ses parents lui disent : « Attention... »
→ La fillette est à terre. On se précipite : « Tu n'as rien ? »
→ Dialogue entre les parents après l'incident : « C'est toi qui devais la surveiller… »

4 RACONTER

Tous les jours, la presse raconte des faits divers drôles ou surprenants. En connaissez-vous ?

Prononciation

Le son [y]

1 Écoutez ces courtes phrases. Chacune se termine par un mot d'une syllabe. Écrivez ce mot dans la colonne qui convient.

[y]	[i]	[u]

2 Répétez ces phrases.

As-tu vu
Tous les zébus d'Afrique ?
As-tu entendu
Au clair de lune
Les musiques du Mozambique ?
Alors ne dis plus :
« J'ai tout vécu. Je suis déçu ! »
Car toute minute est unique.

UNE FRANCE À DEUX VITESSES

DE LA RICHESSE À L'EXCLUSION

Sur une population totale de 56 millions d'habitants (1), il y a en France 25 millions de personnes en âge de travailler et qui souhaitent travailler. Mais ces personnes vivent des situations professionnelles et financières très différentes.

Depuis 1960, le revenu et le pouvoir d'achat des Français ont fortement augmenté. Le niveau de vie des classes moyennes et des retraités s'est en particulier considérablement amélioré. On consomme davantage. On part en vacances vers des destinations lointaines. On est souvent propriétaire de son logement, etc.

Mais cette augmentation des revenus n'a pas profité à tout le monde de manière égale. Les différences entre les revenus sont importantes.

La consommation des loisirs est en augmentation.

Dix pour cent des salariés ne touchent que le SMIC (Salaire minimum interprofessionnel de croissance), environ 6 000 F². En revanche, des chefs d'entreprises, des artistes, des sportifs peuvent gagner des sommes considérables (jusqu'à 300 000 F³ par mois avant impôts). Ces différences dépendent :

– de la profession. Un technicien gagne deux fois plus qu'un ouvrier. Un cadre gagne deux fois le salaire d'un technicien ;

– du secteur d'activité. Un ouvrier de l'industrie pétrolière perçoit trois fois plus qu'un ouvrier du textile ;

– du sexe. Les femmes sont payées en moyenne 23 % de moins que les hommes ;

– des compétences personnelles (pour les non-salariés). Il y a des médecins qui ne gagnent que le Smic. D'autres vingt fois plus.

Mais, les transformations économiques qui ont permis à la France de s'enrichir n'ont pas fait que des heureux. Aujourd'hui, 12 millions de Français considèrent qu'ils sont en situation difficile ou inacceptable.

– 7 millions pensent que leur emploi est menacé. Ils ont déjà connu le chômage et des problèmes financiers ;

– 3 millions sont au chômage. Ils touchent une indemnité proportionnelle à leur salaire. Mais cette somme diminue très vite (à partir du 3ᵉ mois dans certains cas) ;

– 2 millions sont dans une situation d'exclusion. Ils vivent du RMI (revenu minimum d'insertion payé par l'État), font un stage de formation ou ont un petit emploi subventionné par l'État (environ 2 500 F)⁴.

1. Tous les chiffres donnés dans ce texte sont de 1994.
2. = 914 €.
3. = 45 734 €.
4. = 381 €.

Les immigrés originaires d'Algérie ou des autres pays d'Afrique sont deux fois plus touchés par le chômage que le reste de la population.

Les « sans emploi » peuvent vendre certains journaux dans des conditions spéciales (pas de taxes à payer, etc.). Ils peuvent ainsi gagner un peu d'argent.

1 LES DIFFÉRENCES DE REVENUS

Lisez les deux premiers paragraphes du texte de la page 48.

a) Relevez et classez tout le vocabulaire relatif à l'argent.

Noms	Verbes	Adjectifs
un revenu	...	...

b) Faites la liste des causes des différences entre les revenus. Ces différences vous paraissent-elles justifiées ? acceptables ?

c) Comparez la situation des revenus en France et dans votre pays.

2 LES SITUATIONS DIFFICILES

Lisez le dernier paragraphe du texte.

a) Complétez le tableau de vocabulaire de l'exercice 1.

b) Relevez toutes les situations professionnelles et financières difficiles.

Imaginez que vous êtes dans chacune de ces situations. Comment réagissez-vous ? Que pensez-vous ?

Exemple : (1) Pas de sécurité de l'emploi : « Je n'y pense pas... » ou « Ça me préoccupe beaucoup... » « Je cherche un autre emploi plus stable », etc.

3 SITUATIONS FINANCIÈRES ET PROFESSIONNELLES

Imaginez quelle est la situation financière et professionnelle de ces personnes :

• Il achète sa voiture à crédit.
• Elle achète son réfrigérateur à crédit.

• Il est inscrit à l'ANPE (Agence nationale pour l'emploi).
• Dans le journal, elle lit les cours de la bourse.
• Dans le journal, il lit les offres d'emploi.
• Il ne peut pas vivre sans faire de petits travaux « au noir ».
• Il n'a pas de logement. Il vit dans la rue ou dans des centres d'accueil. Il s'habille et mange grâce à des organisations comme le « Secours populaire ».
• Elle vient de s'acheter une maison avec un crédit sur 20 ans.

4 LE CHÔMAGE

Les partis politiques (de l'extrême droite à l'extrême gauche) proposent des solutions très différentes au problème du chômage en France. En voici quelques-unes.
Donnez votre opinion sur ces propositions.

• Avancer l'âge de la retraite.
• Diminuer la durée du travail.
• Créer des emplois payés par l'État.
• Interdire aux entreprises de licencier.
• Remplacer les machines par les hommes.
• Lutter contre le travail « au noir ».
• Considérer la situation de mère de famille comme un emploi normal (donc payé).
• Réserver des emplois aux Français.

5 NOUVELLES EXPRESSIONS

Voici des expressions qu'on entend très souvent en France.
Expliquez-les.

• Il y a en France une *fracture sociale*.
• La France est *une société à deux vitesses*.
• Il faut lutter contre toutes *les formes d'exclusion*.

Profession journaliste

Journalistes
à la sortie du Conseil des ministres.

Tout au long de cette leçon, vous réaliserez en groupe

UN JOURNAL D'INFORMATION ou
UN JOURNAL PARLÉ POUR LA RADIO

Chacun de vous rédigera un bref article (10 à 15 lignes) qui servira à la composition du journal écrit ou qui sera lu pendant le bulletin d'information radio.

ÉTAPE 1

• Choisissez le type de journal que vous allez réaliser. Vous pouvez choisir :

1 - un journal qui parle de l'actualité de votre pays ;

2 - un journal destiné à un public particulier. Par exemple les étudiants de votre école ;

3 - un journal imaginaire. Par exemple, le journal du 1er janvier 2040.

---

1 LES RUBRIQUES ET LES SUJETS D'UN JOURNAL

a) Lisez ci-contre la liste des différentes rubriques d'un journal. Dans quelle rubrique peut-on trouver les informations suivantes ?

– un fait divers
– des commentaires sur le dernier film de Claude Chabrol
– les résultats des élections législatives
– le voyage du président des États-Unis en Europe
– le temps qu'il fera demain
– la découverte d'un nouveau vaccin
– les résultats de la finale de la coupe de France de football
– les difficultés d'une entreprise

Pour chacune de ces rubriques imaginez d'autres informations.

b) Écoutez le début d'un bulletin d'information à la radio.
• Notez l'information apportée par chaque titre.
• Observez l'organisation du développement du premier titre (le tremblement de terre) : introduction par le présentateur, intervention du correspondant, interviews.

Chaque matin, le rédacteur en chef du journal organise une conférence de rédaction. On y décide des sujets traités dans le journal du lendemain.

• **FRANCE**	• **MONDE**
• **ÉCONOMIE**	• **SAVOIRS**
• **SPORTS**	• **MÉTÉO**
• **LA VIE CULTURELLE**	

ÉTAPE 2

• Constituez une petite équipe pour chaque rubrique de votre journal.

• Dans chaque équipe, recherchez des sujets d'articles. Choisissez et répartissez-vous ces sujets.

• Organisez, en grand groupe, le plan de votre journal.

a) Lisez le titre et le sous-titre de l'article ci-dessous. Qu'avez-vous envie de savoir ? Quelles informations apportent-ils ?

b) Lisez l'article. Repérez :

• Les passages où l'on raconte les événements. Faites-en la chronologie.
1985 : découverte ....

• Les passages où l'on décrit la grotte. Faites un plan de l'accès à cette grotte.
Quelle est l'originalité de cette grotte ?

• Les passages où l'on rapporte les paroles ou les idées de certaines personnes. Observez les constructions grammaticales.

• Les mots et les constructions où l'on exprime des opinions.

LES PEINTURES PRÉHISTORIQUES DE LA GROTTE COSQUER AUTHENTIFIÉES

Une équipe de scientifiques confirme que la grotte a été habitée il y a 30 000 ans.

Marseille, 27 juin 1992
Rappelons les faits. En 1985, Henri Cosquer, moniteur de plongée, remarque sur la côte de Sormiou, près de Marseille, et par 38 mètres de fond, l'entrée d'une grotte. Sur les murs des salles émergées, il observe des traces de mains et des peintures d'animaux.

Cosquer fait visiter la grotte à quelques amis plongeurs et ce n'est que six ans plus tard qu'il révèle publiquement sa découverte.

Aussitôt, les scientifiques et la presse se passionnent pour la grotte Cosquer. Pour les uns, il s'agit d'un ensemble préhistorique aussi important que les grottes de Lascaux. D'autres pensent que les dessins sont des faux et qu'ils ont été faits par des plongeurs.

En septembre 1991, une équipe de scientifiques conduite par le professeur Courtin se met au travail. Elle vient de rendre son verdict. Il n'y a aujourd'hui plus de doutes. La grotte a été habitée par deux fois dans la préhistoire. Une première fois, il y a 30 000 ans. Puis 10 000 ans plus tard.

Composée de deux salles de 60 mètres de diamètre, la grotte Cosquer est unique au monde pour la richesse, la variété et l'originalité de ses dessins et de ses peintures : traces de mains, dessins de chevaux, de cerfs, de bisons, de pingouins et de phoques.

« Tous les jours nous découvrons quelque chose. C'est un émerveillement continu », affirmait J. Courtin pendant l'exploration.

ÉTAPE 3

• Dans les pages suivantes, vous travaillerez sur les différents aspects que vous venez de repérer (expression des opinions, paroles rapportées, description, récit).

• En attendant l'étape finale de la rédaction de votre article (p. 57), rassemblez la documentation et les idées nécessaires.

Présenter un fait

■ **Certitude / doute - Possibilité / impossibilité - Probabilité / improbabilité**

1. Constructions

Le degré de certitude, de possibilité, de probabilité d'un fait peut être présenté :

• **par un verbe d'opinion :**
Je crois qu'elle viendra. Je ne suis pas sûr qu'elle vienne.

• **par une forme impersonnelle :**
Il est possible qu'elle vienne.

• **par une phrase séparée :**
Elle viendra. C'est sûr.

2. Doute ou certitude

• Je suis sûr(e) - certain(e) - persuadé(e) - convaincu(e) qu'elle viendra. *(indicatif)*
Je ne suis pas sûr(e), etc., qu'elle vienne. *(subjonctif)*

• Il est certain (sûr) qu'elle viendra.
Il n'est pas certain (sûr) qu'elle vienne.

Vous croyez qu'il va pleuvoir ?

C'est possible.

Peut-être.

Sans doute.

Ça m'étonnerait.

J'en doute.

3. Possibilité ou impossibilité

• Je crois que c'est possible / impossible.

• Il est possible
Il se peut
Il se pourrait } qu'elle vienne. *(subjonctif)*

Il est impossible
Il est exclu } qu'elle vienne. *(subjonctif)*

4. Probabilité ou improbabilité

• Il est probable qu'elle viendra. *(indicatif)*
Il est improbable (peu probable) qu'elle vienne. *(subjonctif)*

• Elle doit / Elle ne doit pas venir.

• Il (me) semble qu'elle est fatiguée.
Il ne (me) semble pas qu'elle soit en pleine forme.

---

1 **INDICATIF OU SUBJONCTIF**

a) Présentez les faits suivants en exprimant l'opinion entre parenthèses.

• Le gouvernement va augmenter les impôts (possibilité)
→ Il est possible que le gouvernement augmente les impôts
• Les gens resteront calmes (improbabilité)
• Les syndicats organiseront des grèves (certitude)
• Le pays sera désorganisé (possibilité)
• Le gouvernement démissionnera (probabilité)
• Un nouveau Premier ministre sera nommé (incertitude)

b) Imaginez une suite aux événements racontés en a.

Exemple : Il est possible qu'il y ait de nouvelles élections.

c) Quelles sont les conséquences possibles/impossibles, probables/improbables, etc., des faits suivants :

• Pierre n'a jamais de chance. Il part quinze jours aux sports d'hiver...
• Valérie a 18 ans. Ses parents veulent qu'elle soit médecin. Elle souhaite devenir chanteuse...
• Patrice, 18 ans, vit chez ses parents. Mais depuis trois jours ses parents ne l'ont pas vu...

2 OPINIONS SUR LE FUTUR

a) Donnez votre opinion sur ces prévisions d'un futurologue. Pensez-vous qu'elles soient possibles, impossibles, etc.

En l'an 2020...
• Les médecins réussiront à supprimer la douleur et la chute des cheveux. Il n'y aura plus de cancers ni de sida. Les gens vivront vingt ans de plus.

• Il n'y aura plus de voitures dans les villes. Les gens laisseront leur voiture électrique à l'entrée des villes et utiliseront les transports en commun.

• L'enseignement assisté par ordinateur (EAO) sera généralisé. Les enseignants ne seront plus que des guides et des conseillers. On n'utilisera plus les livres mais les banques de données informatiques.

• Les pouvoirs traditionnels (gouvernement, justice, police) seront affaiblis.

b) Travail de groupes. Dans chaque groupe, choisissez un domaine (éducation, santé, sport, spectacles, etc.). Faites des prévisions sur le futur. Qu'est-ce qui vous paraît :

sûr - probable - possible - impossible ?

■ Rapporter des paroles et des écrits au présent

Paroles prononcées	Discours rapporté	Verbes introduisant
C'est un bon film.	Elle (me) dit que c'est un bon film.	• **une phrase déclarative** : dire - annoncer - déclarer - informer - affirmer - répondre - expliquer - répéter - avouer - confier
Allez le voir !	Elle (me) dit Elle (me) demande } d'aller le voir. Elle demande que j'aille le voir.	
Vous allez le voir ?	Elle me demande si je vais le voir.	• **une phrase à caractère impératif** : dire - demander - défendre - interdire - conseiller - suggérer - proposer
Qui êtes-vous ? Qu'est-ce que vous faites ? Où allez-vous ?	Elle (me) demande qui je suis. ce que je fais. où je vais.	

---

3 DISCOURS RAPPORTÉ

Un journaliste fait le compte rendu d'une séance du conseil municipal.
Comment rapporte-t-il les deux dialogues suivants (variez les verbes introducteurs) ?

a) *Le maire :* Nous allons construire un parking de 3 000 places sous le jardin botanique.
Un conseiller de l'opposition : Où trouverez-vous l'argent ?

Le maire : Nous ferons un emprunt.
Le conseiller : Pourquoi ne pas confier la construction et la gestion du parking à une société privée ?

b) *Un conseiller écologiste :* Ne touchez pas aux arbres du jardin !
Le maire : Rassurez-vous, le jardin restera intact.
Le conseiller écologiste : Comment ferez-vous ?
Le maire : Ce parking sera à 6 mètres au-dessous du sol.

Entraînez-vous

1. Pierre et Marie font des projets d'avenir. Transformez comme dans l'exemple.

• On restera à Paris. Tu en es sûr ?
– Oui, je suis sûr qu'on restera à Paris.

2. Le pronom « y ». Sylvie part en voyage. Son amie l'interroge.

a) Répondez « oui ».
• Tu vas en Inde ?
– Oui, j'y vais.

b) Répondez « non ».
• Tu vas dans le sud de l'Inde ?
– Non, je n'y vais pas.

Description - Fonction - Organisation

LES GRANDS TRAVAUX DU PRÉSIDENT

Pendant ses deux septennats, le président François Mitterrand a inauguré onze grandes réalisations culturelles. Il est à l'origine de neuf de ces réalisations.

◆ LA BIBLIOTHÈQUE DE FRANCE

jardin intérieur planté de pins et de chênes —

la Seine —

— 4 tours de verre de 80 m de haut 18 étages

— bâtiment rectangulaire

◆ LE MUSÉE D'ORSAY

Situé au bord de la Seine, en face du jardin des Tuileries, le musée d'Orsay a été aménagé dans une ancienne gare construite en 1900.

La belle façade de pierre avec ses grandes fenêtres et le hall de départ des trains ont été conservés. Ce hall possède une verrière et les œuvres d'art sont éclairées par la lumière du jour.

Le musée d'Orsay comporte trois niveaux. Le rez-de-chaussée présente des peintures et des sculptures de la fin du XIXᵉ siècle. Le premier étage est consacré aux meubles et aux objets d'art de la même période. Le dernier étage est utilisé pour une grande exposition sur l'impressionnisme.

◆ LA CITÉ DES SCIENCES ET DE L'INDUSTRIE

La Cité des sciences et de l'industrie a pour but de présenter la grande aventure de la science et de la technologie. Ses salles d'exposition servent aussi à montrer les découvertes les plus récentes faites par les entreprises.

Mais cette réalisation a aussi une fonction éducative. C'est un lieu interactif. Le visiteur utilise des ordinateurs, fait fonctionner des appareils, recherche lui-même les informations qu'il souhaite.

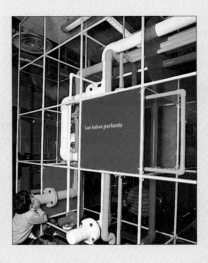

1 OBSERVATION DU DOCUMENT ET LECTURE RAPIDE

Vous êtes journaliste et vous devrez faire une brève présentation des réalisations de la p. 54. Pour chaque bâtiment vous devez :

– faire une brève description de l'extérieur ;
– dire quelle est la fonction du bâtiment (à quoi il sert) ;
– donner quelques indications sur son organisation intérieure.

Faites une lecture rapide du document et trouvez les informations qui manquent. Les exercices suivants vous permettront de compléter en partie ces informations.

2 DESCRIPTION

Lisez le 1er paragraphe du commentaire sur le musée d'Orsay et le tableau ci-contre.

a) Complétez ces phrases.

- Le musée du Louvre .... au bord de la Seine.
- La tour Montparnasse .... tout Paris.
- La vieille ville de Carcassonne est .... de remparts.
- Le pont Mirabeau .... la Seine.
- Le parc de La Villette .... sur plusieurs hectares.

b) À l'aide des indications données dans le document rédigez une brève description de la Bibliothèque de France.

> ### ■ Pour décrire
>
> • **se trouver** - être situé à, dans, etc.
> • **prépositions et adverbes de lieu :** dans - à gauche / à droite, etc. (voir « Expressions de l'espace » en fin d'ouvrage)
> • **verbes descriptifs :** s'élever - dominer - longer - entourer - border - traverser - s'étendre.

3 FONCTION

Lisez le commentaire sur la Cité des sciences et de l'industrie et le tableau ci-contre.

a) Complétez les phrases.

- L' ANPE .... aux chômeurs de trouver du travail.
- L'Office du tourisme .... aux touristes d'avoir des renseignements pratiques.
- Le Minitel .... à trouver un numéro de téléphone. Il est aussi .... pour faire des réservations.

b) 🎧 **Écoutez. Un guide des monuments parisiens vous parle de la fonction de la Bibliothèque de France et du musée d'Orsay. Notez les informations et rédigez-les.**

> ### ■ Pour parler de la fonction
>
> • **servir**
> À quoi ça sert ? - Ça sert à…
> C'est utilisé pour… On utilise ce bâtiment pour…
> • le rôle, la fonction de... est...
> Ce bâtiment a pour fonction de…
> • **permettre (de)**
> Le magnétoscope permet d'enregistrer des émissions de télévision.

4 ORGANISATION

Lisez le 2e paragraphe du commentaire sur le musée d'Orsay et le tableau ci-contre.

a) Complétez les phrases.

- La France .... 22 régions.
- L'Italie .... de l'Union européenne.
- Le salon de Marie .... de très beaux meubles.

b) 🎧 **Écoutez. Un responsable de la Bibliothèque de France vous parle de l'organisation de ce bâtiment. Notez les informations sur :**

– l'administration - les livres - les services - le public (chercheurs et grand public).

Rédigez ces informations.

> ### ■ Décrire une organisation
>
> • **comprendre - comporter**
> Cet appartement comprend un salon, deux chambres, etc.
> • **contenir**
> Cette salle de musée contient des œuvres modernes.
> • **faire partie de**
> La ville de Versailles fait partie de la région Île-de-France.

MOMENTS D'HISTOIRE

LE GÉNÉRAL DE GAULLE RAPPELÉ AU POUVOIR

Paris, 2 juin 1958. Absent des gouvernements successifs depuis 1946, le général de Gaulle a été rappelé au pouvoir par la grande majorité de la classe politique. Hier, l'Assemblée nationale lui a accordé sa confiance. Elle doit aujourd'hui voter les pleins pouvoirs pour six mois au gouvernement qu'il a formé.

Le rappel du chef de la Résistance et du gouvernement provisoire de 1945 fait suite à une longue période de crises ministérielles. La guerre d'Algérie qui dure maintenant depuis 1954 est fortement désapprouvée par l'opinion internationale. Elle divise profondément les Français et menace la stabilité de l'État.

Le général de Gaulle a l'intention de faire voter une nouvelle constitution qui donnera davantage de pouvoirs au président de la République et au gouvernement. De nombreux députés, opposés à ce projet il y a encore quelques semaines, se sont aujourd'hui ralliés. Une minorité, comme l'ancien ministre François Mitterrand, continue à mettre en garde le pays contre un risque de dictature.

1 COMPRÉHENSION DE L'ARTICLE

Lisez l'article ci-dessus.

a) Quelles informations pouvez-vous relever sur les périodes ou les dates suivantes ? Aidez-vous des indications du tableau ci-contre.

- 1939-1945............
- 1945-1946............
- 1946-1958............
- 1954 →............
- 1ᵉ juin 1958............
- 2 juin 1958............
- Après le 2 juin 1958............

b) Quelles sont les causes du rappel du général de Gaulle ?

c) Quelles sont les informations qui montrent qu'en juin 1958 la France est dans une situation grave ?

2 RÉCIT AU PASSÉ

Pendant tout le mois de mai 1968, la France a connu une grande révolte des étudiants et une grève générale des travailleurs qui a paralysé le pays. Vous étiez à Paris le 21 mai 1968 et vous racontez à un(e) ami(e) ce que vous avez vu (oralement ou dans une lettre).

Pour préparer votre récit :

a) Observez et commentez les photos et les titres de presse (p. 57). Utilisez le vocabulaire ci-contre.

- **Seconde Guerre mondiale (1939-1945) :** la France est rapidement battue et occupée par l'armée allemande.
- **La Résistance :** mouvement armé d'opposition à l'occupation allemande. Le bureau central de la Résistance était à Londres.
- **Guerre d'Algérie :** l'Algérie a été une colonie française jusqu'en 1962. La lutte armée des Algériens pour leur indépendance a pris les dimensions d'une guerre à partir de 1954.

■ **Grèves et révoltes**

- une grève - un gréviste - se mettre en grève - faire la grève
- un syndicat - une manifestation - un slogan - réclamer
- une révolte (se révolter) - une émeute - une bataille de rue - une barricade

---

b) 🔊 Écoutez. Un étudiant explique pourquoi les universités se révoltent. Un ouvrier explique pourquoi il fait grève.

LA FRANCE PARALYSÉE
10 millions de travailleurs en grève
Plus de transports ni de courrier

**MOINS
DE
21 ANS**
voici votre
bulletin de
VOTE

NOUVELLE NUIT DES
BARRICADES
Les batailles de rues
ont repris hier…

Laissez
moi encore
dix ans
je reprendrai
vos augmentations !

Le syndicat CGT réclame
l'augmentation des
salaires et la diminution
de la durée du travail.
Il refuse la fusion avec les
étudiants.

■ **ÉTAPE 4 DU PROJET**

- Rédigez votre article.
- Organisez une présentation collective des articles (après les avoir classés).
Plusieurs possibilités :
– bulletin d'information radio
– articles affichés
– articles collés sur des grandes feuilles (imitation d'un journal).

Le mystère de Rennes-le-Château

Rennes-le-Château.

Rennes-le-Château est un tout petit village de 80 habitants situé entre Carcassonne et Perpignan. Les guides touristiques n'en parlent pas. On n'y trouve ni hôtel, ni restaurant et pourtant il reçoit plus de 30 000 visiteurs par an. Le seul magasin du village est une librairie qui expose 107 livres, tous sur le même sujet ! Que viennent faire tous ces visiteurs dans ce trou perdu ?

En 1885, un prêtre, l'abbé Saunière, est nommé à l'église de Rennes-le-Château. Il est pauvre et vit de la générosité des habitants. Mais quelques années plus tard, il fait rénover l'église et il se fait construire une luxueuse villa avec un grand parc et une magnifique bibliothèque. À partir de ce moment-là, il mène une vie de riche. Pourtant, il n'a pas fait d'héritage et n'a pas reçu de don important. D'où peut venir tout cet argent ?

La richesse de l'abbé Saunière reste un mystère. Pour l'Église, Saunière s'est enrichi grâce au commerce des messes. Il encourageait les habitants à lui faire dire de nombreuses messes privées et il recevait de l'argent en échange.

L'écrivain Gérard de Sève, qui a beaucoup étudié la question, pense que Saunière était en possession d'un document secret sur une grande famille royale d'Europe. On sait qu'il a reçu plusieurs fois la visite d'un mystérieux personnage très distingué, à l'accent étranger. A-t-il échangé le document contre une grosse somme d'argent ?

Mais la majorité des gens suppose que Saunière avait découvert un trésor. Rennes-le-Château se trouve sur l'emplacement de Redhae, la dernière capitale des Wisigoths, un peuple qui s'est installé dans le sud-ouest de la France au Ve siècle et a ensuite été repoussé vers l'Espagne. Saunière a-t-il trouvé le trésor des Wisigoths ? On le saura peut-être un jour. Mais il est mort en 1917 sans révéler le secret de sa richesse.

Certaines personnes croient que le trésor de l'abbé Saunière est toujours caché dans la région.

1 **LECTURE PROGRESSIVE**

• Lisez le premier paragraphe. Imaginez des réponses à la question posée à la fin.
• Faites le même travail avec le deuxième paragraphe.
• Donnez votre opinion sur les causes possibles de la richesse de l'abbé Saunière. Imaginez d'autres causes.

2 **LES MYSTÈRES**

Connaissez-vous une histoire mystérieuse ?
Racontez.

1 La forme passive.

Réécrivez les informations suivantes en construisant une phrase passive.
Mettez en début de phrase les mots soulignés.

Exemple : 7 mai 1995 : élection de Jacques Chirac à la présidence de la République.
→ Jacques Chirac a été élu président de la République le 7 mai 1995.

• Football : Marseille 4 - Bordeaux 2.
• L'architecte américain d'origine chinoise Pei a construit la pyramide du Louvre.
• Un biologiste anglais découvre un nouveau virus.
• Demain soir, inauguration du nouveau stade par le ministre des Sports.
• Accident sur la route nationale 7 : 3 morts.

2 (Se) faire et forme pronominale à sens passif.

Réécrivez les informations suivantes en supprimant le pronom « on ».
Utilisez selon le cas une forme *(se) faire* + verbe ou la forme pronominale du verbe.
Commencez la phrase par le mot souligné.

Exemple : On a coupé les cheveux de l'actrice Carole Bouquet.
→ Carole Bouquet s'est fait couper les cheveux.

• On a aménagé un nouveau bureau pour le président Jacques Chirac.
• Actuellement, on porte beaucoup la minijupe.
• On a contrôlé la voiture d'Alain Prost à la 20ᵉ minute de la course.
• On a construit la Bibliothèque de France selon les instructions de François Mitterrand.
• En France on boit du vin pendant le repas, rarement à l'apéritif.

3 Description et forme passive.

À l'aide des informations ci-dessous et en utilisant des phrases passives, rédigez une brève description de la construction du château de Versailles.

• Origine de la construction : le roi Louis XIV (XVIIᵉ siècle).
• Direction des travaux : l'architecte Mansart.
• Aménagement des jardins : le jardinier Le Nôtre.
• Installation du roi et de la Cour en 1682.

4 Expression de la durée.

VIE DE FRÉDÉRIC CHOPIN.
1810 : Naissance à Varsovie (Pologne).
1814 : Débute l'étude du piano.
1818 : Premiers succès.
1826-1829 : Élève au conservatoire de musique de Varsovie.
1830 : Quitte définitivement la Pologne et s'installe à Paris.
1835 : Début de sa maladie.
1837 : Rencontre avec la femme écrivain George Sand. Liaison amoureuse.
1847 : Séparation avec George Sand.
1849 : Mort de Chopin due à sa maladie.

a) Lisez la vie de Frédéric Chopin.
Complétez les phrases suivantes avec une expression de temps (*il y a ... que - depuis,* etc.).

• Quand Chopin a eu son premier succès, ... quatre ans qu'il faisait du piano.
• Chopin est resté au conservatoire de Varsovie .... trois ans.
• Il a vécu en Pologne .... 1830.
• .... 1837, il a une longue liaison avec George Sand. Ils se séparent .... dix ans.
• .... deux ans que Chopin était malade quand il a rencontré George Sand.
• Chopin meurt en 1849. Il vivait en France .... dix-neuf ans.

b) Posez les questions qui permettent d'avoir comme réponse les phrases ci-dessus.

Exemple : Quand Chopin a eu son premier succès, ça faisait combien de temps qu'il jouait du piano ?

5 Expression du doute, de la certitude, de la possibilité, etc.

Les skieurs posent des questions à leur moniteur. Rédigez la réponse en exprimant l'opinion entre parenthèses.

• Est-ce qu'il fera mauvais temps demain ? – Oui (probabilité)
• Est-ce qu'il faudra faire attention ? – Oui (certitude)
• Est-ce qu'il y aura des avalanches ? – Oui (possibilité)
• Est-ce que les skieurs débutants pourront sortir ? – Non (doute)
• Est-ce que tous les télésièges fonctionneront ? - Non (impossibilité)

6 Discours rapporté.

Vous avez eu la conversation suivante avec votre ami Ernest.

Racontez-la au présent.

« Ce matin, je rencontre Ernest. Il me demande… »

Ernest : Qu'est-ce que tu fais cet après-midi ?

Vous : Je vais voir Toulouse-Lautrec[1].

Ernest : Ça m'intéresse. Est-ce que je peux venir avec toi ?

Vous : Oui, bien sûr.

Ernest : Où est-ce que ça se passe ?

Vous : Au musée d'Orsay.

Ernest : Comment ! On organise des matchs de football dans les musées maintenant !

1. peintre de la fin du XIXᵉ siècle (et pas un match de football entre Toulouse et Lautrec !).

7 Du doute à la certitude.

Il annonce une nouvelle à ses amis.

Classez leurs réactions dans le tableau.

Ils y croient.	Ils y croient un peu.	Ils n'y croient pas beaucoup.	Ils n'y croient pas du tout.

• Ça m'étonnerait.
• C'est possible.
• C'est exclu.
• J'en suis persuadé.

• Ça se peut.
• C'est impossible.
• C'est peu probable.
• Sans doute.

8 Vocabulaire.

a) Réussite et échec.
Transformez ces réussites en échecs.

• Toulouse a gagné le match.
• Victoire de Guy Forget.
• Le skieur a réussi sa descente.
• Le boxeur a eu beaucoup de courage.

b) Les catastrophes.
Quelle(s) catastrophe(s) peut-il y avoir avec :

– la pluie…
– le feu…
– le vent…
– l'air…

c) Crimes et délits.
Réécrivez les phrases en utilisant un autre verbe de même sens.

• Bernard a volé des objets dans un appartement.
• Il a assassiné un de ses amis.
• Il a kidnappé le fils de son patron.
• Il a mis un poison mortel dans le café de son amie.

d) Dégradations.
Voici des événements qui ont causé des dégradations.
Complétez avec un verbe.

• Avec leur ballon, les enfants ………… une vitre de la fenêtre.
• Les enfants ont fait de la peinture. Ils ………… leurs vêtements.
• Une bombe ………… la maison.
• La tempête ………… le toit de la maison.

9 Test culturel.

a) Citez le nom :

– d'un champion sportif français ;
– d'un présentateur (ou présentatrice) du journal télévisé ;
– du chef de la Résistance pendant la guerre de 1939-1945 ;
– d'un grand site préhistorique ;
– d'une réalisation qui fait partie des « grands travaux » du président François Mitterrand.

b) Vous n'êtes pas d'accord sur les affirmations suivantes.

Donnez chaque fois un exemple pour justifier ce désaccord.

• Les Français sont riches.
• Les sportifs français sont les meilleurs du monde.
• La télévision française est très culturelle.
• La France a été un pays très calme depuis la guerre de 1939-1945.
• Paris n'a pas changé depuis longtemps.

Unité 3

COMPRENDRE ET S'EXPRIMER

- Faire des hypothèses, des suppositions.
- Suggérer, proposer.
- Rédiger une demande écrite officielle.
- Faire un choix. Utiliser les pronoms interrogatifs et démonstratifs.
- Exprimer la possession. Utiliser les pronoms possessifs.
- Exprimer les mouvements, les déplacements, les gestes.
- Exprimer un sentiment.

DÉCOUVRIR

- Les aventures d'un groupe de jeunes qui montent une pièce de théâtre.
- Quelques épisodes et lieux de l'histoire (de l'Antiquité au XVIe siècle).
- Une pièce de théâtre actuelle.
- Le cinéma français.

Premier acte

Projets et suggestions Ⓐ

*Août. Un gros village sur les bords du Cher,
à quelques kilomètres de la ville de Tours et des
célèbres châteaux d'Amboise et de Chenonceaux.
C'est la fête du village.*

Jean-Michel : Bonsoir Sabine. Tu danses ?
Sabine : Jean-Michel ! Ça c'est une surprise !
Tu es au village en ce moment ?
Jean-Michel : Oh, juste pour trois ou quatre
jours.
Sabine : Je m'en doute. S'il n'y avait pas tes
parents ici on ne te reverrait plus.
Jean-Michel : Tu sais, à Paris, j'ai mes cours
de théâtre. De temps en temps un petit rôle...
Sabine : Tu as de la chance de faire ce qui te plaît.
Moi, si j'avais du courage, je partirais aussi.
On s'ennuie trop ici.
Jean-Michel : Mais non Sabine, je te connais.
Si tu quittais ton village et les enfants de l'école,
tu serais malheureuse.
Sabine : Tu as peut-être raison ... Mais tu vois, en
été, il nous faudrait un peu plus d'animation.
On devrait organiser un festival. Ça attirerait les
touristes.
Jean-Michel : Eh bien, faites-le !
Sabine : Personne ne veut me suivre. C'est
quelqu'un comme toi qu'il nous faudrait... Je vais
te confier un secret... J'ai écrit une pièce de
théâtre.
Jean-Michel : Tiens, tiens ! J'aimerais bien voir
ça. C'est vrai qu'au lycée, tu faisais de jolies
réponses à mes lettres. D'ailleurs, je les ai gardées.
Sabine : Eh bien, fais attention que tes petites
amies ne les découvrent pas !

Financement et recrutement

Octobre.
Jean-Michel et Sabine ont décidé de monter la pièce de la jeune fille. Ils ont créé une association.
Ils recherchent des comédiens, des figurants et des techniciens parmi les jeunes du village et les comédiens de l'école de théâtre de Jean-Michel.
Ils ont aussi besoin d'argent...

Monsieur le Directeur,

L'Association des amis du vieux château de Souvigny a l'intention de monter un spectacle de théâtre pendant l'été prochain. Cette pièce mettra en scène d'une manière comique quelques moments du passé de notre région.

Notre but est de créer une animation dans le village pour attirer les touristes et de rassembler des fonds pour la restauration du vieux château. Tous les participants seront bénévoles.

Nous faisons donc appel à la générosité des entreprises et des pouvoirs publics de la région et nous serions très heureux si vous acceptiez de parrainer ce spectacle.

Vous trouverez ci-joint un descriptif de notre projet accompagné d'un budget détaillé.

Avec nos remerciements anticipés, nous vous prions d'agréer, Monsieur le Directeur, l'expression de nos sentiments les meilleurs.

La présidente de l'association,

Sabine Chaboureau

Projets d'aménagements

Faire une hypothèse - Suggérer

■ Le conditionnel présent

1. Forme : radical du futur + ais, ais, ait, ions, iez, aient.

acheter	aller
j'achèterais	j'irais
tu achèterais	tu irais
il / elle achèterait	il / elle irait
nous achèterions	nous irions
vous achèteriez	vous iriez
ils / elles achèteraient	ils / elles iraient

Si j'ai du courage, je finirai mon travail ce soir.

Si j'avais du courage, je partirais d'ici.

2. Expression d'une hypothèse.

Si la pluie s'arrête, **nous sortons**.
S'il fait beau demain, **nous sortirons**. } la condition est considérée comme possible
si + présent → indicatif (présent ou futur)

Si la pluie s'arrêtait, **nous sortirions**.
S'il faisait beau demain, **nous sortirions**. } la condition est considérée comme moins possible
si + imparfait → conditionnel présent

Supposons
Imaginons } qu'il fasse beau *(subjonctif)*. Nous pourrions sortir *(conditionnel)*.
Admettons

3. Expression de la suggestion, du conseil.

Que faire pendant les vacances ?
Nous pourrions aller... On devrait...
Il faudrait voir... Nous visiterions...
Ce serait bien de...

4. Expression polie d'une demande.

J'aimerais... Je souhaiterais...
Il faudrait... } ... voyager
Vous devriez... Vous pourriez... } ... que nous partions

---

1 EXPRESSION DE L'HYPOTHÈSE

Mettez les verbes entre parenthèses à la forme qui convient.

Extrait du journal secret de Sabine.

« Si j'avais du courage, je *(quitter)* ce village. J'*(aller)* vivre à Paris. Je *(montrer)* mes manuscrits à des éditeurs. Ils me *(remarquer)* et je *(être)* publiée. J'*(avoir)* peut-être le prix Goncourt. Alors, peut-être que Jean-Michel *(s'intéresser)* à moi. Nous *(vivre)* ensemble et nous *(faire)* des choses extraordinaires... Ah ! Jean-Michel, si tu *(vouloir)*, nous *(pouvoir)* être heureux ensemble. J'*(écrire)* pour toi et tu *(monter)* mes pièces de théâtre... Mais je ne suis qu'une petite institutrice de village. Jamais Jean-Michel ne *(s'inté-resser)* à moi... »

2 HYPOTHÈSE ET CONSÉQUENCES

Imaginez une suite d'hypothèses/conséquences (heureuses ou malheureuses) comme dans l'exemple.

Exemple : Le dragueur : « Si j'avais de l'argent, j'achèterais une voiture de sport. Si j'avais une voiture de sport, je rencontrerais de jolies filles. Si je rencontrais de jolies filles, ça me coûterait cher... J'irais jouer au casino... Je perdrais tout... »

Jean-Michel : « Si je réussissais à entrer à la Comédie-Française... »

Le cambrioleur : « Si je pouvais entrer dans la salle des coffres de la banque... »

L'ambitieuse : « Si je réussissais à séduire le fils du P.-D.G. ... »

Etc.

3 RÊVES

Pour chacun des sept jours d'une « semaine enchantée », un magicien vous donne l'un des pouvoirs suivants.
Que choisissez-vous chaque jour ? Donnez au moins une raison à votre choix.

• exercer la profession de votre choix
• rencontrer la personne de votre choix
• devenir un animal
• battre un record sportif
• vivre à l'époque de votre choix
• passer la journée dans un lieu de votre choix
• passer à la télévision dans l'émission et dans le rôle de votre choix

> Le lundi, je choisirais d'être un chat parce que je pourrais dormir toute la journée et me reposer du week-end.

---

4 CONSEILLER - SUGGÉRER

L'un demande conseil. L'autre donne des conseils et fait des suggestions.
Préparez et jouez les scènes.

> Il y a vingt ans que je fais le même travail. Je m'ennuie.

> Mes employés ne m'aiment pas. Quand je parle en public, on ne m'écoute pas. Les journalistes ne s'intéressent pas à moi, etc.

• Elle a besoin de changer d'air.

> Si on sortait ce soir ? Qu'est-ce qu'on pourrait faire ?

• Le P.-D.G. a besoin d'améliorer son image.
« Vous devriez parler plus souvent à vos employés. Il faudrait que... »

• Comment passer la soirée ? Ils ne sont pas d'accord.

---

5 DEMANDE POLIE

Une association culturelle écrit au maire de la ville. Voici les demandes que cette association va faire.

Faites les transformations nécessaires pour que ces demandes soient polies.

• Il faut davantage de manifestations culturelles.
• Nous souhaitons participer à la programmation des spectacles.
• Vous devez organiser un festival.
• Nous voulons que le budget de la culture soit augmenté.

Entraînez-vous

1. L'hypothèse.
Elle affirme quelque chose. Vous en doutez.
Posez-lui une question comme dans l'exemple.

• Moi, quand j'ai de l'argent, je m'arrête de travailler.
– Si tu avais de l'argent, tu t'arrêterais de travailler ?

• Oui, et quand je m'arrête de travailler, je pars en voyage.
– Si tu t'arrêtais de travailler, tu partirais en voyage ?

2. Suggérer.
Un mari fait des suggestions pour l'année prochaine. Sa femme souhaite que tout se fasse cette année.

• L'année prochaine, il faudra repeindre le salon.
– Si on le repeignait cette année ?

• L'année prochaine, il faudra changer notre voiture.
– Si ...

Faites vos comptes

■ Recettes et dépenses

• **une recette** (recevoir de l'argent)
un salaire - un don - une subvention - une allocation - etc.
une économie (économiser sur ...) - faire des économies
un placement - placer de l'argent à la banque

• **une dépense**
les frais (de transport, d'habillement, etc.)

• **un bénéfice**
faire un bénéfice de 150 €

• **compter - calculer**
une addition (additionner - ajouter) → 2 plus 2 égalent 4
une soustraction (soustraire - enlever) → 4 moins 2 font 2
une multiplication (multiplier) → 3 fois 2 font 6
une division (diviser) → 10 divisé par 2 égalent 5

• **acheter** (un achat) - acheter comptant / à crédit
demander une remise, une réduction, un prix
marchander - négocier un prix
demander un crédit sur 12 mois, 20 ans / faire (un) crédit
emprunter (un emprunt) - prêter (un prêt)

• **vendre** (une vente) - **louer** (une location)

Vous me faites un petit prix ?

Allez, je vous la fais à 12 000 €.

---

1 **COMPTER**

Ils ont fait une erreur.
Faites-la-leur remarquer.
Recomptez devant eux.

Voici votre note.

2 nuits à 35 €	70 €
4 petits déjeuners à 3 €	12 €
Total	82 €

Je vais faire un chèque. L'addition fait 184 €. Nous sommes 4. Vous me devez 46 € chacun.

« Attention, il y a une erreur. Vous vous êtes trompé(e)... »

---

2 **LE BUDGET**

Complétez avec les mots du tableau « Recettes et dépenses ».

Deux personnes ont décidé de créer une école privée pour enfants en difficulté. Elles expliquent comment elles financent leur entreprise.
« Pour 20 %, c'est nous qui finançons. Depuis 15 ans, nous avons beaucoup travaillé et nous n'avons pas beaucoup dépensé. Nous avons fait des ....
Les .... que nous avons faits à la banque nous ont rapporté un bon .... Ensuite, le conseil général (le département) nous a promis une .... de 30 000 €. Enfin, nous avons eu de la chance. Une dame âgée et sans enfants nous a fait .... de sa maison. Ce sera l'école. Avec tout ça, nous finançons 70 % de notre entreprise. Pour le reste, nous allons faire un .... à la banque.

3 **LE SENS DES AFFAIRES (JEUX DE RÔLES)**

Situation : Vous n'avez pas beaucoup d'argent mais vous avez follement envie d'acheter un objet cher (une belle voiture, un ordinateur perfectionné, etc.).

• **Scène 1** : Vous essayez de faire baisser le prix.

Vous ne pourriez pas... Il faudrait que...

Ça va être difficile.

• **Scène 2** : Vous demandez un crédit à votre banque.

• **Scène 3** : Au bout de quelques mois, vous n'arrivez pas à rembourser votre crédit. Négociez avec votre banquier.

• **Scène 4** : Vous faites appel à vos amis.

---

4 ÊTES-VOUS DÉBROUILLARD ?

Comme Sabine et Jean-Michel, vous avez décidé de créer un spectacle. Au départ, vous n'avez pas d'argent.

Comment allez-vous faire pour avoir :
– peu de dépenses ?
– beaucoup de recettes ?

Trouvez des idées en petits groupes et présentez-les à la classe.

Le budget d'un spectacle	
Dépenses	Recettes
• le personnel (les comédiens, les musiciens, les techniciens) • les costumes • les décors • la publicité • les programmes • la salle (avec ses équipements)	• les billets d'entrée • la vente des programmes • les subventions des services publics (commune, département, etc.) • les dons des entreprises

---

■ **Formules pour une lettre de demande**

• Je souhaiterais...

• Je vous serais très reconnaissant (si) ...
... si vous m'accordiez un congé, un entretien.
... si vous pouviez...
... s'il vous était possible de...

• Je vous serais très reconnaissant (de) ...
... de bien vouloir m'envoyer...
... de m'accorder une bourse.

• Je serais très heureux s'il vous était possible de...

• Je vous prie de... (cas d'une demande faite par un supérieur).

---

5 RÉDIGER UNE DEMANDE

Lisez les informations ci-dessus.
Choisissez une situation précise et rédigez une lettre de demande.

• **Les types de lettres de demande.** On peut demander :
– un poste, un emploi, la participation à un stage
– un entretien, un rendez-vous
– une bourse, une allocation, une augmentation de salaire
– un congé
– la rectification d'une erreur
– l'envoi de documents, etc.

• **Le plan d'une lettre de demande** (voir partie B, p. 63).
– Exposez votre situation ou votre problème.
– Faites votre demande.
– Donnez quelques arguments complémentaires.
– Remerciez et rédigez la formule finale (voir chapitre « Correspondance », p. 174).

Prononciation

LE SON [j]

1 Dans quel ordre entendez-vous les mots suivants ?

a - abbé / habillé
b - fer / fier
c - les / lié
d - file / fille
e - il sait / il sciait
f - pâle / paille

2 Écrivez les mots que vous entendez dans la colonne qui convient.

[j] écrit	y	ill	i
	un voyage	un billet	hier

3 Répétez ces phrases :

Audace

Vous le feriez !
– Je le ferai
Vous oseriez !
– Oui, j'oserai
Vous lui parleriez !
– Je lui parlerai
Et vous lui diriez quoi ?
– Je lui dirai tout.

LIEUX DE MÉMOIRE

▲ Les arènes d'Arles, en Provence..

LES ARÈNES D'ARLES

C'est au milieu du IIe siècle avant J.-C. que les Romains entreprennent la conquête de la Gaule, un ensemble de territoires qui correspond à la France actuelle et où les Celtes se sont installés huit siècles avant. La civilisation romaine marque bientôt tout le Sud et de grandes villes se développent (Arles, Narbonne, Nîmes, etc.).

Les arènes d'Arles font partie des vestiges les mieux conservés de ces villes gallo-romaines. 26 000 spectateurs pouvaient y assister à des combats d'animaux sauvages ou de gladiateurs. Elles ont été construites à la fin du Ier siècle de notre ère mais les tours de défense datent du Moyen Âge.

▼ L'abbaye de Fontenay, dans la région de Dijon.

L'ABBAYE DE FONTENAY

À partir du Ve siècle, plusieurs peuples envahissent le territoire gallo-romain : Les Francs, d'origine germanique, qui donneront leur nom à la France ; les Arabes, qui au VIIIe siècle inquiètent la partie sud de la France ; les Normands (ou Vikings), d'origine scandinave, qui occupent la Normandie (IXe siècle). Malgré certaines périodes de stabilité et de prospérité comme l'empire de Charlemagne qui regroupait l'Allemagne, la France et l'Italie (IXe siècle), la France se retrouve, au Xe siècle, divisée en une multitude de petits territoires. C'est le début de l'époque féodale, période d'insécurité et de guerres permanentes.

L'Église chrétienne apparaît alors comme le seul pouvoir stable. Des gens de toutes les classes sociales rejoignent les monastères qui se multiplient dans le pays.

Construite au XIIe siècle, l'abbaye de Fontenay, en Bourgogne, est un bon exemple de ces lieux protégés où l'on pouvait prier, étudier, travailler loin des troubles du pays.

LE CHÂTEAU DE TIFFAUGES

Le seigneur qui possède un territoire et qui ne choisit pas la vie monastique doit avant tout penser à défendre ses possessions. Pour cela, il fait construire un château difficile à attaquer.

Le château de Tiffauges, près de Nantes, était la résidence de Gilles de Rais, un célèbre chef de guerre et compagnon de Jeanne d'Arc à l'époque de la guerre de Cent Ans contre les Anglais (1337-1453).

Le château de Tiffauges, près de Nantes.

LE CHÂTEAU DE CHENONCEAUX

Au XIIe siècle, les rois de France ne possédaient qu'un petit territoire de 150 km^2 autour de Paris. Petit à petit, ils vont agrandir ce territoire par la guerre, les mariages et les héritages.

Au XVIe siècle, le royaume de France a, à peu près, le visage de la France d'aujourd'hui.

L'unité du royaume correspond à une période de développement du commerce et des arts. Les rois, les grands seigneurs et les riches bourgeois se font construire de magnifiques châteaux qui n'ont plus de but défensif. C'est le cas du château de Chenonceaux, construit sur le Cher, un affluent de la Loire.

Le château de Chenonceaux, en Pays-de-Loire.

1 L'HISTOIRE DE LA FRANCE

Lisez les commentaires sur les monuments.

a) Faites la chronologie des différents moments de l'Histoire de France.
Xe siècle av. J.-C. : installation des Celtes.
IIe siècle av. J.-C. : ....

b) Pourquoi dans la langue française actuelle trouve-t-on des mots d'origine :
– latine (beaucoup de mots)
– germanique (le vocabulaire militaire, de l'agriculture, du droit)
– arabe (quelques mots, comme « alcool »)
– scandinave (quelques mots du vocabulaire maritime).

2 L'ARCHITECTURE

Dans quel(s) monument(s) peut-on trouver :

une chapelle - un clocher - un cloître - une colonne - une cellule - un donjon - un fossé - des gradins - une piste de sable - des remparts - une salle des gardes - une tour - de belles cheminées.

3 ÉCOUTEZ LE GUIDE

a) Le guide de l'abbaye de Fontenay raconte la journée des moines au Moyen Âge.
Notez leur emploi du temps de la journée.

b) Le guide du château de Chenonceaux raconte l'histoire de la construction du château.
Voici le nom des six femmes qui ont dirigé cette construction. Notez :

– qui était chacune de ces femmes

– ce que chacune a réalisé.

• Catherine Briçonnet ....
• Diane de Poitiers ....
• Catherine de Médicis ....
• Louise de Lorraine ....
• Madame Dupin ....
• Madame Pelouze ....

4 PROJET D'ANIMATION

Travail en petits groupes.

Vous êtes responsables de l'animation d'un de ces monuments pendant la saison touristique.

Imaginez un programme de plusieurs spectacles différents, originaux et adaptés au lieu.

La vie est un spectacle

Installation

*1ᵉʳ juillet. Les amis comédiens de Jean-Michel
sont arrivés. Ils campent dans l'école du village.
Quelques jeunes du village les ont rejoints. Au début,
tout le monde se partage les tâches domestiques
(les courses, la cuisine, la vaisselle) et la préparation
du spectacle.*

Choix

*2 juillet. Quelques jeunes ont fait des projets
d'affiche.*

Sabine : Jean-Michel, c'est à toi de choisir
la meilleure affiche.

Jean-Michel : Celle-ci est très belle. Celle-là
aussi... Les autres me plaisent moins.

Estelle : Et entre les deux ? Laquelle tu préfères ?
Attention à ce que tu vas dire ! Il y a celle de
Sabine et la mienne.

Jean-Michel : Mon Dieu, quelle responsabilité !
Fabien, toi qui es de la région, laquelle plairait
le plus ?

Fabien : Peut-être celle-ci. C'est la plus colorée,
la plus dynamique.

Jean-Michel : Oui, c'est aussi mon avis... Je parie
que c'est la tienne, Sabine.

Estelle : Perdu !

Jean-Michel : Eh ! Je ne te connaissais pas ces
talents d'artiste.

Estelle : Mais tu n'as pas fini de me connaître,
Jean-Michel !

Mise en scène

3 juillet. On distribue les rôles.

Jean-Michel : Non Sabine, ça ne va pas. Il faut que tu bouges davantage. C'est une scène de jalousie. Tu dois être furieuse. Tu dois avoir envie d'étrangler ton mari. Tu n'as jamais été jalouse ?

Sabine : Si, mais je ne réagis pas comme ça.

Jean-Michel : Et puis, on monte une comédie, pas une tragédie. Allez, recommence !

Sabine *(elle joue)* : « Vous entendez Henri, je ne veux plus de cette femme au château ! J'en ai assez de la voir tourner autour de vous ! J'en ai assez de vous voir en admiration devant elle !... »

Jean-Michel : Non, ce n'est pas mieux. C'est trop mou... Estelle, tu veux essayer ?

Estelle *(elle joue)* : « Vous entendez Henri... »

Jean-Michel : Super ! C'est tout à fait ça. Allez, tu prends le rôle de la reine.

Colère

13 juillet. Dans l'après-midi.

Estelle : Sabine, je pars pour la répétition. Tu pourrais terminer ma robe ? Et puis, il faudra que tu penses à faire les courses pour demain, hein ?

Sabine : Dis donc, tu me prends pour ta domestique ?

Estelle : Mais... pourquoi tu me parles comme ça ? C'est Jean-Michel qui m'a dit de...

Sabine : Jean-Michel n'a pas d'ordre à me donner. Ni lui, ni ses copains de l'école de théâtre, et surtout pas toi !

Estelle : Mais... qu'est-ce qu'on t'a fait ?

Sabine : Vous ne vous rendez pas compte ? Vous arrivez. Vous vous comportez dans ce village comme dans un pays conquis ! Vous refusez tout ce qu'on vous propose ! Vous prenez tous les rôles. Et nous, on est tout juste bons à faire la cuisine et à accrocher les projecteurs. C'est exaspérant à la fin !

L'expression du choix et de l'appartenance

■ **Pour désigner, pour choisir**

1. Les pronoms interrogatifs.

	masculin	féminin
singulier	lequel	laquelle
pluriel	lesquels	lesquelles

2. Les pronoms démonstratifs.

	masculin	féminin	neutre
singulier	celui	celle	ceci - cela - ce
pluriel	ceux	celles	

a) Le pronom est suivi d'un complément ou d'une proposition relative.

– Quelle bande dessinée tu choisis ?

Celle de Brétecher ?
Celle qui est sur la table ?
Celle que je viens d'acheter ?

Lesquelles tu préfères ?

Celles-ci. D'après toi, lequel des deux va nous les offrir ?

b) Le pronom n'est pas suivi d'un complément ou d'une proposition relative.

– Quelle robe tu préfères : **celle-ci** ou **celle-là** ?
– Quels livres emportes-tu : **ceux-ci** ou **ceux-là** ?
(Entre « ci » et « là » : idée d'opposition ou de distance.)

c) Le pronom « **ce** » remplace une idée ou une phrase avant une proposition relative.

– Fais ce qui te plaît ! Fais ce que tu veux !
– J'ai prêté deux fois de l'argent à Pierre. Il ne m'a jamais rendu ce qu'il me doit.

---

1   **LES PRONOMS INTERROGATIFS**

Quelles questions Mme Dubois pose-t-elle au marchand de fruits et légumes ?
Utilisez les pronoms interrogatifs.

• Mme Dubois hésite entre deux beaux ananas. Elle voudrait le plus mûr.
→ Lequel est le plus mûr ?

• Mme Dubois se demande si les raisins blancs sont meilleurs que les noirs.
→ ....

• Il y a deux catégories de belles tomates. Mme Dubois voudrait les moins chères.
→ ....

• Madame Dubois aime la confiture pas trop sucrée. Que prendre ? « Fruit d'or » ou « Grand-mère » ?
→ ....

• Mme Dubois hésite entre deux melons. Elle voudrait le meilleur.
→ ....

• Mme Dubois a payé avec des pièces de monnaie. Le marchand lui a fait remarquer que l'une des pièces est fausse.
→ ....

2   **PRONOMS DÉMONSTRATIFS**
ET CONSTRUCTIONS RELATIVES

Complétez avec *celui (qui/que), celle (qui/que), ce (qui/que),* **etc.**

Béatrice rend visite à son amie Anne.

Anne : Tu prends un thé ou un café ?
Béatrice : .... tu veux. Je ferai comme toi.
Anne : Ça te dirait d'aller voir le dernier film d'Éric Rochant ?
Béatrice : Éric Rochant ! .... a fait *Un monde sans pitié ?* Ah non, pas ce soir ! Ses films sont trop déprimants. .... il me faut, c'est un film amusant.
Anne : Alors, il y a *La Vengeance d'une blonde* avec Marie-Anne Chazel. Tu sais, ... jouait dans *Le Père Noël est une ordure.*
Béatrice : Je l'ai vu la semaine dernière avec Patrick et deux de ses amis.
Anne : Lesquels ?
Béatrice : .... travaillent dans la publicité. Tu les connais ?
Anne : Non, je connais deux copines de Patrick, ... j'ai rencontrées chez Nathalie.
Béatrice : .... sont hôtesses de l'air ?
Anne : Non, elles sont ouvreuses dans un cinéma. À propos, qu'est-ce qu'on va voir ?
Béatrice : .... te plaît.

■ Pour exprimer la possession

1. Rappel.

• **Les adjectifs possessifs** : mon - ma - mes, etc. (voir tableau en fin d'ouvrage).

• **La forme à + moi - toi - lui / elle**, etc.

• **La forme de + complément** : C'est la maison **de** Marie.

2. Les pronoms possessifs.

	masculin singulier	féminin singulier	masculin pluriel	féminin pluriel
à moi	le mien	la mienne	les miens	les miennes
à toi	le tien	la tienne	les tiens	les tiennes
à lui/à elle	le sien	la sienne	les siens	les siennes
à nous	le nôtre	la nôtre	les nôtres	
à vous	le vôtre	la vôtre	les vôtres	
à eux/à elles	le leur	la leur	les leurs	

Vos papiers, s'il vous

Mais puisque je vous dis qu'elle est à moi, cette mobylette. C'est la mienne. C'est ma mobylette !

3. Verbes.

• **avoir - posséder**
Elle possède un château.

• **appartenir**
Ce château lui appartient.

---

3 JEUX DE RÔLES

Préparez et jouez les scènes.

a) Utilisez les adjectifs et les pronoms possessifs.

Deux amies qui ne se sont pas vues depuis longtemps se rencontrent et font un bilan.

Mon mari est...
Nos enfants...
Leur professeur de maths...

Le mien...
Les nôtres...
Le leur...

le mari
les enfants
leur école
leurs professeurs
leurs copains
la maison
le lave-vaisselle
le jardin
les voisins
la voiture
...

b) Utilisez les pronoms interrogatifs et démonstratifs.

• Il choisit un bijou pour sa femme. Il hésite : un collier, une bague, des boucles d'oreilles ?
• Il se fait montrer : celle-ci... celui qui est à côté de...
• Il demande les prix. Il demande à la vendeuse d'essayer, etc.

Entraînez-vous

1. Sabine range la salle de classe où campent les filles du groupe. Répondez comme dans les exemples.

• Estelle, cette valise est à toi ? Oui ?
– Oui, c'est la mienne.

• Estelle, ces livres sont à Nathalie ? Non ?
– Non, ce ne sont pas les siens.

2. Jean-Michel vous donne des ordres. Demandez confirmation comme dans les exemples.

• Prends le costume d'Estelle !
– Celui d'Estelle ?

• Oui, et mets-le dans le carton à côté de la porte !
– Celui qui est à côté de la porte ?

Mises en scène

1 DÉCORS

a) *La Leçon,* **de Ionesco.**

Un vieux professeur donne une leçon particulière à une jeune fille qui a peu de connaissances mais beaucoup de bon sens. Peu à peu, il devient fou et finit par la tuer.

• **Lisez les indications pour le décor de cette pièce.**
• **Dessinez-le à grands traits. Indiquez la place des objets.**

DÉCOR

Le cabinet de travail, servant aussi de salle à manger, du vieux professeur.

À gauche de la scène, une porte donnant dans les escaliers de l'immeuble ; au fond, à droite de la scène, une autre porte menant à un couloir de l'appartement.

Au fond, un peu sur la gauche, une fenêtre, pas très grande, avec des rideaux simples ; sur le bord extérieur de la fenêtre des pots de fleurs banales.

On doit apercevoir, dans le lointain, des maisons basses, aux toits rouges : la petite ville. Le ciel est bleu-gris. Sur la droite, un buffet rustique. La table sert aussi de bureau : elle se trouve au milieu de la pièce. Trois chaises autour de la table, deux autres des deux côtés de la fenêtre, tapisserie claire, quelques rayons avec des livres.

Eugène Ionesco, *La Leçon,* Gallimard, 1954.

« Huis clos », *au théâtre de la Potinière en 1946.*

b) *Huis clos,* **de Jean-Paul Sartre (1947).**

Trois personnes qui viennent de mourir se retrouvent en enfer : deux femmes (Inès et Estelle) et un homme (Garcin). Tous les trois ont commis une faute grave. Chacun connaît la faute commise par les autres.
Ils se rendent compte que vivre en enfer, c'est être condamné à rester ensemble pour l'éternité : « L'enfer, c'est les autres. »

On peut imaginer différents décors pour cette pièce selon l'interprétation de la phrase : « L'enfer, c'est les autres. »

• **Observez le décor de la photo ci-dessus. Comment le metteur en scène a-t-il représenté l'enfer ?**
• **Imaginez un autre décor possible pour cette pièce selon votre interprétation personnelle de l'enfer.**

Exemple : « Pour moi, l'enfer, c'est le travail. Je vais donc représenter ... Comme décor je ferai ... »

■ Mouvements et actions

● Déplacements

marcher - courir

monter - grimper - escalader

descendre

avancer / reculer

s'approcher de... atteindre

dépasser - s'éloigner de

contourner - éviter

heurter

● Mouvements

tourner - se retourner

se pencher - se baisser / s'allonger / se relever

glisser - tomber - faire une chute

lever / baisser - plier

● La main et l'objet

taper - frapper

pousser / tirer

lancer - attraper / lâcher

appuyer / relâcher

jeter

ramasser   cueillir

attacher / détacher

accrocher / décrocher

2 ORDRES ET INTERDICTIONS

a) Complétez ces phrases avec un verbe du tableau « Mouvements et Actions ».

• *Dans l'avion :* « … vos ceintures ! »

• *Au contrôle des passeports :* « … jusqu'à la ligne jaune et attendez votre tour ! »

• *Sur le quai d'une gare :* « Le train 5827 entre en gare. … de la bordure du quai ! »

• *Dans un jardin public :* « Il est interdit de … sur les pelouses » - « Prière de … les papiers et les bouteilles vides dans les poubelles. »

• *Sur une porte :* « … »

• *Sur un distributeur de boisson :* « En cas de non-fonctionnement de l'appareil, … sur le bouton rouge. »

b) Imaginez des situations où les phrases suivantes peuvent être prononcées.

• Ne te retourne pas !
• Encore un effort ! Pousse !
• Lâchez-moi ! Enfin ! Lâchez-moi !
• Ne te penche pas trop !
• Redescends de là !
• Jette-moi ça !
• Attrape !
• Reculez, s'il vous plaît !

3 MISE EN SCÈNE

Écoutez. Le metteur en scène de *La Leçon* donne des directives à ses deux comédiens, Michel (le professeur) et Sylvie (l'élève).

Utilisez le plan de la scène que vous avez fait dans l'exercice 1 pour noter les déplacements des personnages et les jeux de scène. Vous pouvez aussi mimer la scène.

4 SCRIPT DU FILM

Dans un script, on note tous les déplacements et les actions des comédiens.

Exemple : Rambo s'avance vers son ennemi. Il l'attrape par le cou, le frappe, etc.

Imaginez le script d'une brève scène de cinéma.

• Dans une soirée un jeune homme timide essaie d'aborder une jeune fille entourée par de nombreux garçons.
• Billy the Kid vient d'entrer dans le saloon.
• D'Artagnan se bat contre vingt ennemis.
• Un détective privé enquête secrètement, la nuit, dans la maison des suspects.
• Etc.

L'acteur Jean Marais dans le film « Le Bossu ».

Prononciation

PRONOMS DÉMONSTRATIFS ET POSSESSIFS

1 Répétez ces phrases. Opposez les sons.

• Sons [u i] / [ɥ i]

Lui, c'est Louis.
Oui, ça fait huit francs.

• Sons [ɛ̃] / [j ɛ̃]

Tu viens goûter ce vin ?
Aujourd'hui, c'est ton tour, demain c'est le mien.

2 Répétez.

Partage

Celui-ci, c'est le mien,
J'y tiens !
Celui-là, c'est le tien,
Il t'appartient.
Et ceci est à moi, je m'en souviens.
Et cela est à toi, ça te revient.
Le mien, le tien,
Tout ça c'est bien. Mais lui,
Il n'a rien ?

AU THÉÂTRE

(Un homme et une femme se disputent à propos d'une théière.)

LUI - Je peux faire une remarque ?

ELLE - Mais bien sûr mon chéri.

LUI - Cette théière n'a pas à être là.

ELLE - Elle a toujours été là et y restera.

LUI - Elle me gêne.

ELLE - C'est « ma » théière et c'est « sa » place !

LUI - C'est « ta » théière et je suis à « ma » place !

ELLE - Tu es à ta place chez « moi » !

LUI - Je suis chez « moi » à « ma » place chez toi !

ELLE - Je ne te le fais pas dire. Si tu es chez « moi » tu n'es pas chez « toi » !

LUI - Je suis chez « moi » ici et cette théière n'a pas à être là !

ELLE - Elle a toujours été là et y restera !

LUI - C'est à voir.

ELLE - C'est tout vu.

LUI - Si cette théière me gêne, je suis libre de la jeter par la fenêtre parce que je suis chez « moi » !

ELLE - Chez « moi » !

LUI - Chez nous !

ELLE - Chez nous. Mais cette théière est chez elle ! [...]

LUI - C'est elle ou moi !

ELLE - Tu n'oseras pas !

LUI - Je n'oserai pas ? Eh bien regarde !

ELLE - Tu ne le feras pas parce que tu l'as déjà jetée plusieurs fois par la fenêtre et qu'elle ne casse pas ! Elle est plus forte que toi, Monsieur les Gros Muscles !

LUI - Objection !

ELLE - Refusée ! Tu as jeté tous mes objets par la fenêtre, ils y sont tous passés : mon pot à tabac du Larzac[1], mes disques anglais, mon collier africain, ma pipe balinaise...

LUI - Les années 70 sont mortes, les reliques[2] doivent disparaître !

ELLE - Alors tu devrais te jeter par la fenêtre !

LUI - Tu me traites de relique ?

ELLE - Je te traite de relique ! De résidu d'époque !

LUI - Tu me traites de relique[1] et de résidu d'époque ?

ELLE - Oui. [...]

LUI - Je te conseille de te taire !

ELLE - Il ne fallait pas allumer les vieilles rancœurs[3] !

LUI - Je peux faire une remarque ?

ELLE - Mais bien sûr mon chéri !

LUI - Tu la vois ta théière ?

ELLE - Non, pas la théière ! On a dit pas la théière ! Objection !

LUI - Refusée !

ELLE - Pause ! Pause ! Pose-la !

Il jette violemment la théière au sol.

Sylvie Chenu et Gérard Chatelain,
Chères Amies, vieux camarades, « Avant-Scène
Théâtre », juillet 1995.

---

1. Plateau situé au sud du Massif Central.
2. Restes d'un saint (cheveux, morceau de vêtement, etc.).
3. Mauvais souvenir qu'on garde après une désillusion.

1   LE DÉROULEMENT DE LA DISPUTE

a) Compréhension générale. Lisez le dialogue. Qui sont « Elle » et « Lui » ? Quelles sont leurs relations ?

b) Les étapes de la dispute. Quelles sont les étapes (voir tableau ci-dessous) que vous pouvez retrouver dans le dialogue.

c) Imaginez et racontez la suite de la scène.

■ Les étapes de la dispute

❶ la remarque banale
❷ le désaccord (ne pas être d'accord sur…
   à propos de…)
❸ la discussion
❹ la discussion devient conflit
❺ le défi (défier quelqu'un)
❻ le souvenir des disputes passées
   (se rappeler…)
❼ la réplique méchante (blesser quelqu'un)
❽ les injures ([s'] injurier)
❾ les actes (casser - [se] battre)
❿ la réconciliation (s'expliquer - faire la paix
   - se réconcilier)

---

2   SUJETS DE DISPUTES

La vie quotidienne fournit de nombreux sujets de dispute (voir dessins ci-contre).

Faites des petits groupes et choisissez l'un des thèmes suivants :

– la voiture,
– la maison,
– les enfants,
– le lieu de travail,
– la rue.

Pour chaque thème, recherchez tous les sujets de disputes possibles.

Exemple : La voiture (dispute) :
– entre deux conducteurs à cause d'un refus de priorité, d'un coup de frein brusque, etc. ;
– entre le conducteur et le passager à propos de l'itinéraire, de la vitesse, etc. ;
– entre les différents passagers, etc.

3   JEUX DE RÔLES

Chaque groupe choisit une ou plusieurs scènes parmi les sujets qu'il a trouvés.

Imaginez, rédigez et jouez cette scène. Inspirez-vous des « Étapes de la dispute ».

Tragédie ou comédie ?

Disparition  **A**

13 juillet. Au dîner.

Jean-Michel : Mais où est passée Sabine ?

Estelle : On n'en sait rien. Quand nous sommes rentrés de la répétition, vers six heures, elle n'était pas là. Elle n'avait pas fait les courses pour demain. Elle n'avait pas terminé ma robe de scène. Il faut dire que cet après-midi, elle et moi, on s'était disputées.

Fabien : Sabine est rentrée chez ses parents. Elle vous en veut beaucoup. Elle m'a dit que vous n'aviez pas été corrects avec elle, qu'elle abandonnait tout et qu'elle ne reviendrait plus.

Jean-Michel : Qu'est-ce que c'est que cette histoire ?

....

Regrets **B**

Estelle : Elle est partie. C'est son affaire. On n'a plus besoin d'elle après tout. Si elle revient, on n'aura que des embêtements.

Un comédien : Ce que tu dis là n'est vraiment pas sympa. Après tout ce qu'elle a fait ! Non, on s'est conduit comme des imbéciles.

Estelle : Mais elle ne sait pas jouer !

Le comédien : Et alors ? On pourrait lui apprendre.

Jean-Michel : J'ai un peu honte. Tout ça c'est de ma faute. Demain, j'irai lui parler.

Fabien : Il vaut mieux ça. Sinon, vous savez, les jeunes du village ne vous le pardonneraient pas !

Estelle : Je t'avertis Jean-Michel, si elle revient, c'est moi qui m'en vais !

Comment l'aventure théâtrale va-t-elle se terminer ?

ANNULATION DU SPECTACLE

« LA TOURAINE À TRAVERS LES SIÈCLES ».

17 juillet. Les conflits entre les membres de la troupe, le départ de certains acteurs et les incidents qui ont eu lieu pendant les fêtes du 14 juillet ont amené les responsables à annuler le spectacle « La Touraine à travers les siècles » prévu pour le 10 août.

800 SPECTATEURS APPLAUDISSENT

LA TOURAINE À TRAVERS LES SIÈCLES.

11 Août. Hier soir, une quarantaine de jeunes gens avaient décidé de nous amuser dans le cadre magique du vieux château de Souvigny.

Tous nos compliments donc, pour cette mise en scène pleine d'imprévus et d'humour et un grand bravo à tous les acteurs qui ont su nous faire rire. Enfin, nous voudrions féliciter les organisateurs pour ce mariage réussi entre des comédiens professionnels et de jeunes amateurs locaux.

Passé et futur dans le passé

■ Passé et futur dans le passé

	16 h	17 h	18 h	19 h	20 h		22 h

maintenant
Marie arrive   elle dîne

Pierre sort, il fait les courses, il rentre   il dîne   il se couche

• Marie est arrivée à 19 h.
Pierre **était sorti** à **16 h**.
Il **avait fait** les courses.   **plus-que-parfait**
Il **était rentré**.

• Il a fait les courses avant que **j'arrive**.
avant que → subjonctif

• Elle est arrivée
après mon retour
après que je suis rentré
(après que + indicatif)
après que je sois rentré
(après que + subjonctif :
considéré comme incorrect,
mais souvent employé)

• **Le plus-que-parfait** : auxiliaire **avoir** ou **être** à l'imparfait + **participe passé**.

manger	partir
j'avais mangé	j'étais parti(e)
tu avais mangé	tu étais parti(e)
il/elle avait mangé	il/elle était parti(e)
nous avions mangé	nous étions parti(e)s
vous aviez mangé	vous étiez parti(e)(s)
ils/elles avaient mangé	ils/elles étaient parti(e)s

• Cas du discours rapporté ou des propositions introduites par un verbe traduisant une pensée *(penser, imaginer, croire, savoir, etc.)*.

	Paroles ou pensées	Paroles rapportées	
dire - raconter	« J'ai fait les courses. »	Il m'a dit qu'il avait fait les courses.	plus-que-parfait
affirmer, etc.	« Il faisait beau. »	Il m'a dit qu'il faisait beau.	imparfait
penser - croire	« Il prépare le repas. »	Il m'a dit qu'il préparait le repas.	imparfait
savoir - supposer,	« On va dîner. »	Il m'a dit qu'on allait dîner.	aller + verbe
etc.	« Je me coucherai tôt. »	Il m'a dit qu'il se coucherait tôt.	conditionnel

1 FORMES DU PLUS-QUE-PARFAIT

Mettez les verbes entre parenthèses au temps qui convient.

Deux acteurs parlent de l'actrice Isabelle Adjani.

« Je me rappelle ... En 1975, Isabelle Adjani n'avait que 20 ans. Mais à 20 ans, elle *(tout faire)*. Elle *(entrer)* à la Comédie-Française. J(e) *(jouer)* avec elle dans *Les Femmes savantes* de Molière. Les spectateurs l' *(applaudir)* dans le rôle d'Agnès. Elle *(jouer)* aussi dans le film *La Gifle* où elle *(être)* formidable. Tu étais à la Comédie-Française à cette époque ?

– Non, je *(ne pas être encore engagé)*. Mais j(e) *(rencontrer)* Isabelle sur le tournage d'un film où elle *(avoir)* un tout petit rôle. Je l'ai revue ensuite sur le tournage de *Camille Claudel* mais elle *(devenir)* une star ! »

2 EMPLOI DU PLUS-QUE-PARFAIT

Racontez ce qui s'est passé dans chaque situation. Utilisez les verbes entre parenthèses.

• *Sylvie (à une amie) :* « Figure-toi que j'ai un mari en or. Ce matin, je suis partie sans faire les courses, ni le ménage, ni la vaisselle. Ce soir, quand je suis rentrée, tout était fait. Pierre avait ... » *(balayer - faire la vaisselle - aller faire les courses).*

• *Dans une réunion de famille :* « Je n'avais pas vu les enfants Legagneux depuis leur enfance. Je les ai revus la semaine dernière au mariage de Patrick. Qu'est-ce qu'ils avaient changé ! Ils ... » *(devenir charmants et sympathiques - se marier - avoir des enfants).*

• *Tourisme express :* « Nous ne sommes restés que 3 jours à Paris mais au bout de 3 jours, nous ... » *(visiter les principaux musées, voir les monuments, monter en haut de la tour Eiffel, aller voir Versailles).*

3 DISCOURS ET PENSÉES RAPPORTÉS

a) Voici la conversation que Fabien a eue avec Sabine dans l'après-midi (voir dialogue A, p. 78). Fabien raconte cette conversation à Jean-Michel et à Estelle.

« Elle m'a dit qu'elle ne vous supportait plus ... »

Sabine : Je ne supporte plus Jean-Michel et ses amis.
Fabien : Qu'est-ce qu'ils t'ont fait ?
Sabine : J'ai tout organisé. Je suis allée rencontrer les chefs d'entreprise. Et maintenant, on me considère comme une domestique.
Fabien : Qu'est-ce que tu vas faire ?
Sabine : Je rentre chez moi. Si on ne me fait pas d'excuses, j'abandonnerai tout. Je partirai chez des amis, dans le Midi.

b) Elle est allée voir un film policier avec des amis. Après le film, elle raconte ce qu'elle a pensé, ce qu'elle a imaginé pendant le film.

Je pense que c'est Hervé qui a empoisonné sa femme Maria. Il voulait l'héritage. Il a mis le poison dans le café au lait du petit déjeuner.

....

Non, je crois que c'est Hélène, la sœur de Marie, qui a fait le coup. Je suis sûre qu'elle va éliminer Hervé. D'abord, elle l'épousera. Puis elle le tuera et elle aura l'héritage.

Au début du film, j'ai pensé que ... Puis, j'ai cru que ...

4 SUPPOSITIONS

Imaginez les causes de ces changements. Utilisez le plus-que-parfait.

• Le mariage de Nathalie et de François devait avoir lieu hier matin. François et tous les invités étaient à la mairie. Ils ont attendu. Mais Nathalie n'est pas venue.
• Le nouvel aéroport devait être inauguré en février dernier. Mais l'inauguration n'a pas pu avoir lieu.
• L'an dernier, Michel, qui travaille à Toulouse, devait avoir un poste à Paris. Il n'est pas parti pour Paris.

Que s'était-il passé ?

« Elle n'est pas venue parce qu'elle avait réfléchi ... Elle avait rencontré ... »

Entraînez-vous

1. Répondez comme dans les exemples.

• Pourquoi n'avez-vous pas déjeuné avec eux ?
– J'avais déjà déjeuné.

• Pourquoi n'êtes-vous pas allé voir ce film avec eux ?
– Je l'avais déjà vu.

2. Rapportez ces paroles comme dans l'exemple.

• Je suis allé au cinéma hier.
– Il m'a dit qu'il était allé au cinéma.

• J'ai vu un bon film.
• J'étais avec Sylviane.
• Nous nous sommes bien amusés.
• J'achèterai la cassette du film.
• Je te la prêterai.

Exprimer ses sentiments

■ Réactions et sentiments face aux événements

Les verbes donnés dans la liste ci-dessous indiquent la conséquence de l'événement sur la personne :
La démission de Pierre me rend triste / me fait honte / me désespère.
Autres constructions :

avec des adjectifs : être + adjectif → je suis fier.

avec les noms : éprouver du / de la ⎱ honte - tristesse ⎱ (avec tous les noms).
ressentir du / de la ⎰ plaisir - pitié ⎰

avoir + nom → seuls *avoir honte* et *avoir pitié* se construisent sans article.

● Sentiments devant une réalité agréable.

la fierté	- fier	- rendre fier
la satisfaction	- satisfait	- satisfaire
le contentement	- content	- contenter
le plaisir	-	- faire plaisir
le bonheur	- heureux	- rendre heureux
la joie	- joyeux	- rendre joyeux

● Approuver / désapprouver l'action de quelqu'un.

- Il a raison. C'est bien. Il a bien fait.
  Il a tort. Ce n'est pas bien. Il n'aurait pas dû faire ça.

- Je lui pardonne.
  Je ne lui en veux pas.
  Je ne lui pardonne pas.
  Je lui en veux.

● Sentiments devant une réalité désagréable.

la honte	- honteux	- faire honte
l'insatisfaction	- insatisfait	- ne pas satisfaire
le mécontentement	- mécontent	- mécontenter
la déception	- déçu	- décevoir
la jalousie	- jaloux	- rendre jaloux
la tristesse	- triste	- rendre triste
le désespoir	- désespéré	- désespérer
le dégoût	- dégoûté	- dégoûter
la pitié	-	- faire pitié
l'indifférence	- indifférent	- laisser indifférent

● La confiance et la méfiance.

J'ai confiance en lui.
On peut compter sur lui.
On peut se fier à lui.

Je n'ai pas confiance.
Je me méfie de l

1   LES SENTIMENTS

Quels sentiments éprouvez-vous dans les circonstances suivantes ? Sur le moment ? Quelque temps après ? Variez les constructions.

→ « D'abord je suis ... Ça me rend ... Puis j'éprouve ... je ressens ... »

• Vous avez remporté une médaille d'or aux Jeux olympiques.
• Votre fiancé(e) vous a quitté(e).
• Vous avez invité votre patron et sa femme à dîner chez vous. Le repas est raté. La viande est brûlée. Le vin est mauvais.
• Votre meilleur(e) ami(e) qui s'était fiancé(e) avec votre sœur (ou frère) l'a quitté(e).
• Des amis que vous n'aviez pas vus depuis longtemps vous invitent.
• Dans la rue, un mendiant demande un peu d'argent. Personne ne lui en donne.

2   RÉACTIONS

Reliez les phrases a, b, c, etc., aux situations. Donnez d'autres exemples de situations pour chaque phrase.

a - J'en ai assez !
b - Je lui en veux.
c - Je lui dois beaucoup.
d - Il n'y a pas de quoi être fier.
e - Ça me dégoûte.
f - Ça laisse à désirer.

1- Un ami vous a aidé à avoir un poste dans une entreprise.
2- Des amis ont fait une mauvaise plaisanterie à votre sœur. Elle pleure.
3- Le directeur d'une association d'aide humanitaire a gardé une partie des dons pour lui.
4- Au cours d'un repas, quelqu'un n'arrête pas de faire des plaisanteries sur vous.
5- Vous n'êtes pas satisfait du travail de votre collaborateur.
6- Un ami vous avait fait une promesse. Il ne l'a pas tenue.

Georges de La Tour, Le Tricheur, *musée du Louvre (vers 1630).*

Manet, Le Balcon, *musée d'Orsay.*

3 REGARDS ET SENTIMENTS

Dans ces deux tableaux, observez les regards et les attitudes des personnages.

• Imaginez les sentiments qu'ils éprouvent et leurs pensées.

• Imaginez ce qui vient de se passer.

4 LES GENS BIEN ET LES IMBÉCILES

a) Lisez les deux articles ci-contre. Imaginez que vous rencontrez successivement :

– le patron du restaurant } premier article
– ses voisins

– la dame de 84 ans } deuxième article
– son voisin

• **Que leur diriez-vous ?**

b) Choisissez en petit groupe :

– une personnalité de l'actualité ou de l'histoire qui fait partie des « gens bien » et que vous admirez ;
– une personne qui, d'après vous, fait partie des « imbéciles ».

• **Présentez brièvement ces deux personnes.**

Le patron d'un restaurant lyonnais, le Salmon Shop, situé rue Mercière, une des rues en vogue du centre de Lyon, a offert samedi midi plus de 200 repas à des sans domicile fixe et à des personnes isolées.

M. Michel Barthod, qui possède une licence de philosophie mais est depuis sept ans dans la restauration, se montrait aussi satisfait que ses clients de cette première et espérait pouvoir recommencer l'année prochaine. « Je ne voulais pas organiser une soupe populaire, mais une fête où l'on s'amuse », a-t-il dit.

Les clients étaient accueillis par un orchestre de jazz installé en terrasse, ouverte exceptionnellement à cette occasion avec l'accord de la municipalité. Les aubades n'ont toutefois pas été du goût de tous car des riverains ont alerté la police pour se plaindre du bruit.

....

Pour ennuyer sa voisine du dessus, âgée de 84 ans, un homme de 68 ans faisait marcher, plusieurs heures par jour, un aspirateur accroché au lustre de son appartement, à Imphy (Nièvre), lorsqu'il sortait faire ses courses. Depuis 1976, il mettait à rude épreuve sa voisine, de jour comme de nuit [...].

L'Événement du Jeudi, juin 1994.

Prononciation

ARTICULATION

Les acteurs de théâtre répètent ces phrases pour avoir une bonne articulation.

1 - Pierre porte le pot de peinture pour peindre la porte du parc.
2 - Combien ces six saucisses-ci ? C'est six sous ces six saucisses-ci.

3 - Qu'a bu l'âne au lac ? L'âne au lac a bu l'eau.
4 - Tonton, ton thé t'a-t-il ôté ta toux ?
5 - Le fisc fixe exprès chaque taxe, c'est excessif.

6 - *Et la plus difficile !*
Chasseurs, sachez chasser
Sachez chasser, chasseurs

FESTIVAL DU CINÉMA

À la différence du Festival de Cannes qui met en compétition les œuvres et les artistes du monde entier, la Nuit des Césars est destinée à encourager les productions françaises. La récompense donnée aux artistes est une petite sculpture de César.

LA NUIT DES CÉSARS

5 CÉSARS POUR SMOKING / NO SMOKING

Paris le 27 février 1994.

Hier, le jury des Césars a accordé cinq prix aux deux films d'Alain Resnais *Smoking* et *No smoking* : meilleur film, meilleur réalisateur, meilleur acteur, meilleure adaptation, meilleur décor. Alain Resnais a été longuement applaudi pour ces deux films, sans équivalent dans l'histoire du cinéma.

Adaptés d'une pièce du dramaturge anglais Alan Ayckbourn, *Smoking* et *No smoking* partent d'une même situation : Celia Teasdale fait le grand nettoyage de printemps dans sa petite maison du Yorkshire en Angleterre. Sur une table du jardin, elle aperçoit un paquet de cigarettes.

Si elle prend une cigarette, c'est *Smoking*. Un jardinier arrive. Il tombe amoureux de Celia. Si elle résiste à la tentation, c'est *No smoking*. Un ami de la famille arrive et une autre histoire commence.

Alain Resnais joue avec le destin de neuf personnages. Dans la vie on fait toujours des choix. Que se serait-il passé si on avait fait un autre choix ? Le réalisateur nous propose ainsi une douzaine d'histoires possibles.

Sabine Azéma et Pierre Arditi jouent à eux seuls tous les rôles de ces jeux de la vie et du hasard dans un joli décor de théâtre qui ne cherche pas à donner l'illusion de la réalité. Sabine est blonde, brune, rousse, timide, provocante, triste, gaie, colérique, mais toujours vraie. Pierre Arditi est entreprenant, alcoolique, directeur d'école, poète, mais toujours authentique. Il faut aller voir ces deux films où l'on passe sans cesse du rire à l'émotion. Chacun est un petit régal et les cinq récompenses sont largement méritées.

1 LES FILMS *SMOKING* ET *NO SMOKING*

a) Quelle est l'information principale donnée par l'article ?

b) Recherchez ce qui est original dans ces films :
– l'idée générale,
– le scénario,
– le décor,
– l'utilisation des comédiens.

c) Relevez les mots qui montrent que les deux films ont été appréciés par le jury, le public et l'auteur de l'article.

2 IMAGINEZ UN SCÉNARIO

Appliquez l'idée d'Alain Resnais à l'histoire de Sabine et de Jean-Michel.

Observez les dessins et lisez les textes de la partie C, p. 79. Ils vous proposent plusieurs histoires possibles. Racontez ces histoires et continuez-les.

3 FÉLICITATIONS

Utilisez le vocabulaire du tableau ci-après pour :

a) Jouer la scène suivante.
À la fin d'un spectacle, à l'occasion d'un festival, etc., vous allez voir un(e) artiste que vous avez apprécié(e). Vous le/la félicitez.

b) Rédiger une brève lettre de félicitations à l'intention d'un(e) ami(e) qui a obtenu un succès (examen, promotion, naissance d'un enfant, mariage, etc.).

■ Féliciter - Récompenser

• Je vous félicite pour ... Je voudrais vous féliciter pour ... Toutes mes félicitations ... Bravo... Je vous adresse tous mes compliments pour ... Tous mes compliments...

• Réussir - avoir du succès.

• Récompenser (une récompense) - donner un prix.
Faire un cadeau.
Applaudir - des applaudissements.
Mériter - Vous méritez des félicitations, un prix, etc. - Un succès bien mérité.

---

4 ORGANISEZ VOTRE NUIT DU CINÉMA

En petits groupes, choisissez le meilleur film, la meilleure actrice, le meilleur acteur, le meilleur film de l'année.

Exposez à la classe les raisons de votre choix.

Sabine Azéma en Mme Teasdale et Pierre Arditi en serveur de restaurant.

Sabine Azéma en femme de ménage de Mme Teasdale et Pierre Arditi en jardinier.

Quand la banlieue rencontre l'université

Lucien est un jeune des banlieues. La veille, il a rencontré une jeune-fille.
Ils ont échangé leurs numéros de téléphone.

une nana : une fille (familier).

se blottir : se serrer, se réfugier.

la foire du Trône : à Paris, foire avec des attractions pour les jeunes.

auto-tampons : manège de voitures. Le jeu consiste à heurter ou à éviter les autres voitures.

Frank Margerin,
Lucien s'maque,
Les Humanoïdes associés, 1987.

1 LES PROJETS DES PERSONNAGES.

Faites la liste des projets de Lucien.
Imaginez les projets que peut faire Suzie avant de revoir Lucien.

« Si on allait … . On pourrait … . »

• Continuez le dialogue. Imaginez la suite de l'histoire. Les deux jeunes gens vont-ils s'entendre ?

1   *Le conditionnel présent.*
Ils rêvent. Faites-les parler.

• Elle rêve qu'elle est une star ...
Elle est riche.
Les journaux publient sa photo.
On l'admire.

« Si j'étais ... je ... . Les journaux ... . On ... . »

• Il parle à sa femme.
Il rêve qu'il devient quelqu'un d'important.
Sa femme l'aime davantage.
Ils partent faire le tour du monde.

→ « Si ... , tu ... , nous ... . »

---

2   *Demande polie et suggestions.*
Transformez ces phrases pour exprimer une demande polie ou une suggestion selon les indications. Variez les formulations.

a) À l'oral
• « Je veux ce livre ! » (demande polie)
• « Écoutez-moi ! » (demande polie)
• « Fermez la fenêtre ! » (demande polie)
• « Allons au cinéma ! » (suggestion)
• « Cherchons un nouvel appartement. » (suggestion)

b) À l'écrit
• Un employé écrit à son directeur.
« Je veux une augmentation de salaire. » (demande polie)
« Mon collègue de bureau fume. Je veux changer de bureau. » (suggestion)

• Il a reçu son relevé de compte bancaire. Il y a trouvé une erreur :
« Je veux une vérification de mon compte. » (suggestion)

3   *Les pronoms interrogatifs, démonstratifs et possessifs.*
Observez cette scène.

Deux amis regardent dans un magazine les nouvelles voitures du Salon de l'auto.
Ils s'interrogent sur leurs préférences.
Ils montrent des voitures et les apprécient.
Ils comparent avec leurs voitures.

Rédigez un dialogue de dix répliques courtes. Utilisez :

– **des pronoms interrogatifs** (*lequel, laquelle,* etc.),
– **des pronoms démonstratifs** (*celui-ci, celle-ci,* etc.),
– **des pronoms possessifs** (*le mien, la mienne,* etc.).

---

4   *Ce qui/que - celui qui/que - etc.*
Complétez avec une forme « pronom démonstratif + pronom relatif ».

Deux étudiantes, après l'oral d'un examen.

Ariane : Quel professeur t'a interrogée ?
Lucie : Madame Duval.
Ariane : C'est ... a interrogé Myriam. Il paraît qu'elle est difficile.
Lucie : Elle m'a posé des questions sur la crise économique de 1929. C'est justement ... j'avais révisé ce matin. Mais ... m'embête, c'est que je me suis trompée dans les chiffres. Et toi, qui t'a interrogée ?
Ariane : Monsieur Bouisse.
Lucie : ... est en jean et en chemise blanche ?
Ariane : Oui, il a été très sympa. Il m'a dit : « Comme sujet, choisissez ... vous voulez. Parlez-moi de ... vous a intéressée dans le programme. »

5 Le plus-que-parfait.
Elle retourne dans le quartier où elle a passé sa jeunesse.

Lisez la liste des changements et faites-la parler.

– Démolition des petites maisons.
– Départ des habitants pour la banlieue.
– Construction d'immeubles de standing.
– Aménagement d'un parc.
– Arrivée d'une population bourgeoise.
– Transformation du petit café en grand restaurant.

→ « Hier, je suis retournée dans le quartier de ma jeunesse. Tout avait changé. On avait démoli … »

6 Rapporter des paroles ou des pensées au passé.

a) Patrick raconte à un ami la conversation suivante qu'il a eue avec Charlotte :

Patrick : Tu as vu le dernier film de Resnais ?
Charlotte : Je ne l'ai pas encore vu. J'irai le voir la semaine prochaine.
Patrick : Surtout va le voir ! Il est très amusant.

b) Hélène raconte à son mari ce qu'elle a pensé de lui quand elle l'a rencontré :

« Quand je t'ai rencontré, j'ai pensé que … »

Il n'est pas très beau mais il paraît intelligent. Il a déjà eu des aventures. Il ne s'intéresse pas à moi.

7 Vocabulaire.
Ajoutez cinq noms après chaque exemple.

• Quand on donne son opinion sur une pièce de théâtre on parle : des acteurs, …
• Quand on décrit un monument du Moyen Âge (château, église, etc.), on parle : des remparts, …
• Quand une famille fait son budget de l'année, elle additionne les dépenses : d'alimentation, …
• Quand on parle des grands épisodes de l'Histoire, on raconte : les invasions, …

8 Les mouvements.
Complétez avec un verbe qui exprime un mouvement ou un geste.

• Il a eu un vertige. Il … sur le lit.
• Elle marchait devant moi. Je l'ai appelée. Elle … .
• Il descendait l'escalier. Il a glissé. Il … . Sa tête … le sol. Il s'est évanoui.
• Si vous voulez réussir à ouvrir cette porte, il faut … ou … très fort.
• Si vous traversez Paris en voiture, … le quartier Bastille ! Aujourd'hui, il y a des manifestations.
• Je te lance le ballon. … -le !

9 Les sentiments.
Faites la liste de tous les sentiments que Pierre a pu éprouver dans l'histoire suivante :

Pierre a rencontré Marie chez des amis. Elle était belle, intelligente, cultivée. Ils sont sortis six mois ensemble. Puis ils sont partis en vacances à Venise. Le troisième jour, ils ont rencontré un artiste italien. Il parlait parfaitement français et il avait de longues conversations avec Marie. Le cinquième jour, Pierre a trouvé sous la porte de sa chambre une lettre de Marie : « Aldo part à New York pour une exposition. Je pars avec lui… »

10 Test culturel.

• **Dans une conversation, vous entendez les mots suivants.**
De quoi parle-t-on ? D'art, de littérature, d'histoire, etc ?

Adjani … Charlemagne … Chenonceaux … Fontenay … Ionesco … Jeanne d'Arc … Normands … Resnais … Romains … Sartre … Manet …

• **Citez au moins un monument ou un lieu intéressant à voir :**

– dans le sud de la France
– en Bourgogne
– dans la région de la Loire
– en Bretagne

UNITÉ 4

COMPRENDRE ET S'EXPRIMER

- Caractériser une action par un adverbe, un gérondif ou un participe présent.
- Utiliser les adjectifs et les pronoms indéfinis.
- Exprimer l'indifférence.
- Caractériser, mettre en valeur par une proposition relative.
- Exprimer des sentiments (amitié, amour, haine).
- Exprimer les perceptions et les sensations.
Parler des objets et des activités de la maison.

DÉCOUVRIR

- Les relations entre les femmes et les hommes.
- Rythmes annuels.
- La chanson française.
- Quelques écrivains et poètes contemporains.
- L'esprit des trois dernières décennies.
- Les Français et l'humour.

Elle et lui

Un mois après le mariage.

Retour du travail, le soir Ⓐ

1 *mois après le mariage*

Elle : Bonsoir, mon chéri.

Lui : Bonsoir, ma petite femme... qui m'aime ?

Elle : Naturellement.

Lui : Totalement ?

Elle : Absolument.

Lui : Éternellement ?

Elle : Évidemment !

Lui : Me voilà rassuré. Tu sais que j'ai faim !

Elle : Eh bien... En ouvrant le placard du haut et en explorant le frigo on doit trouver une boîte de cassoulet, trois tomates et deux yaourts. Un repas complet, quoi. Mais en allant chez l'épicier du coin on peut améliorer ça.

Lui : Inutile, j'y suis passé. Regarde ! Saumon fumé, noisettes de veau, glace et champagne.

Elle : Ça alors ! Qu'est-ce qu'on fête ? Notre 34e jour de mariage ?

Lui : Non, ceci... Écoute ce que notre chef du personnel écrit au P.-D.G...

Notre directeur commercial Jean Lucas prenant sa retraite en juin prochain, son poste va se trouver vacant.
Bruno Crémieux, très apprécié par ses collègues et par les clients, possédant toutes les qualités requises pour ce poste et ayant donné depuis cinq ans toute satisfaction, pourrait, me semble-t-il, remplacer efficacement Jean Lucas.

10 ans après le mariage.

25 ans après le mariage.

Un mois après le mariage.

10 ans après le mariage.

Projets de vacances **B**

10 *ans après le mariage*

Elle : Je suis passée à l'agence de voyages...

Lui : Une seconde, Marianne, c'est les informations.

Elle : Ah non, écoute, les enfants sont couchés ! C'est le seul moment où on peut se parler. Tu ne vas pas te coller devant la télé !

Lui : D'accord. J'écoute. Où est-ce qu'on va ?

Elle : Je voulais qu'on en discute ensemble.

Lui : Tu sais bien que c'est toujours toi qui décides.

Elle : Bruno, je peux te poser une question ?

Lui : C'est inutile. Je suis d'accord avec toi. Je préfère la montagne.

25 ans après le mariage.

Elle : Il y a des fois où je me demande si tu m'aimes !

Lui : Quelle question ! Mais bien sûr que je t'aime. Je viens même de te le prouver. Moi qui ai horreur de l'odeur des vaches, je t'ai dit que j'adorais la montagne...

Lecture du courrier **C**

25 *ans après le mariage*

Lui : Évidemment, tu n'as pas ouvert le courrier ! Alors... Facture de la consommation d'eau... Mais combien de bains ils prennent dans cette maison ! On pourrait arroser une propriété de dix hectares !... Impôt foncier de la maison du Périgord... Eh bien ! On ferait mieux de vendre et d'aller passer nos vacances dans un palace aux Bahamas !

Elle : À propos, il y avait une lettre de Françoise et Michel.

Lui : Celle-là, tu l'as ouverte !

Elle : Ils viennent dans le Périgord la quatrième semaine d'août. Donc, ça y est. On est complet. La première semaine, il y a tes parents, Christophe et sa copine. La deuxième semaine, on va avoir les Dubreuil et leurs trois enfants. La troisième semaine, c'est...

10 ans après le mariage.

Un mois après le mariage.

25 ans après le mariage.

Caractérisation et circonstances de l'action

■ **Adverbes, participes présents et propositions participes**

1. L'adverbe permet de caractériser une action.

Il parle bien, correctement, avec calme.

• Beaucoup d'adverbes sont formés à partir de l'adjectif : lent → **lentement**.

• La construction : **préposition + infinitif ou nom** est une forme adverbiale.

Il travaille $\left\{\begin{array}{l}\textbf{sans se plaindre}\\\textbf{avec courage.}\end{array}\right.$

2. Le gérondif (en + participe présent) permet de caractériser une action ou d'indiquer une circonstance.

[annotation manuscrite : a) simultanéité, b) manière]

Elle parle **en articulant** bien.

Il travaille **en chantant** (ou « **tout en chantant** ») (= et en même temps il chante).

Il a réussi **en travaillant** beaucoup (= parce qu'il travaille beaucoup).

Elle a réussi **tout en ne travaillant pas** beaucoup (= sans avoir beaucoup travaillé).

3. Le participe présent permet de construire une proposition qui indique une circonstance.

[annotation manuscrite : exprime la cause]

Le ciel **étant** nuageux, nous ne sortirons pas.

Bruno **ayant donné** toute satisfaction, il sera nommé directeur.

NB : Le participe présent permet aussi de construire une proposition qui caractérise un nom.

Exemple : C'est l'étudiant parlant le mieux français (= qui parle le mieux français).

Formation des adverbes à partir de l'adjectif

• **Cas général :** adjectif au féminin + -*ment*
correct → **correctement**

• **Cas des adjectifs en i, ai, é, u :** adjectif au masculin + -*ment*
joli → **joliment**
absolu → **absolument**

• **Cas des adjectifs en** -*ant* **ou** -*ent*
puissant → **puissamment**
patient → **patiemment**

Formation du participe présent

• **Cas général :** formation à partir de la 1ʳᵉ personne du pluriel du présent
parler → **parlant**
aller → **allant**
faire → **faisant**
voir → **voyant**

• **Cas particuliers :** être → **étant**, avoir → **ayant**, savoir → **sachant**, etc. (voir conjugaisons en fin d'ouvrage)

• **Les deux formes du participe présent**
→ forme simple : **parlant - venant**
→ forme composée indiquant une antériorité : **ayant parlé - étant venu(e)(s)**

---

1 **LES ADVERBES**

Le chef du personnel parle de Bruno Crémieux à son P.-D.G.
Il utilise les notes ci-contre.
Rédigez ce qu'il dit en construisant des phrases avec verbe + adverbe en -*ment* comme dans l'exemple.
Formez les adverbes avec les mots soulignés.

Exemple : Le chef du personnel :
→ « Bruno Crémieux est un très bon employé.
Il fait toujours son travail sérieusement ... »

> **CRÉMIEUX Bruno :**
> - Très bon employé,
> - Toujours <u>sérieux</u> dans son travail,
> - <u>Parfaite</u> connaissance de l'anglais,
> - <u>Gentil</u> avec ses collègues,
> - Habillé <u>avec élégance</u>,
> - <u>Patient</u> quand il donne des explications à un client,
> - Fait souvent des suggestions <u>avec intelligence</u>,
> - <u>Efficace</u> dans ses négociations.

a) simultanéité
b) manière moyen

2 LE GÉRONDIF

Chacun fait des reproches à l'autre.
Transformez les phrases en utilisant le gérondif.

Exemple : Il discute en criant.

> Il m'énerve ! Quand il discute, il crie. Quand il mange, il critique mes plats ou il lit le journal. Quand il dort, il bouge tout le temps.

> Elle m'énerve ! Quand elle mange, elle regarde la télévision. Elle parle sans arrêt et elle répète toujours la même chose. Quand elle conduit en ville, elle regarde les gens. Quand elle rêve la nuit, elle pousse des cris bizarres.

3 TROUVES DES SOLUTIONS

a) Imaginez des solutions à leurs problèmes.

• « J'ai perdu ma clé. Comment rentrer chez moi ? »
• « Ma voiture est en panne en pleine campagne. Comment revenir chez moi ? »
• « Je voudrais qu'on parle de moi dans les journaux et à la télé. »
• « Je voudrais maigrir rapidement. »

> Hic, j'ai le hoquet.

> Tu peux le faire passer, en buvant un verre d'eau, en arrêtant de respirer et en fermant les yeux.

b) Dialoguez avec votre voisin(e). Posez-vous des problèmes comme ci-dessus. Cherchez ensemble des solutions.

4 UTILISATION DE LA PROPOSITION PARTICIPE

Réunissez les deux phrases comme dans l'exemple.

• Deux joueurs sont blessés. Le match ne peut pas avoir lieu.
→ Deux joueurs **étant blessés**, le match ne peut pas avoir lieu.

• Notre travail est terminé. Nous pouvons nous reposer.
• Je connais bien la région. Je peux servir de guide à ces étrangers.
• Le conférencier a fini de parler. Nous pouvons lui poser des questions.
• Des amis sont venus chez moi pour passer quelques jours. Je ne peux pas accepter votre invitation.

5 EXERCICE DE STYLE

Attention ! La langue française n'aime pas l'abus des participes présents. Dans le texte ci-dessous, supprimez-les en transformant les phrases comme dans l'exemple.

Exemple : Pour la phrase « À 9 heures, tout le monde étant prêt, nous sommes partis », vous avez le choix entre plusieurs possibilités :
• À 9 heures, nous sommes partis parce que tout le monde était prêt.
• À 9 heures, comme tout le monde était prêt, nous sommes partis.
• À 9 heures tout le monde était prêt et nous sommes partis.
• À 9 heures tout le monde était prêt. Nous sommes donc partis.

Promenade. À 9 heures, tout le monde étant prêt, nous sommes partis. À 11 heures, les enfants ayant faim, nous avons fait une pause. En début d'après-midi, un orage ayant éclaté, nous nous sommes réfugiés dans une vieille ferme. Puis, la pluie s'étant arrêtée et tout le monde s'étant reposé, nous avons repris notre marche.

→ « À 9 heures, tout le monde était prêt. Nous sommes partis ... »

Entraînez-vous

1. Pouvez-vous faire deux choses à la fois ? Répondez comme dans l'exemple.

• Vous pouvez travailler et écouter la radio en même temps ?
– Oui, je peux travailler en écoutant la radio.
– Non, je ne peux pas ...

2. Révision des pronoms.
Marie aime beaucoup le cinéma.
Répondez pour elle affirmativement.

• Tu es allée au cinéma récemment ?
– Oui, j'y suis allée.

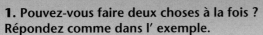

Parlez-moi d'amour...

■ **L'amitié - l'amour - la haine**

● **L'amitié** - avoir (éprouver) de la sympathie, de l'amitié pour...
être amis, copains, s'entendre

● **L'amour** - tomber amoureux - avoir un coup de foudre pour... séduire quelqu'un
un flirt - une aventure - une passion - un(e) petit(e) ami(e)
sortir ensemble - s'embrasser - un baiser - avoir des relations sexuelles avec...
se marier avec quelqu'un - épouser quelqu'un - un mariage
la fiancée / le fiancé - la femme - l'épouse / le mari

● **La fidélité / l'infidélité** - être fidèle / infidèle
tromper quelqu'un - avoir un amant / une maîtresse, un(e) petit(e) ami(e)
être jaloux, éprouver de la jalousie - se venger
éprouver de l'indifférence, du dégoût, de la haine

● **La rupture** (rompre) - la séparation (se séparer) - le divorce (divorcer)
abandonner (laisser tomber) quelqu'un

1 **L'ÉVOLUTION DES SENTIMENTS**

a) Voici des points de départ de scénarios de films d'amour. Utilisez le vocabulaire du tableau pour imaginer et raconter l'évolution des sentiments et des relations de ces personnages.

Premiers regards ...
Premiers mots ...
Premier baiser ...
Mariage ...
Situation un mois après le mariage ...
10 ans après ...
30 ans après ...

● Comme Juliette et Roméo, ils sont jeunes, beaux, riches mais leurs parents, leurs amis, la société s'opposent à leur mariage.
● Ils sont jeunes et pauvres. Autour d'eux, c'est l'indifférence.
● Il (elle) est riche et cultivé(e). Elle (il) est pauvre et n'a pas pu faire d'études.
● Ils sont tous les deux ambitieux. Ils sont tous les deux héritiers d'une famille riche.
● Ils ont tous les deux 40 ans. Ils ont une grande expérience de la vie.
● Il (elle) a 45 ans. Il (elle) est riche et célèbre. Elle (il) a 20 ans. Elle (il) est pauvre et inconnu(e).
● Etc.

b) Connaissez-vous des films, des romans qui présentent l'une de ces situations ?
Quelle est l'histoire d'amour que vous trouvez la plus originale ? la plus belle ?

2 ELLE ET LUI : LES DIFFÉRENCES

a) Lisez ci-dessous le scénario d'une conversation entre deux amis.
Imaginez le scénario d'une conversation entre deux amies. De quoi peuvent-elles parler pendant deux heures et demie ?
Trouvez-vous cette caricature juste ?

CONVERSATION AU TÉLÉPHONE

• **Entre hommes**

Salutations	5 secondes
Blague	30 secondes
Analyse de l'actualité ...	30 secondes
Discussion sur le sport ou les voitures	1 minute
Remarques sur les femmes	20 secondes
Nouvelles du boulot	30 secondes
Salutations	10 secondes
Total	3 minutes et 15 secondes.

• **Entre femmes**

....

Total	2 heures, 33 minutes, 35 secondes.

Le monde selon Elle et Lui, les Éditions Hors collection / Presse de la Cité, 1995.

b) Recherchez les différences de comportement entre les hommes et les femmes que vous connaissez dans les situations suivantes :

Le ménage de la maison - les courses - l'achat d'un vêtement - une maladie - l'entretien de la voiture - etc.

Exemple : la maladie

• *Lui*
Un petit rhume est pour lui une maladie grave. Il se plaint tout le temps. Il faut qu'on s'occupe de lui.
• *Elle*
Pour un petit rhume, elle se soigne sans rien dire. Etc.

3 SENTIMENTS ET COMPORTEMENTS

a) Lisez cet extrait du roman d'Annie Ernaux.
Faites la liste des comportements du personnage. Imaginez-en d'autres.

Une femme parle. Elle a vécu une aventure amoureuse brève et forte avec un étranger déjà marié. Puis cet homme est reparti dans son pays.

je n'avais pas envie de me lever. Je voyais la journée devant moi, sans projet. [...]
au supermarché, je pensais, « je n'ai plus besoin de prendre telle chose » (du whisky, des amandes, etc.).
je ne supportais personne. Les gens que j'arrivais à fréquenter étaient ceux que j'avais connus durant ma relation avec A. Ils figuraient dans ma passion. [...]
je faisais des vœux, s'il m'appelle avant la fin du mois je donne cinq cents francs à un organisme humanitaire. [...]
j'imaginais qu'on se retrouvait dans un hôtel, un aéroport, ou qu'il m'envoyait une lettre. Je répondais à des paroles qu'il n'avait pas dites, à des mots qu'il n'écrira jamais. [...]
si je me rendais dans un endroit où j'étais allée l'année dernière quand il était là – chez le dentiste ou à une réunion de professeurs – je mettais le même tailleur qu'alors

Annie Ernaux, Passion simple, Gallimard, 1991.

b) Imaginez les comportements et les pensées que l'on peut avoir dans l'une des situations suivantes :

- un coup de foudre
- la jalousie
- une rupture non voulue par vous

Prononciation

1 Adverbes en « -(e)ment ».
Transformez comme dans l'exemple et corrigez votre prononciation.

• Quand il court, il est rapide.
→ Il court rapidement.

2 Écoutez et répétez ces phrases.
Continuez le poème en utilisant des gérondifs et en choisissant des rimes en [ɑ̃] - [ɔ̃] ou [ɛ̃]

Je voudrais vivre ...
En écoutant le vent
En parcourant le monde
En lisant des romans
En répétant ton nom
.....

UNE ANNÉE DE SUJETS DE CONVERSATION

Comme la chaleur en été et le rhume en hiver, les mêmes sujets de conversation et de préoccupation reviennent périodiquement chaque année. Voici un petit guide qui vous permettra de vous orienter dans le paysage des bavardages des Français.

JANVIER. N'oubliez pas que les Français sortent d'une dure période de repas de fêtes. Il est donc tout naturel de parler de l'état de son foie (la bonne ou mauvaise digestion des repas) - Admirez les cartes de vœux exposées sur la cheminée - Soyez pour ou contre le rallye Paris-Dakar : « On peut y admirer de magnifiques paysages » ou « Il salit le désert. »

FÉVRIER. On se plaint du tiers provisionnel (avance sur l'impôt de l'année) qu'on a dû payer et de la déclaration de revenus (pour l'impôt de l'année suivante) que l'on doit faire avant la fin du mois. Une conversation sur ce sujet peut durer une heure mais on n'y donne aucun chiffre précis - Parlez aussi du temps qu'il fait : « Ça fait longtemps qu'il n'y a pas eu un hiver aussi froid » ou « Il n'y a plus de vrai hiver. »

MARS. Avec l'arrivée des beaux jours, la nature, les hommes politiques et les syndicalistes se réveillent. Les trois mois qui suivent sont fertiles en élections, grèves et manifestations. Commentez-les ! - Parlez aussi des fleurs que vous avez achetées pour fleurir votre balcon.

AVRIL. Échangez des informations sur vos préparatifs de vacances d'été (c'est maintenant qu'il faut choisir, réserver, etc.) et sur le régime que vous

1 TRAVAIL PAR PETITS GROUPES

Répartissez-vous les 12 mois de l'année.

• Chaque petit groupe prépare une conversation de 2 minutes à partir des sujets présentés dans le mois qui lui a été attribué.

• Présentez les 12 conversations dans l'ordre chronologique. Après chaque présentation, l'ensemble de la classe lit le paragraphe correspondant et commente la conversation entendue. (Tous les sujets ont-ils été abordés, etc. ?)

avez commencé en prévision de ces vacances - Faites aussi quelques remarques sur le temps : « En avril, ne te découvre pas d'un fil. »

MAI. Le 1er Mai, indignez-vous du prix du muguet qui augmente chaque année et consolez-vous avec le beau temps : « En mai, fais ce qu'il te plaît ! » - Ce mois-ci vous ne travaillerez que 12 jours. Avec les sorties pendant les week-ends prolongés (ou « ponts »), les invitations à des mariages et à des communions, les sujets de conversation ne manqueront pas.

JUIN. Deux grands sujets de conversation ce mois-ci : Les examens : « C'est de la folie. C'est inhumain » ou « Il en faut bien. » Les soldes : « J'ai trouvé un superbe maillot de bain. Il était vraiment donné. »

JUILLET. Vous devez impérativement avoir assisté à un festival. Si vous n'avez pas pu avoir de place pour Avignon (théâtre) ou Orange (opéra),

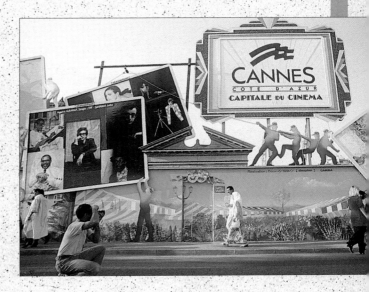

sachez que les 36 500 communes de France organisent presque toutes leur festival - Passionnez-vous aussi un peu pour le Tour de France.

AOÛT. Le Français est en vacances. Il est donc en pays étranger, car pour lui, le territoire étranger commence quand il croise des voitures qui n'ont pas le même numéro d'immatriculation que la sienne. Il pratique donc son sport verbal favori : la comparaison (les prix, les gens, l'état des villes, etc.). - Révisez vos comparatifs et vos superlatifs !

SEPTEMBRE. C'est la rentrée (des élèves, des hommes politiques, des stars du show-business). Dépêchez-vous de raconter vos anecdotes de vacances car la conversation passera vite à autre chose - Prenez position pour ou contre le passage à l'heure d'hiver : « Ça perturbe les enfants » ou « On dort une heure de plus. »

OCTOBRE. Commentez les nouvelles voitures du salon de l'auto et la rentrée universitaire : « Il y a trop d'étudiants, pas assez de professeurs ni assez de salles », « Aujourd'hui, tout le monde peut rentrer à l'université ... »

NOVEMBRE. Plaignez-vous des impôts. Ce mois-ci vous devez payer le reste de votre impôt sur le revenu, votre taxe d'habitation, votre impôt foncier, (si vous êtes propriétaire) - C'est la saison des prix littéraires (prix Goncourt, prix Fémina, etc.). Pour pouvoir parler de ces romans sans les avoir lus, lisez les quelques lignes au dos de leur couverture.

DÉCEMBRE. La France prépare les fêtes de fin d'année : « Quel cadeau fait-on à Aurélien ? - Où, avec qui va-t-on passer les réveillons ? - Va-t-on dans ta famille pour Noël et dans la mienne pour le jour de l'An ? Et si on partait 15 jours à la neige ? »

2 🎧 **ÉCOUTEZ CES 5 DOCUMENTS SONORES**

Pour chacun trouvez :

a) L'origine du document : radio, échange dans la rue, sur la route, dans la maison.

b) Le sujet de la conversation et les intentions de ceux qui parlent :
avertir - critiquer - informer - se plaindre - suggérer.

c) Le mois de l'année où chaque conversation a eu lieu.

Paroles et musique

Interview

A

LA CHANSON FRANÇAISE, TOUJOURS VIVANTE

Jean-Pierre Rabaud anime un café-théâtre qui présente souvent de jeunes chanteurs. Il fait le point sur la chanson française.

• *Certains disent que la chanson française ne se porte pas bien. La plupart des jeunes sont attirés par la musique anglo-américaine ...*

JP R. – C'est vrai, mais aucun ne rejette la chanson française ou québécoise. On peut aimer Bruce Springsteen et en même temps remplir les salles de Patricia Kaas ou de Goldman. Il y en a même quelques-uns qui se passionnent pour des chanteurs des générations précédentes comme Brel ou Brassens. La plupart des jeunes, surtout à partir de 17 ans, sont ouverts à tout et aujourd'hui dans la chanson française, il y en a pour tous les goûts. Chacun peut trouver le style qui lui convient, du hard rock au rap, de la chanson politique à la chanson romantique.

• *Et les gens plus âgés ne sont-ils pas restés nostalgiques des succès de leur jeunesse ?*

JP R. – Quand le texte de la chanson est bon, que la mélodie est originale et que la musique n'étouffe pas la voix, une chanson peut entraîner tout le monde. Regardez Cabrel ou Renaud dans les années 80.

• *Et pourtant, la moitié des disques vendus sont anglo-américains.*

JP R. – La radio et la télé ne font pas assez connaître les jeunes bons chanteurs. On entend trop souvent n'importe qui et n'importe quoi.

Émotion et sensation

B

Une chanson peut parler de n'importe quoi. C'est trois minutes d'émotion partagée sur n'importe quel sujet : une révolte, une tristesse, un bonheur, une histoire, une chose vue...

Elle écoute pousser les fleurs
Au milieu du bruit des moteurs
Avec de l'eau de pluie
Et du parfum d'encens
Elle voyage de temps en temps
Elle n'a jamais rien entendu
Des chiens qui aboient dans la rue
Elle fait du pain doré
Tous les jours à quatre heures
Elle mène sa vie en couleur
Elle collectionne
Les odeurs de l'automne
Et les brindilles de bois mort
Quand l'hiver arrive
Elle ferme ses livres
Et puis doucement
Elle s'endort sur des tapis de laine [...]

Fragile, Francis Cabrel, CBS.

Francis Cabrel. Un des meilleurs représentants de la tradition. Poète, romantique et un peu anarchiste.

Le pro de l'impro
Capte le micro
À l'aise, balaise sur ce tempo
Donc, je m'installe sans être brutal
Phénomène phénoménal
Je suis du Sud, d'accord
Et j'habite le quartier nord.

Qui sème le vent, récolte le tempo, MC Solaar.

MC Solaar. *En deux disques, il a imposé son image de rappeur tranquille et intellectuel qui joue avec les mots et les sons.*

Changer la vie

Une chanson, c'est un petit moment de philosophie. Elle exprime le mal-être, l'angoisse, l'attente, l'espoir...

Debout devant ses illusions
Une femme que plus rien ne dérange [...]
Elle a rêvé comme tout le monde
Qu'elle tutoierait quelques vedettes [...]
Maintenant son espoir serait
D'être juste quelqu'un de bien.

Enzo Enzo, Juste quelqu'un de bien, B.M.G.

Jean-Jacques Goldman. *Idole des jeunes à la fin des années 80. Des dizaines de succès où il parle de tout : l'amour, l'amitié, l'intolérance, etc.*

Enzo Enzo *(de son vrai nom Körin Ternovtzeff) aux yeux bleus et à l'âme slave chante les illusions perdues.*

C'était un cordonnier, sans rien d'particulier
Dans un village dont le nom m'a échappé
Qui faisait des souliers si jolis, si légers
Que nos vies semblaient un peu moins lourdes à porter

Il y mettait du temps, du talent et du cœur
Ainsi passait sa vie au milieu de nos heures
Et loin des beaux discours, des grandes théories
À sa tâche chaque jour, on pouvait dire de lui
Il changeait la vie [...].

Il changeait la vie, J.-J. Goldman.

....

J'aimerais tant être au pluriel [...]
J'aimerais tant changer de sang
Changer de rêves et de tête et d'accent.

Vivre cent vies, J.-J. Goldman.

Les mots indéfinis

■ **Adjectifs, pronoms, adverbes indéfinis**

1. Pour parler d'une quantité indéfinie.

Adjectifs	Pronoms *pronounce 's' for pronom*
Tous (toutes) mes ami(e)s ...	Tous (toutes) sont invité(e)s
Chaque ami(e) ...	Chacun (chacune) est invité(e)
La plupart de mes ami(e)s ...	La plupart sont invité(e)s
Beaucoup d'ami(e)s ...	Beaucoup sont invité(e)s ...
Plusieurs ami(e)s ...	Plusieurs sont invité(e)s ...
Quelques ami(e)s ...	Quelques-uns (quelques-unes) ...
Certains (certaines) ami(e)s	Certains (certaines) ... sont invité(e)s
Peu d'ami(e)s ...	Peu sont invité(e)s

'several' not 'many'

restrictive 'a few'

J'invite mes ami(e)s ...

● **Construction quand
le pronom indéfini
est complément direct.**

→ **Tous (toutes).**
Je les invite tous -
Je les ai tous (toutes) invité(e)s.

→ **Chacun (chacune).**
J'invite chacun(e) d'eux (d'elles) -
J'ai invité chacun d'eux.

→ **Avec les autres pronoms du
tableau, utiliser le pronom « en ».**
J'en invite la plupart / quelques-uns /
etc.
J'en ai invité certains / plusieurs / etc.

**2. Pour parler d'une absence
(de quantité).**

Aucun (aucune) ami(e) ...	Aucun (aucune) n'est invité(e)
Pas un (pas une) ami(e) ...	Pas un (pas une) n'est invité(e)

→ **Avec aucun(e) et pas un(e)**
Je n'en invite aucun -
Je n'en ai invité aucun.
Je n'en invite pas un (seul) -
Je n'en ai pas invité un seul.

3. Pour présenter deux choses ou deux groupes.

• L'un (l'une) ... l'autre
Les uns (les unes) ... les autres
• Certains ... d'autres ...

4. Pour présenter un ensemble varié.

• Différents (différentes) ami(e)s ...
• Divers (diverses) ami(e)s ...

5. Pour exprimer l'indifférence.

Tout m'est égal.
Je vais n'importe où.
Je fais n'importe quoi.
Je parle à n'importe qui.
Je m'arrête n'importe quand.
Je dors dans n'importe quel endroit.

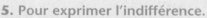

1 **SENS DES INDÉFINIS DE QUANTITÉ**

**Dans les résultats de sondage suivants, remplacez les
pourcentages par un pronom indéfini de quantité.**

**Résultats d'un sondage sur les goûts musicaux
d'un groupe de 100 jeunes.**

– 100 % aiment le rock,
– 100 % possèdent au moins un disque de rock,

– 96 % aiment les chansons françaises,
– 70 % aiment le jazz,
– 60 % écoutent de la musique classique,
– 10 % aiment beaucoup les chansons anciennes,
– 3 % écoutent de l'opéra,
– 0 % aime l'opérette.

2 CONSTRUCTION DES INDÉFINIS

Florence, qui habite la province, part à Paris pour étudier dans une grande école. Elle prépare ses valises. Sa mère l'interroge.
Complétez les réponses de Florence en utilisant les mots indéfinis entre parenthèses.

- Tu as pris tes livres de classe ?
  – Oui, … *(tous)*.
- Tu n'emportes pas de romans ?
  – Si, … *(quelques-uns)*. Mais tu sais, je n'aurai pas beaucoup le temps de lire.

- Tu as pris tes disques ?
  – Oui, … *(certains)*. Surtout des disques de musique classique.
- Tu as laissé tous tes disques de rock ?
  – Oui, … *(la plupart)*. Je les prendrai la prochaine fois.
- Il va faire froid à Paris. N'oublie pas tes pulls !
  – Ne t'inquiète pas. J(e) … *(plusieurs)* dans ma valise.
- Et tes robes de soirée ?
  – … *(aucune)*. Je ne crois pas que j'aurai l'occasion de les mettre.

3 EXPRESSION DE L'INDIFFÉRENCE

a) Complétez avec une expression construite avec « n'importe … ».

C'est dimanche après-midi. Ils s'ennuient. Que faire ?

Elle : Qu'est-ce qu'on fait ?
Lui : …
Elle : Où on va ?
Lui : … Au cinéma, si tu veux.
Elle : Quel film on va voir ?
Lui : … Ça m'est égal. … film me conviendra.
Elle : On y va quand ? Tout de suite ou à la séance de 6 heures ?
Lui : … C'est comme tu préfères.

b) Jouez la scène.

Ils sortent ensemble depuis un an. Elle est prévoyante et organisée. Il est insouciant.

> Mariage ?
> Date du mariage ?
> Installation ? Appartement ? Maison ?
> À Paris ?
> Etc.

> Ça m'est égal.
> Ce que tu veux.
> Je m'en moque…

4 PRÉSENTER DES PERSONNES

Dans une lettre à une personne (ami(e), parent, etc.), vous présentez l'un des groupes de personnes ci-contre. Rédigez un paragraphe de 8 à 10 lignes et utilisez la plupart des mots indéfinis des rubriques 1, 2, 3, 4 du tableau.

→ « Dans ma classe, tous les étudiants sont sympathiques. Mais certains … Les uns …, les autres … Il y a différents …, etc. »

- **Les étudiants de votre classe :** âge, origine, caractères, goûts, etc.

- **Les membres de votre famille :** origine, profession, aspect physique, etc.

- **Vos amis et vos amies :** âge, date où vous les avez connus, niveau d'étude ou profession, goûts et loisirs, etc.

Entraînez-vous

1. Vos goûts musicaux correspondent exactement au sondage de l'exercice 1, p. 100. Répondez à ces questions.

- Vous aimez les disques de rock ?
  – Oui, je les aime tous.
- Les chansons françaises vous plaisent ?
  – La plupart me plaisent.

2. Votre amie veut faire des projets de vacances avec vous. Mais tout vous laisse indifférent. Répondez-lui comme dans l'exemple.

- Où est-ce qu'on va ?
  – N'importe où.
- Quand est-ce qu'on part ?
  – …………

Regarder - Écouter - Sentir

■ Les sensations et les perceptions

● Regarder ──→ voir

observer - scruter
fixer (des yeux)
surveiller
contempler
la vue - avoir une bonne / mauvaise vue
porter des lunettes - être aveugle

apercevoir
remarquer
distinguer
~~repérer~~ repérer

● Écouter ──→ entendre

percevoir

un son, un bruit, un vacarme
un son faible - doux / fort - bruyant - assourdissant
un son grave / aigu
un endroit calme, silencieux (le silence) / bruyant
avoir l'oreille fine / être sourd

● Toucher ──→ sentir

caresser
avoir une sensation (une impression) de fraîcheur

ressentir

● Les sensations

C'est dur (la dureté) / doux (la douceur)
froid (le froid) - frais (la fraîcheur) - tiède (la tié-deur) - chaud (la chaleur) - brûlant (une brûlure)
humide (l'humidité) / sec (la sécheresse).

mou *molle*

● Sentir ──→ sentir

respirer
une odeur - un parfum
Ça sent bon / mauvais
Ça sent l'essence
l'odorat

● Goûter   *c'est goûteux*

Ça a bon / mauvais goût
Ça a un goût salé, sucré, acide, piquant, amer
Ça a un goût de pomme
Ça n'a aucun goût - c'est fade
Ça n'a pas de goût

---

1   LA VUE

Complétez avec les verbes de la rubrique « Regarder » (sans utiliser « voir » et « regarder »).

Balade en montagne. Quand nous sommes partis, vers 9 heures, il y avait du brouillard et on … mal le petit chemin. Mais vers 10 heures, le brouillard s'est levé et nous … le sommet de la montagne.
Nous ne marchions pas vite. Nous … les plantes et les arbres. De temps en temps, nous nous arrêtions et nous … les pentes rocheuses pour … les chamois. Ils ne sont pas faciles à repérer. Il faut … un point noir sur la pente grise et voir s'il se déplace. Vers midi, nous sommes arrivés au sommet et nous avons pu … un magnifique paysage de montagnes et de vallées.

2   LES SONS ET LES BRUITS 🎧

a) Écoutez 6 atmosphères sonores. Identifiez-les. Imaginez le lieu où elles ont été enregistrées. Caractérisez ces bruits en utilisant le vocabulaire de la rubrique « Écouter ».

b) Écoutez la bande sonore de deux scènes de cinéma où l'on n'entend que des bruits.
Imaginez et rédigez ces histoires en écoutant les bruits.

3   SENSATIONS ET PERCEPTIONS

Observez les trois photos suivantes.
Classez dans le tableau toutes les sensations que vous avez.

Vue	Bruits	Odeurs	Autres sensations
couleurs variées des fruits et légumes	cris - bavardages	....	....

Un marché de Provence.

Un parc d'attractions.

Paysage des Vosges.

4 LES COULEURS

a) Lisez ces deux textes. Relevez toutes les idées et les valeurs qui sont associées à chaque couleur.

Exemple : blanc → propreté (linge, appareils ménagers, etc.).

b) Faites, en petits groupes, la liste des objets et des idées associées dans votre pays à chaque couleur.

Exemple (en France) : le rouge

• le feu rouge → danger
• la rose rouge offerte par l'amoureux → amour
• le téléphone rouge → secret - urgence
• le drapeau rouge : sur une plage → danger
  - porté par des manifestants → révolution

BLANC.
La couleur de la pureté.

Les lessives lavent « plus blanc » ; tout le linge qui touche le corps est blanc, les appareils électroménagers aussi. S'y ajoutent les notions de paix (drapeau blanc), de simplicité (ceinture blanche du judoka), de sagesse (barbe blanche), d'immatérialité (fantômes) et d'aristocratie (couleur des « cols blancs » par opposition au monde ouvrier). Mais, bizarrement, le mariage en blanc ne date que du XIXᵉ, lorsque la montée de l'ordre moral impose aux mariées d'afficher leur virginité. Auparavant, les filles se mariaient en habits de fête, souvent rouges, car la garance était la teinture qui tenait le mieux. ∎

JAUNE.
La couleur de l'énergie.

Couleur des réprouvés, de la trahison (les « jaunes », briseurs de grève) ou du mensonge (« jaune-cocu »), le jaune est également la couleur de l'énergie : les enfants représentent la lumière en jaune et la vitamine C se vend en comprimés jaunes ou orange. Son assimilation aux épis de blé, puis à l'or, en fait un symbole de richesse. Dans le sport, on retrouve cette ambivalence : le maillot jaune du cycliste est la preuve de sa bonne fortune, le carton jaune de l'arbitre est un « sous-carton rouge », avertissement qui sanctionne la déloyauté... ∎

ÇA m'intéresse, n° 143, janvier 1993.

Prononciation

a) Voici des extraits de célèbres poèmes français. Écoutez-les.
• **Relevez les sensations qu'ils évoquent (images, bruits, etc.).**
• **Recherchez les sons qui traduisent ces sensations.**

b) Écoutez et répétez chaque vers.

Paysage biblique.

Un frais parfum sortait des touffes d'asphodèles[1].
Les souffles de la nuit flottaient sur Galgala[2].

Victor Hugo.

Après la mort d'Ophélie (fiancée de Hamlet).

Sur l'onde[3] calme et noire où dorment les étoiles
La blanche Ophélia flotte comme un grand lys.

Arthur Rimbaud.

Atmosphère d'automne.

Les sanglots[4] longs
Des violons
De l'automne
Blessent mon cœur
D'une langueur[5]
Monotone.

Paul Verlaine.

---

1. plantes à fleurs blanches - 2. collines en terre biblique -
3. l'eau (mot poétique) - 4. pleurs - 5. état de tristesse, apathie.

CHANGER DE VIE

RÊVES DE VIE

Yves Simon est à la fois chanteur et romancier. Voici une page du début d'un de ses romans qui raconte la vie de deux jeunes gens à la fin des années 70.

Ils avaient imaginé qu'une vie, c'était fréquenter les palaces avec des verres de Jack Daniel's à la main, connaître les meilleures places dans les Boeing-Jumbo, et par cœur les horaires du Concorde entre Paris et Caracas. Que c'était acheter un piano de concert blanc Steinway et inviter, les soirs d'hiver, les plus grands concertistes, les chanteurs et les comédiens, et que sous les feuilles tournantes de faux cocotiers, on parlerait avec un ton détaché[1] du temps qu'il a fait la semaine dernière à Vancouver, des cerisiers en fleurs de Tokyo ou de la pollution du lac Michigan. Que c'était pouvoir, avec un sourire modeste, donner son numéro de téléphone personnel aux lettres de son prénom ANTOINE, et rouler dans une voiture anglaise noire, à vitres fumées, portant des plaques à ses initiales : 1 AA 75.

C'est cela qu'ils avaient rêvé, bien longtemps avant de se rencontrer, lui depuis le nord-est de la France, elle de Jules-Joffrin (Paris XVIIIe). Un rêve américanisé avec de l'air conditionné.

Puis un jour, ils avaient lu *Siddharta*[2] de Hermann Hesse et ils avaient échangé la 5th Avenue pour une route de poussière entre Bombay et Lahore. Les parfums de Guerlain pour des poulets grillés d'une gare routière. Ils s'étaient vus hagards[3] et fatigués à la sortie des villes, guettant les autobus, tendant la main et demandant l'adresse de l'Armée du Salut. C'étaient des rêves de jasmin[4], de saris[5] en coton jaune. [...]

Aujourd'hui ils marchaient sur les ponts et les rues de Paris, regardant les affiches, les publicités et les néons. Ils n'avaient encore rien choisi...

Yves Simon, *L'Amour dans l'âme*, Grasset et Fasquelle, 1978.

---

1. indifférent.
2. roman allemand qui a marqué la génération des années 70. Il raconte l'histoire d'un fils de religieux indien qui quitte sa famille et part à la recherche de la sagesse.
3. perdus et inquiets.
4. fleur et parfum d'Orient.
5. vêtement des femmes indiennes.

1 LECTURE RAPIDE

Faites une lecture rapide du texte.

a) Identifiez les personnages.

b) Choisissez un titre pour chaque paragraphe.
- Voyage en Inde.
- Un rêve à l'américaine.
- Deux jeunes gens.
- Hésitation.

Le festival de Woodstock, manifestation d'un nouvel idéal à la fin des années 60.

2 LES DEUX RÊVES DE VIE

a) Quels sont les deux grands rêves des personnages.

b) Vous êtes metteur en scène de cinéma et vous devez montrer les deux grands rêves des personnages. Faites la liste des différentes scènes que vous filmeriez.

	Lieu	Personnages	Actions
1	le salon d'un palace	des gens jeunes, beaux, bien habillés	ils prennent un verre en bavardant
2	....	....	....

c) Donnez votre opinion sur ces désirs, ces envies. Aimeriez-vous vivre ces scènes ?

Œuvre de Joseph Désiré Court (1796-1865).

Madame Bovary, héroïne d'un roman de Flaubert, rêve d'une existence romanesque.

Le film Wall Street (1987). L'illusion de l'argent facile.

Dans le film Le Magnifique, Jean-Paul Belmondo interprète un écrivain pauvre qui, de temps en temps, se prend pour le héros de ses romans.

3 CHANGER DE VIE

a) Trouvez d'autres rêves de vie possibles.
  Exemple : partir vivre sur une île déserte.

b) Connaissez-vous des personnages (de films, de romans, de chansons) qui cherchent à changer de vie ?
  Exemple : Don Quichotte veut vivre comme les héros des romans merveilleux du Moyen Âge.

c) Avez-vous eu envie (avez-vous envie aujourd'hui) de changer de vie ?
Présentez votre rêve passé ou présent dans un texte d'une dizaine de lignes. Utilisez l'imparfait ou le conditionnel.
  « À 10 ans, je voulais être ... je rêvais que plus tard je serais ... »
  « Aujourd'hui, si c'était possible, je serais ... je ferais ... j'irais ... »

Entrée en poésie

Tout au long de cette leçon, vous réaliserez individuellement ou en petit groupe

UN RECUEIL DE POÉSIES

Ces poésies seront écrites avec des mots simples et seront organisées à partir d'un thème général.

Dans les pages « Grammaire », vous verrez comment la répétition d'une construction grammaticale peut créer un effet poétique.

Dans les pages « Vocabulaire », vous découvrirez comment les mots de tous les jours peuvent devenir poétiques.

Dans les pages « Civilisation », vous découvrirez quelques humoristes du langage.

HAÏKAÏ DU JARDIN.
Les haïkaï sont des poèmes traditionnels japonais de trois vers courts.
Louis Calaferte, Haïkaï du jardin,
Gallimard, 1991.

■ ÉTAPE 1

• Choisissez de travailler seul ou dans un petit groupe.

• Choisissez un sujet de poésie (la ville, la nature, la maison, etc.). Il faut que ce thème permette à chacun d'avoir des images et des idées différentes.

1 QUELQUES MOTS FONT UNE POÉSIE

a) Montrez que les quatre poèmes de Louis Calaferte illustrent les vers de Raymond Queneau (ci-dessous).

b) Composez quelques très courts poèmes dans ce style sur le thème que vous avez choisi.

Bien placés bien choisis
quelques mots font une poésie
les mots il suffit qu'on les aime
pour écrire un poème

Raymond Queneau, *L'Instant fatal*,
Gallimard, 1948.

Tout le jardin
de fleurs
tournées vers le soleil.

Une table
deux chaises
blanches
au fond du jardin.

Ce calme
de fleurs
invite au silence.

Ici et là
dans le silence
une voix de femme qui dit oui.

2 LE SECRET DES MOTS

a) Lisez ci-contre les mots que l'on peut former avec les lettres du mot « mariage ». Avec ces mots, trouvez des définitions ou formez des phrases qui parlent du mariage.

Exemple : Le mariage est la gare de l'amour.

b) Faites cet exercice avec un mot appartenant à votre thème.
(Il faut un mot assez long qui comporte au moins trois voyelles et trois consonnes.)

Exemples de mots : artiste - village - parole - maison.

3 LA CUISINE POÉTIQUE

a) Lisez cet autre poème de Raymond Queneau. Recherchez tous les verbes ou expressions qui pourraient être utilisés dans une recette de cuisine. Complétez cette liste (mélanger, faire frire, etc.).

b) Utilisez les mots et expressions de votre liste pour donner à votre voisin(e) une recette de cuisine que vous connaissez (une omelette, des pâtes, un steak, etc.).

c) Imitez le poème de Queneau. Donnez des instructions à quelqu'un qui veut :

– écrire un roman
– devenir célèbre
– peindre un tableau
– séduire quelqu'un
– etc. (vous pouvez choisir un sujet en relation avec votre thème)

Exemple : Pour écrire un roman, « Prenez un bon fait divers. Ajoutez-y une belle histoire d'amour. Etc. »

POUR UN ART POÉTIQUE

Prenez un mot prenez-en deux
faites-les cuir' comme des œufs
prenez un petit bout de sens
puis un grand morceau d'innocence
faites chauffer à petit feu
au petit feu de la technique
versez la sauce énigmatique
saupoudrez de quelques étoiles
poivrez et puis mettez les voiles[1].

où voulez-vous donc en venir ?
À écrire.
     Vraiment ? à écrire ? ?

Raymond Queneau, *Le Chien à la mandoline,*
Gallimard, 1958.

_____
1. Vocabulaire de la navigation. On met les voiles du bateau pour partir en mer.

ÉTAPE 2

• Choisissez vos meilleures réalisations ou les meilleures réalisations du groupe.

• Organisez-les et mettez-les au propre pour réaliser les deux ou trois premières pages de votre recueil de poésie.

4 LAISSEZ ALLER VOTRE IMAGINATION

Imaginez des titres différents pour ce tableau.

Exemples : Découverte archéologique.
« Qu'est-ce que c'est que ça ? »
Etc.

Les Bergers d'Arcadie, *Nicolas Poussin,*
musée du Louvre.

Caractériser, mettre en valeur par une proposition relative

■ Les propositions relatives

- Elles permettent de caractériser un nom, de le mettre en valeur ou de combiner deux phrases pour éviter une répétition.
- Le pronom relatif **(qui, que, où, dont)** remplace le nom qu'il suit.
- Le choix du pronom relatif dépend de sa fonction dans la proposition relative.

> *Marie* est allée au cinéma *La Pagode* avec des amis.
> Elle a vu **un film** très intéressant de *Jean-Luc Godard*.
> Elle aime beaucoup les films de *Godard*.
> Après la séance, Marie et ses amis sont allés au café et ils ont parlé du **film**.

QUI est sujet du verbe de la proposition relative.
- Marie a vu un film **qui** était intéressant.
- Marie, **qui** est allée au cinéma avec ses amis, a vu un film intéressant.
- C'est Marie **qui** est allée à La Pagode.

QUE est complément d'objet direct du verbe de la proposition relative.
- Godard est un cinéaste **que** Marie aime beaucoup.
- Le film **que** Marie a vu était intéressant.
- C'est un film de Godard **que** Marie a vu.

OÙ est complément de lieu ou de temps de la proposition relative.
- La Pagode est le cinéma **où** Marie et ses amis sont allés.
- La Pagode, **où** on passe un film de Godard, est un très joli cinéma de Paris.
- Le jour **où** Marie est allée au cinéma, je travaillais.
Attention ! Pour mettre en valeur un complément de lieu ou de temps, on utilise la plupart du temps « **C'est ... que** ... » :
- **C'est** à La Pagode **que** Marie est allée.
- **C'est** mercredi **que** Marie est allée à La Pagode.

DONT est complément d'un nom ou complément d'un verbe construit avec la préposition « de ».
- Le film **dont** Marie et ses amis ont parlé était intéressant.
- Godard, **dont** le dernier film passe à La Pagode, fait toujours des films très originaux.
- Godard, c'est le cinéaste **dont** ils ont parlé.

---

1 **LE PRONOM RELATIF « DONT »**

Combinez les deux phrases en utilisant « dont ».

- Zola est un grand écrivain. J'ai lu tous les romans de cet écrivain.
→ Zola est un grand écrivain dont j'ai lu tous les romans.

- J'ai lu un roman de Victor Hugo. L'histoire de ce roman se passe au Moyen Âge.
- Jacques Prévert est un poète contemporain. L'œuvre de ce poète est faite avec des mots simples.

- On a rejoué récemment la pièce d'Edmond Rostand *Chantecler*. Tous les personnages de cette pièce sont des animaux.
- Je vous offre un bon dictionnaire de français. Vous aurez besoin de ce dictionnaire pour vos études.
- Dans *La Chartreuse de Parme* de Stendhal, il y a un personnage attachant. Quand j'étais adolescent(e), je rêvais de ce personnage. J'étais même amoureux (euse) de ce personnage.

2 QUI, QUE, OÙ, DONT

Complétez avec le pronom relatif qui convient.

Dictionnaires.

• Le *Petit Larousse* est un dictionnaire … j'aime bien et … je me sers beaucoup.
C'est un ouvrage de référence … est mis à jour chaque année et … on trouve les nouveaux mots … sont utili-sés par les Français. C'est aussi un dictionnaire … il y a des illustrations.

• Moi, je suis étudiant en français à l'université. Le Petit Robert est le dictionnaire … je préfère. C'est celui … j'ai besoin. C'est un dictionnaire … me donne tous les emplois des mots et … je trouve beaucoup d'exemples.

3 CARACTÉRISER PAR UNE RELATIVE

a) Lisez le poème « Tant de temps ».
Trouvez une situation d'emploi pour chaque vers.

Exemple : Le temps qui passe → Le temps passe vite quand on s'amuse.

b) Lisez le poème « Le message ».
• **Mimez chaque vers.**
• **Imaginez l'histoire racontée dans ce poème.**
• **Imaginez un autre titre pour ce poème.**

■ ÉTAPE 3

Imaginez un poème dont les phrases sont construites sur le même schéma grammatical.

Vous pouvez :

• imiter le poème « Tant de temps ». Chaque vers caractérise une même chose ou une même personne ;

• imiter le poème « Le message ». La succession des vers permet de raconter une histoire ;

• construire votre poème sur un autre schéma grammatical : pronom relatif « dont » - construction « il y a … que » *(p. 44)* - construc-tion « c'est … qui / que » - etc.

TANT DE TEMPS

Le temps qui passe
Le temps qui ne passe pas
Le temps qu'on tue
Le temps de compter jusqu'à dix
Le temps qu'on n'a pas
Le temps qu'il fait
Le temps de s'ennuyer
Le temps de rêver
Le temps de l'agonie
Le temps qu'on perd
Le temps d'aimer
Le temps des cerises
Le mauvais temps
Et le bon et le beau
Et le froid et le temps chaud.

Philippe Soupault, *Georgia, Épitaphes, chansons*, Gallimard, 1994.

LE MESSAGE

La porte que quelqu'un a ouverte
La porte que quelqu'un a refermée
La chaise où quelqu'un s'est assis
Le chat que quelqu'un a caressé
Le fruit que quelqu'un a mordu
La lettre que quelqu'un a lue
La chaise que quelqu'un a renversée
La porte que quelqu'un a ouverte
La route où quelqu'un court encore
Le bois que quelqu'un traverse
La rivière où quelqu'un se jette
L'hôpital où quelqu'un est mort.

Jacques Prévert, *Paroles*, Gallimard, 1949.

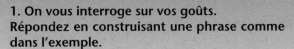

Entraînez-vous

1. On vous interroge sur vos goûts.
Répondez en construisant une phrase comme dans l'exemple.

• Vous aimez le chanteur Michael Jackson ?
– Oui, c'est un chanteur que j'aime beaucoup.
– Non, c'est un chanteur que je n'aime pas beaucoup.
• Vous faites souvent du ski ?
– Oui, c'est un sport …

2. Ce qui / ce que / ce dont.
Elle adore la littérature.
Répondez pour elle en construisant des phrases comme dans l'exemple.

• La littérature vous plaît ?
– Oui, c'est ce qui me plaît.
• Vous aimez les romans ?
– Oui, …

Poésie des objets quotidiens

PROFITEZ DE
NOTRE CRÉDIT
GRATUIT

CE CATALOGUE
VOUS DONNE
NOS PREMIERS
PRIX

L'UNIVERS
DE LA MAISON
DES PRIX BAS TOUTE L'ANNÉE

Une armoire . . . . . . 163 €	6 cuillères . . . . 12 €	Un piano . . . . 2 134 €
Un aspirateur . . . . . . 56 €	Un drap . . . . 12 €	Un plat . . . . 4 €
6 assiettes ... . 9 €	Un fauteuil . . . . 75 €	Un plateau . . . . 15 €
Un balai . . . . 9 €	Un fer à repasser . . . . 37 €	Un placard . . . . 137 €
Une bibliothèque . . . . 153 €	Un four à micro-ondes 107 €	Une poêle . . . . 7 €
Un buffet . . . . 92 €	6 fourchettes . . . . 12 €	Un rideau . . . . 18 €
Un canapé . . . . 144 €	4 gants de toilette . . . . . 6 €	Un réfrigérateur . . . . . 244 €
3 casseroles . . . . 19 €	Une lampe de chevet . . . 15 €	6 serviettes de table . . . . 8 €
Une chaîne hi-fi . . . . . 150 €	Une lampe de bureau . . 21 €	6 serviettes de bain . . . 23 €
Une chaise . . . . 15 €	Une lampe de salon . . . 18 €	Un sèche-linge . . . . . . 151 €
Une cocotte-minute . . . 58 €	Un lave-linge . . . . 198 €	Un sommier . . . . 137 €
Une commode . . . . . . 213 €	Un lit . . . . 122 €	Une table de cuisine . . 84 €
6 couteaux . . . . 14 €	Un matelas . . . . 61 €	Une table
Une couverture . . . . . . 12 €	Une marmite . . . . 23 €	de salle à manger . . . . 288 €
Un coussin . . . . 7 €	Un miroir . . . . 18 €	Une table basse
Une cuisinière à gaz . . 151 €	Une nappe . . . . 13 €	de salon . . . . 46 €
Une cuisinière	Un magnétoscope . . . . 257 €	Un tapis . . . . 46 €
électrique . . . . 198 €	Un oreiller . . . . 12 €	Un téléviseur . . . . 198 €

1 **MEUBLES, OBJETS ET ACTIVITÉS**

**Vérifiez votre compréhension des mots du document ci-dessus.
Indiquez la fonction de chaque objet en utilisant les verbes suivants :**

- cuisiner - préparer un repas
- ranger - conserver
- laver - sécher - repasser
- se distraire - s'informer

- se laver - se préparer
- manger
- nettoyer - balayer - enlever la poussière

- dormir - se reposer
- décorer - éclairer

2 **JEUX DE RÔLES**

Mettez-vous par couple et imaginez que vous êtes dans la situation suivante.

Vous êtes jeunes mariés. Vous venez de louer un appartement vide. Vous devez acheter tous les meubles et les ustensiles nécessaires. Mais vous n'avez que 2 300 € et vous ne voulez pas acheter à crédit. Quels choix faites-vous ? Mettez-vous d'accord sur vos priorités.

NB : Décrivez d'abord l'appartement que vous avez loué (nombre, type et surface des pièces).

Pas question d'acheter un piano ! Tu me casserais les oreilles du matin au soir.

Pas besoin d'acheter beaucoup d'ustensiles de cuisine. Ne compte pas sur moi pour passer la journée à cuisiner ! On achètera des surgelés.

Robert Delaunay, L'Équipe de Cardiff, *1922, musée d'Art moderne de la ville de Paris. Delaunay fait l'inventaire des images de la modernité au début du xxᵉ siècle.*

• Inventaire de la ville

Il y a des nounous[1] dans les squares, des bouquinistes le long des quais ; il y a la queue devant la boulangerie, il y a un monsieur qui promène son chien, un autre qui lit son journal assis sur un banc, un autre qui regarde des ouvriers qui démolissent un pâté de maisons. Il y a un agent qui règle la circulation. Il y a des oiseaux dans les arbres [...].

Georges Perec, *Espèces d'espaces*, Éditions Galilée, 1974.

L'ARBRE

Perdu au milieu de la ville.
L'arbre tout seul, à quoi sert-il ?
Les parkings, c'est pour stationner,
Les camions pour embouteiller,
Les motos pour pétarader[2],
Les vélos pour se faufiler[3]
[...]

Jacques Charpentreau, *La Ville enchantée*, Éditions Ouvrières, 1976.

1. personne qui s'occupe des enfants (aujourd'hui « baby-sitter »).
2. faire un bruit qui ressemble à une succession d'explosions de pétards.
3. avancer en évitant les voitures ou les passants.

ÉTAPE 4

De nombreux écrivains contemporains ont utilisé les objets ou des listes d'objets comme source d'inspiration poétique.

• Lisez les extraits poétiques ci-contre. Observez comment ils sont construits.

• Imitez-les en utilisant leur construction ou une construction de votre choix. Inspirez-vous des objets, des personnes appartenant au thème que vous avez choisi.

• Inventaire des activités et des lieux de la maison

07.00	La mère se lève et va préparer le petit déjeuner dans la	CUISINE.
07.15	L'enfant se lève et va dans la	SALLE DE BAINS.
07.30	Le père se lève et va dans la	SALLE DE BAINS.
07.45	Le père et l'enfant prennent leur petit déjeuner dans la	CUISINE.
08.00	L'enfant prend son manteau dans et s'en va à l'école.	L'ENTRÉE

Georges Perec, *Espèces d'espaces*.

Prononciation

**Écoutez et répétez ces listes de 6 mots.
Dans chaque liste, les 6 mots ont la même rime.
Repérez et écrivez les mots de chaque liste qui pourraient aller ensemble dans une poésie.**

Exemple : montagne - La Plagne / campagne - Bretagne.

– montagne, ...
– facture, ...
– sourire, ...
– toujours, ...
– table, ...
– perdu, ...

L'HUMOUR DES FRANÇAIS

CE QUI LES FAIT RIRE

Comme probablement tous les habitants de la planète, les Français adorent se moquer :

– des hommes politiques. Même le très sérieux journal *Le Monde* présente une caricature en première page,

– des groupes sociaux et professionnels. On fait des plaisanteries sur le snobisme de la grande bourgeoisie, sur la lenteur des fonctionnaires, etc.,

– des stéréotypes (opinions simples et caricaturales) régionaux et nationaux.

On raconte des blagues sur les Bretons (têtus), les Corses (paresseux), les Provençaux (bavards et menteurs), les Américains (grands enfants), les Espagnols (toujours en train de faire la fête), les Belges (naïfs), etc.

Mais l'humour français porte aussi beaucoup sur le langage. On aime faire des jeux de mots. On tourne en ridicule la manière de parler des journalistes, des intellectuels, etc. On rit du côté absurde de certaines habitudes de conversation.

Enfin, on apprécie les bons mots, les traits d'esprit et la fantaisie.

1 LE VOCABULAIRE DU RIRE

Lisez le texte ci-contre.

• Relevez et classez dans le tableau le vocabulaire appartenant au thème du rire.

• Complétez ce tableau avec d'autres mots que vous connaissez (par exemple « comique ») ou avec des mots formés à partir des mots que vous avez relevés (par exemple « se moquer » → une moquerie, moqueur, moqueuse).

Noms	Verbes	Adjectifs
	rire se moquer	

2 LES CARICATURES

a) Comparez ces personnalités et leurs caricatures. Quelles sont d'après vous les caractéristiques physiques ou psychologiques que le dessinateur a voulu montrer ?

b) Quelles sont les caricatures de personnalités de votre pays qui vous amusent ?

Cabu - Albin Michel.

ROCKY 2

On ne change pas une équipe qui gagne !

F. Mitterrand, président de la République (1981-1995) et M. Rocard, Premier ministre (1988-1991).

3 LES JEUX DE MOTS

Lisez ci-dessous l'histoire racontée par Raymond Devos.
Pour comprendre les jeux de mots, relevez les mots et expressions qui peuvent être employés avec :

a) La montre
un ressort ...

b) Le sportif
avoir du ressort (avoir de l'énergie) ...

> Je connaissais un sportif qui prétendait avoir plus de ressort que sa montre.
> Pour le prouver, il a fait la course contre sa montre.
> Il a remonté sa montre,
> il s'est mis à marcher en même temps qu'elle.
> Lorsque le ressort de la montre est arrivé à bout de course,
> la montre s'est arrêtée.
> Lui a continué,
> et il a prétendu avoir gagné
> en dernier ressort !
>
> Raymond Devos, *Matière à rire*, Olivier Orban, 1991.

4 LE SENS DE L'ABSURDE

a) Lisez ci-dessous une histoire du poète Norge. De quelle autre histoire fait-elle la parodie ?

> C'est une chaise qui a créé le monde : au commencement, il n'y avait que des chaises. Elles s'ennuyaient. Faisons-nous un homme, dit une chaise, un homme qui posera son séant sur notre siège, qui s'appuiera contre notre dossier, qui nous changera de place, qui nous polira, nous cirera, nous caressera. Cette chaise-là pensa[1] l'homme si fortement que l'homme fut[2]. Et l'homme, enfant de la chaise, vit de plus en plus assis.
>
> Norge, *Les Cerveaux brûlés*, Éditions Flammarion, 1969.

1. pensa : verbe penser au passé simple.
2. fut : verbe *être* au passé simple (voir p. 156).

b) Les humoristes français se moquent aussi des absurdités du langage.
Dans les conversations suivantes montrez que les questions sont absurdes en imaginant une réponse absurde comme dans celle qui est en italique :

• À midi, un couple entre dans un restaurant :

Le garçon : C'est pour déjeuner ?
L'homme : *Non, c'est pour jouer aux cartes ...*
Le garçon : Vous êtes deux ?
La femme : ...
Le couple commande les plats.
L'homme : Il est bon votre bœuf bourguignon ?
Le garçon : ...

• 20 h 30. Les invités arrivent.

La maîtresse de maison : Ah ! C'est vous ?
Les invités : ...
La maîtresse de maison : Oh ! les belles fleurs ! C'est pour nous ?
L'invité : ...
Le maître de maison : Vous avez trouvé à vous garer ?
L'invité : ...

ÉTAPE 5 DU PROJET

• Complétez votre recueil de poésie avec des textes humoristiques. Vous pouvez :
– imiter le texte de Norge en parlant d'un autre objet (une voiture, un aspirateur, etc.),
– créer un dialogue absurde,
– à la manière de Raymond Devos, composer un texte avec les différents emplois d'un mot (utilisez un dictionnaire français).

• Organisez votre recueil (vous pouvez aussi l'illustrer).

• Vous pouvez aussi organiser une présentation orale de vos poèmes sous la forme d'un petit spectacle.

Le mariage d'un futur roi de France

Mariage d'Henri IV avec Marguerite de Valois. Détail d'une gravure du XIXe siècle.

Nous sommes le 18 août 1572, devant l'entrée de la cathédrale Notre-Dame de Paris. Le clergé est en train de célébrer un mariage inattendu. Henri de Navarre, un protestant, épouse la sœur du roi de France Charles IX : Margot (Marguerite) une catholique.

Catholiques et protestants invités au mariage se côtoient avec méfiance. Depuis 10 ans, ils sont en guerre les uns contre les autres ; une guerre féroce que les pays d'Europe encouragent, chacun selon sa religion officielle.

C'est donc dans un but politique que le mariage de Margot et d'Henri a été prévu. En réunissant deux familles rivales, il s'agit de montrer la voie de l'union et de la paix.

Mais tout sépare les deux futurs époux. Henri, qui a 19 ans, a passé son enfance à courir dans les montagnes avec les enfants du peuple. Puis il a été soldat. Il se lave rarement, sent affreusement l'ail et parle un mauvais français. Margot qui a aussi 19 ans a été élevée à la Cour. Elle est intelligente et cultivée, porte de riches vêtements, se couvre de parfums et prend soin de son corps magnifique. Une seule chose pourrait rapprocher les deux jeunes gens. L'un et l'autre ont déjà eu de nombreuses aventures amoureuses. Mais Henri est trop vulgaire aux yeux de Margot. Il lui déplaît profondément.

Au moment de dire « oui » au prêtre qui célèbre le mariage, Margot hésite… Alors le roi Charles IX, qui se trouve derrière elle, lui donne un violent coup derrière la tête. La tête de Margot penche brusquement vers l'avant. Le prêtre y voit un signe d'acceptation et il déclare les deux jeunes gens mariés.

Les suites de ce mariage seront catastrophiques. Les catholiques vont profiter de la présence des protestants venus à la fête pour tous les massacrer. C'est la sinistre « Nuit de la Saint-Barthélemy ». Henri IV échappe au massacre en se convertissant au catholicisme. Puis, il quitte Paris, redevient protestant et projette de conquérir la couronne de France. Il y réussira 20 ans plus tard… en redevenant catholique ! Son règne sera cité en exemple : paix religieuse, paix avec les pays étrangers, développement de l'agriculture, du commerce et de l'industrie.

1 COMPRÉHENSION DU TEXTE

Tout en lisant ce texte :
– faites la chronologie des épisodes de l'Histoire de France qu'il raconte ;
– notez tout ce qui sépare Margot et Henri.

2 LES ANECDOTES DE L'HISTOIRE

Quel passage appartient à la « petite histoire anecdotique » ?
Racontez un moment anecdotique de l'Histoire de votre pays.

1 Adverbes en -(e)ment.

Reformulez les phrases suivantes en remplaçant les groupes soulignés par un adverbe en « (e)ment ».
Modifiez les phrases quand c'est nécessaire.

Exemple : Il est régulier dans ses entraînements → Il s'entraîne régulièrement.

José est un bon joueur de volley-ball. Il est régulier dans ses entraînements. Son intégration à l'équipe a été parfaite. Il court avec rapidité. Il envoie le ballon avec adresse dans le panier. Ses passes sont toujours intelligentes. Il joue sans brutalité.

2 Le gérondif.

Reformulez la réponse en utilisant la forme « en + participe présent ».

Exemple : « Comment je dois faire pour avoir une augmentation de salaire ?
– Faites une demande au directeur ! »
(→ En faisant une demande au directeur).

• « Elle a l'air triste. Comment la faire sourire ?
– Racontez-lui une histoire drôle ! »
• « Comment est-il tombé dans l'escalier ?
– Il a glissé sur une marche humide. »
• « Comment est-elle devenue riche ?
– Elle a gagné au Millionnaire. »
• « Comment avez-vous réussi à ouvrir la porte ?
– J'ai appelé un serrurier. »
• « Comment as-tu appris la démission du président ?
– Je l'ai lue dans le journal. »

3 La proposition participe.

Combinez les deux phrases en utilisant une proposition participe.

• Le professeur est malade. Les cours n'auront pas lieu.
• Le professeur est revenu. Les cours vont reprendre.
• Le prix des logements a baissé. C'est le moment d'acheter.
• Ces élèves ont leur baccalauréat. Ils peuvent s'inscrire à l'université.
• Le film ne commence qu'à 21 heures. Nous avons le temps d'aller au café.

4 Les pronoms indéfinis.

Rédigez les résultats de ce sondage sur les habitudes de lecture des Français.
Utilisez les pronoms indéfinis.

Les Français et la lecture			
Nombre de livres lus par an		Genre de livres	
0	27 %	Romans	48 %
de 1 à 5	32 %	Récits historiques	45 %
de 5 à 20	28 %	Romans policiers	31 %
de 20 à 50	7 %	Ouvrages sur la santé	26 %
plus de 50	6 %	Essais politiques	19 %
		Bandes dessinées	18 %
		Ouvrages de sciences et techniques	18 %

5 L'expression de l'indifférence.

Marie et Bruno vont se marier. Bruno veut un mariage traditionnel. Pour Marie, le mariage n'est qu'une formalité.
Complétez les réponses de Marie.

Bruno : Où veux-tu qu'on fasse le repas ? Dans un grand restaurant ? Dans une petite auberge ?
Marie : .....
Bruno : Qui est-ce qu'on invite ?
Marie : .....
Bruno : Et ta robe, tu y penses ? Qu'est-ce que tu vas mettre ?
Marie : .....
Bruno : On prendra quelle voiture ? Celle de Marc ? Celle de Jean ?
Marie : .....
Bruno : On fixe la date à quand ?
Marie : .....

6 L'expression de la quantité.

Complétez les réponses en utilisant le pronom qui convient.

• « Tu as lu des romans contemporains ?
– J(e) ... ai lu quelques-uns. Surtout ceux de Modiano. Je ... ai tous lus. »
• « Et ces livres, tu ... achètes où ? Tu ... empruntes à la bibliothèque ?
– Ça dépend. J(e) ... trouve certains à la bibliothèque bien sûr. Mais quand j(e) ... veux un qui vient de paraître, il faut que je ... achète. »

7 *Les pronoms relatifs.*

Réécrivez le texte suivant en intégrant aux phrases les informations entre parenthèses. Utilisez les pronoms qui, que, dont.

Le début du roman *Madame Bovary* de Flaubert.
• Charles Bovary est un médecin de campagne. (Il a été marié. Sa femme est morte.)
• Un jour, il va soigner un riche fermier de Normandie. (La fille de ce fermier s'appelle Emma.)
• Emma est une jeune fille charmante. (Elle a été élevée dans un couvent. Elle a lu beaucoup de romans.)
• Emma pense que Charles Bovary va lui faire vivre une existence romantique. (Elle a découvert cette existence romantique dans les romans.)

---

 8 *L'amour.*

Utilisez d'autres mots pour exprimer ce qui est souligné.

• Le jour où j'ai rencontré Henri, j'ai eu le <u>coup de foudre</u> (→ je suis tombée amoureuse).
• Nous avons vécu ensemble une grande <u>aventure amoureuse</u> (→ .....).
• <u>Nous ne nous sommes jamais disputés</u> (→ .....).
• Puis <u>je l'ai épousé</u> (→ .....).
• Mais un jour <u>il a eu une aventure</u> avec une autre femme (→ .....).
• Alors, <u>nous avons rompu</u> (→ .....).

---

 9 *Les perceptions.*

Complétez avec un verbe synonyme de *regarder* ou *voir*.

Un Espagnol retourne à Paris.

Me voici à Paris. Ça fait 30 ans que je n'y suis pas venu. Hier, je suis monté au sommet de la tour Eiffel pour ... Paris. Il faisait beau. On ... l'arche de la Défense malgré la distance. J' ... qu'il y avait plusieurs nouveaux bâtiments comme la tour Montparnasse.
Dans la gare Saint-Lazare, j' ... un ami espagnol. Je l'ai appelé et nous sommes allés prendre un verre au bar. J'avais posé mon sac à côté de ma chaise et mon ami m'a dit : « ... bien ton sac ! Il y a des voleurs ici ! »

10 *Objets de la maison.*

De quel objet s'agit-il ?

(1) Sur le lit, pour avoir chaud : ...
(2) Pour manger la soupe : ...
(3) Sous le matelas : ...
(4) Pour enregistrer un film vidéo : ...
(5) Pour faire frire les œufs : ...
(6) Pour conserver les aliments : ...
(7) Pour faire cuire rapidement : ...
(8) Pour ranger les assiettes : ...
(9) Pour réchauffer un plat : ...
(10) À la tête du lit, sous votre tête : ...

---

11 *Sentiments, impressions, comportements.*

Rédigez une lettre sur le sujet suivant.
En participant à un jeu, vous avez gagné une croisière en bateau. Vous avez fait cette croisière et, pendant quinze jours, vous avez vécu avec des personnes que vous ne connaissiez pas.
Vous écrivez à un(e) ami(e) pour lui faire part de vos impressions et de vos sentiments sur :

– les gens et leurs comportements,
– les activités,
– les lieux,
– etc.

---

12 *Test culturel.*

a) Quel jour, quel(s) mois de l'année peut-on lire les phrases suivantes (dans les journaux, les rues, etc.).

• C'est la rentrée !
• Le brin de muguet : 3 €.
• Portrait du prix Goncourt.
• Début du festival d'Avignon.
• Grand choix de cartes de vœux.

b) Trouvez le nom exact.

• Impôt payé par le propriétaire d'un appartement : ...
• Impôt payé par le locataire d'un appartement : ...
• Impôt payé par toute personne qui touche un salaire (sauf bas salaire) : ...
• Dans un magasin, baisse du prix de certains produits, pendant une certaine période : ...
• Contre le vol, les accidents, les incendies, etc., on doit prendre : ...

UNITÉ 5

COMPRENDRE ET S'EXPRIMER

• Faire des hypothèses au passé.
Exprimer le regret.

• Exprimer des relations
temporelles (antériorité
et situation dans le temps).

• Exprimer le but, la cause,
la conséquence. Organiser
une explication logique.

• Exprimer la crainte. Encourager.

• Dire son droit. Le faire respecter.
Interdire et autoriser.
Formuler une demande
d'autorisation ou de dérogation.

DÉCOUVRIR

• La protection
de l'environnement.
Les sites protégés.
Quelques problèmes d'écologie.

• Les peurs des Français.

• Les systèmes de protection
sociale (Sécurité sociale, etc.).

• La Camargue. Les Pyrénées.
Les gorges de l'Ardèche.

• Strasbourg
(passé et modernité).

Une propriété convoitée

À 25 km d'Avignon, au sud de la commune de Signac, près du site du Pont du Gard, Charles Lapierre possède la grande propriété agricole de Montcalm. Il y cultive des arbres fruitiers, de la vigne et des légumes. Charles Lapierre est un veuf de 65 ans qui n'a qu'une fille unique, Juliette, ingénieur des travaux publics...

Ennuis d'argent

Décembre 1990. Dans une banque d'Avignon.

Le banquier : Donc, si je comprends bien, vous ne pouvez pas rembourser votre emprunt ?

C. Lapierre : Si la récolte avait été meilleure, j'aurais pu le faire, mais ces orages de septembre ont été catastrophiques.

Le banquier : C'est votre compte en banque qui est catastrophique, monsieur Lapierre. Je suis vraiment très embarrassé... J'aurais préféré que vous m'apportiez un chèque.

C. Lapierre : Je sais... mais vu les circonstances, vous pourriez peut-être prolonger mon crédit ?

Le banquier : Écoutez, monsieur Lapierre ! L'an dernier déjà, nous aurions pu exiger ce remboursement. Nous avons été conciliants. Nous ne pourrons pas l'être éternellement...

Spéculations

Décembre 1991. Dans un appartement d'Avignon. Bastien Fournier, promoteur immobilier, et sa femme Lucie, nièce de Charles Lapierre.

Bastien : Ça y est ! Ton oncle Charles accepte de me vendre quinze hectares au bord de la rivière. Dans vingt jours, nous aurons signé chez le notaire.

Lucie : Et qu'est-ce que tu vas en faire de ces quinze hectares à 2 F le m^2 ?[1]

Bastien : Le coup du siècle ! Écoute... Dans deux ans ces terrains seront passés en zone constructible.

Lucie : Tu en es sûr ?

Bastien : Pas à cent pour cent. Mais disons que j'ai mes informations... Quand ils seront devenus constructibles, les prix augmenteront et j'en revendrai la moitié. Quand j'aurai vendu, j'aurai assez d'argent pour faire construire un hôtel sur l'autre moitié...

1. = 0,30 €.

Craintes

B

Mai 1992. Juliette Lapierre se promène avec son ami Selim, lui aussi ingénieur des travaux publics et conseiller municipal de la commune.

Selim : Qu'est-ce que tu as ? Tu parais inquiète.

Juliette : J'ai quelque chose à te dire mais je n'ose pas. J'ai peur que tu m'en veuilles.

Selim : Maintenant, c'est moi qui suis inquiet. Alors rassure-moi vite !

Juliette : Ben voilà… Je crains que mon père ne finisse par vendre tout Montcalm. Alors j'ai décidé de m'occuper moi-même de la propriété.

Selim : Tu vas abandonner ton métier ! Tu vas te retrouver du jour au lendemain avec des dettes ! Tu te rends compte des risques que tu prends ?

Juliette : Selim, j'ai besoin que tu m'encourages… Montcalm, j'y tiens ! C'est toute ma vie !

Selim : Merci pour moi…

Taquineries

C

Mais dans les réunions de famille, on ne parle ni de ses ennuis, ni de ses craintes, ni de ses convoitises. On plaisante dans la bonne humeur.

Oh ! vous savez, cette année la récolte a été catastrophique. Je ne ferai pas un sou.

Ces agriculteurs, ils se plaignent tout le temps et ils roulent en Mercedes.

Et d'autres subventions de Bruxelles pour arracher ce qu'ils ont planté.

Allez ! Allez ! Oncle Charles, on vous connaît. Vous dites chaque année la même chose.

Ils ont des subventions de Bruxelles pour planter.

Une petite grêle et les assurances paient.

Quand ce n'est pas nous qui payons. Souvenez-vous de l'impôt sécheresse.

Bon, si on parlait un peu des fonctionnaires ou des promoteurs.

Passé dans le futur - Hypothèses sur le passé

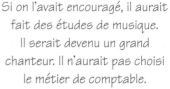

Si on l'avait encouragé, il aurait fait des études de musique. Il serait devenu un grand chanteur. Il n'aurait pas choisi le métier de comptable.

■ Le conditionnel passé

Faire	Aller
J'aurais fait	Je serais allé(e)
Tu aurais fait	Tu serais allé(e)
Il / elle aurait fait	Il / elle serait allé(e)
Nous aurions fait	Nous serions allé(e)s
Vous auriez fait	Vous seriez allé(e)s
Ils / elles auraient fait	Ils / elles seraient allé(e)s

Ce qu'on peut faire avec le conditionnel passé

• **Faire une hypothèse au passé**
(L'hypothèse est exprimée par **si + plus-que-parfait**.)
→ Si j'avais eu des vacances plus longues, je ne serais pas resté en France. J'aurais fait un voyage à l'étranger.

• **Exprimer un regret, une préférence sur un événement passé**
→ J'aurais souhaité que vous veniez me voir.

• **Donner un conseil**
→ À votre place, je n'aurais pas refusé ce poste.

---

1 EMPLOIS DU CONDITIONNEL PASSÉ

Imaginez la suite des phrases en conjuguant les verbes entre parenthèses.

Exemple : « Si la récolte avait été bonne, je l'aurais vendue à un bon prix ... »

• **Suppositions** - M. Lapierre : « Si la récolte avait été bonne, je ... » *(vendre la récolte à un bon prix - payer ses dettes - faire réparer la ferme - etc.).*

• **Regrets** - La célibataire de 40 ans : « Si j'avais rencontré l'homme de ma vie, nous ... » *(se marier - aller en voyage de noces à Venise - avoir trois enfants - etc.).*

• **Rêves** - L'homme qui regrette de s'être marié : « Si je ne m'étais pas marié, je ... » *(voyager - partir en bateau - aller dans le Pacifique - rester sur une île - etc.).*

• **Reproches** - L'entraîneur au sportif : « Si tu t'étais entraîné sérieusement, tu ... » *(gagner - participer à de grandes compétitions - devenir célèbre - etc.).*

---

2 CONSEILS

**Vous n'êtes pas d'accord avec ce qu'ils ont fait.
Dites ce que vous auriez fait à leur place.
Donnez-leur des conseils.**

• Pierre a gagné 460 000 € au Loto.
Il a acheté un petit château.

• Le 3 août, sur une plage, Isabelle a rencontré un jeune homme qui lui a plu.
Ils se sont mariés le 25 août.

• Françoise est employée dans une banque.
Hier, elle s'est disputée avec son patron.
Aujourd'hui, elle vient de donner sa démission.

À ta place, à votre place, je serais..., j'aurais...

Vous auriez dû...

Si tu n'avais pas fait ça, tu aurais...

3 EXPRIMER PAR ÉCRIT DES REGRETS, DES REPROCHES, DES CONSEILS

Vous avez fait, en France, un stage de perfectionnement en français (français de l'entreprise, découverte de la culture française, etc.). Vous n'avez pas été satisfait(e).
Écrivez au directeur du stage pour exprimer vos regrets, vos critiques, vos suggestions.

a) Faites la liste de vos reproches.

• Pas assez de rencontres avec des professionnels, pas assez de visites, etc.
• Cours trop théoriques et pas assez pratiques.
• Aucune possibilité de modifier le programme, pas de discussion possible avec les organisateurs.
• Etc.

b) Rédigez votre lettre.

« Monsieur, Madame...
J'ai fait le stage de ... J'espérais ...
Malheureusement ...
J'aurais aimé ... J'aurais souhaité ...
J'aurais préféré ..., etc. »

■ Le futur antérieur

> Tu joueras quand tu auras fait tes devoirs.

Finir	Aller
J'aurai fini	Je serai allé(e)
Tu auras fini	Tu seras allé(e)
Il / elle aura fini	Il / elle sera allé(e)
Nous aurons fini	Nous serons allé(e)s
Vous aurez fini	Vous serez allé(e)s
Ils / elles auront fini	Ils / elles seront allé(e)s

4 SPÉCULATIONS

a) Mettez les verbes entre parenthèses à la forme qui convient.

Bastien Fournier parle à sa femme :
« Dans un mois, nous serons propriétaires de quinze hectares de terrains. Nous les *(acheter)* à notre cousin Lapierre. Nous *(revendre)* la moitié de ces terrains quand la zone *(devenir)* constructible. Quand nous *(toucher)* l'argent de la vente, nous *(faire construire)* un hôtel avec un parc de loisirs. Je suis sûr que ça *(marcher)* bien. Dans dix ans, nous *(gagner)* assez d'argent pour acheter d'autres terrains. Peut-être qu'à ce moment-là le vieux cousin Lapierre *(prendre sa retraite - aller vivre à Avignon avec sa fille)*. Il nous *(vendre)* le reste de sa propriété. »

b) Faites-les parler.
Utilisez le futur antérieur.

• *Il fait le tour du monde.*

> Dans un mois, j'aurai traversé l'Italie, je serai allé voir ... Dans deux mois ...

• *Un père qui a de grandes ambitions pour sa fille.*

• *Il vient d'être nommé à Tahiti.*

> Dans un an, tu auras réussi à ton bac ... Dans cinq ans ...

> Dans un mois, nous aurons quitté ...

Entraînez-vous

1. Une amie fait des suppositions. Répondez en choisissant selon vos goûts.

• Si tu avais gagné un million à la loterie tu aurais acheté une maison ou tu aurais fait un voyage ?
  – J'aurais acheté une maison.
  – J'aurais fait un voyage.

2. Vous n'êtes pas d'accord sur le programme. Répondez-lui comme dans l'exemple.

• On va au cinéma. Puis on fait les courses ?
  – Non, on ira au cinéma quand on aura fait les courses.
• On se repose. Puis on fait une promenade ?
  – Non, ...

De quoi avez-vous peur ?

■ La peur et le courage

● **La peur** (avoir peur de... faire peur à...) - avoir le trac - la crainte (craindre) - l'inquiétude (être inquiet - ça m'inquiète) - l'angoisse (être angoissé - ça m'angoisse) - la panique (paniquer).

● **Le courage** (avoir du courage - être courageux - encourager quelqu'un) - l'audace (être audacieux) - l'assurance (être sûr de soi / ne pas être sûr de soi) - oser... - affronter, faire face à...

● **La sécurité / l'insécurité** - se mettre à l'abri, en sécurité - (se) protéger...

● **La prudence / l'imprudence** (être prudent / imprudent) - faire attention (à...) - prendre des risques - risquer de...
prendre des précautions - s'assurer - avertir quelqu'un - mettre en garde contre - la chance (avoir de la chance) / la malchance.

NB : Construction avec les verbes exprimant la crainte : emploi du subjonctif et, dans la langue soutenue, d'un « *ne* » sans valeur négative.

J'ai peur ⎫
Je crains ⎭ qu'il (ne) soit malade.

1 SENTIMENTS ET RÉACTIONS

Lisez la présentation des quatre situations a, b, c, d. Utilisez le vocabulaire ci-dessus pour compléter le tableau.

a - Demain matin, Émilie va passer l'oral d'un examen important.
b - Il fait beau. Mais la météo annonce du mauvais temps. Marie et Jean ont quand même décidé de faire une marche en haute montagne.
c - François a 10 ans. Il est peureux. Vous traversez avec lui le parc désert d'une grande ville.
d - Parce qu'elle ne s'entend pas avec son chef, Fabienne a décidé de démissionner.

Situation	Sentiments et émotions éprouvés par le personnage	Ce que dit le personnage	Ce que vous lui dites pour l'encourager, le rassurer, etc.
a -	Émilie est inquiète. Elle a le trac. Elle a peur de...	J'ai l'impression que j'ai tout oublié ...	......

● **Imaginez avec votre voisin(e) un bref dialogue pour l'une de ces situations. Jouez-le.**

2 LA PEUR

🎧 **Écoutez ces 3 scènes. Dans chacune, un personnage a peur et l'autre le rassure.
Complétez ce tableau.**

Lieu où se passe la scène	Causes de la peur	Explications rassurantes

3 ÉTRANGE, INQUIÉTANT, INSOLITE

Connaissez-vous des lieux étranges, mystérieux, inquiétants, insolites ? Présentez-les.

Les ruines du Caylar, dans le Larzac.

Une « soirée mousse » dans une boîte de nuit.

4 SUPERSTITIONS

Découvrez les superstitions des Français.
Faites une liste d'actions (ou d'objets) qui, d'après vous, portent bonheur ou portent malheur.

> Ça fait 10 ans que je n'ai pas été malade. Je touche du bois.

Les Français ne sont en général pas très superstitieux mais 63 % affirment qu'ils « touchent du bois » pour éviter la malchance.

Ce qui porte malheur :

– Les vendredis 13 (pour certains),
– poser le pain à l'envers sur la table,
– passer sous une échelle,
– ouvrir un parapluie dans une maison,
– être 13 à table,
– serrer la main gauche de quelqu'un,
– voir un chat noir, casser un miroir.

Ce qui porte bonheur :

– Les vendredis 13 (pour certains),
– trouver un trèfle à quatre feuilles,
– croiser les doigts ou dire « merde » à quelqu'un (pour qu'un vœu se réalise).

5 EXPRIMER PAR ÉCRIT DES CRAINTES ET DES ENCOURAGEMENTS

Une amie vous écrit la lettre suivante.
Répondez-lui en exprimant vos craintes ou vos encouragements.

> *Cher (Chère) ...*
>
> *Cette lettre va sans doute te surprendre. Comme tu vois, je ne suis pas rentrée. Je suis toujours à Paris et j'ai décidé d'y rester. Pourquoi ? Tout simplement parce que j'ai en le coup de foudre pour cette ville. Alors je me lance dans l'aventure : recherche d'un travail, d'un logement...*

a) Faites une liste des problèmes, des difficultés, des dangers que votre amie risque de rencontrer à Paris.

b) Faites une liste des côtés positifs de la vie à Paris.

c) Rédigez votre lettre.

• Si vous avez choisi d'exprimer vos craintes.
Exposez-lui les problèmes et les difficultés. Exprimez votre inquiétude. Essayez de la décourager *(Je te déconseille de... . À ta place, je... .)*

• Si vous avez choisi de l'encourager.
Approuvez ce qu'elle fait. Félicitez-la.
Présentez-lui les côtés positifs de Paris.
Présentez-lui quelques côtés négatifs et conseillez-lui la prudence. Admirez son courage.

Prononciation

Les sons [ø] et [œ]

1 **Écoutez la phrase contenant le son [œ]**
Trouvez une phrase synonyme contenant le son [ø] comme dans l'exemple. Répétez les deux phrases.

• Il n'est pas jeune → Il est vieux.
→ ...

2 **Écoutez et répétez ces groupes de mots :**

• Un joueur heureux
→ ...

3 **Écoutez et répétez :**

Ses yeux

Devant eux, elle a les yeux bleus
Couleur de bonheur.

Devant lui, des yeux de feu,

Des yeux joueurs, qui me font peur.

Et devant moi, des yeux moqueurs

Malicieux, pour mon malheur.

CE QUI RASSURE LES FRANÇAIS

1 RÊVES ET PEURS DES FRANÇAIS

a) Lisez les deux sondages ci-contre. Que révèlent-ils sur l'état d'esprit des Français ? Cette « image des Français » correspond-elle à celle que vous aviez ?

b) Répondez aux questions posées dans ces sondages. Quels sont :
- vos quatre souhaits personnels les plus chers ?
- vos quatre sujets d'inquiétude les plus importants ?

En ce qui concerne votre situation personnelle, quels sont vos quatre souhaits les plus chers pour 1995 ?	
	Ensemble des Français
Rester en bonne santé	87 %
Entretenir des bonnes relations avec votre famille	46 %
Gagner davantage d'argent	44 %
Trouver un emploi ou garder celui que vous avez	28 %

Sondage SOFRES/Figaro Madame, février 1995.

Selon vous ces sujets d'inquiétude sont-ils ou non importants ?	
	Très ou plutôt important
Le sida, les maladies graves	93,7 %
Le chômage	93,3 %
La drogue	91,1 %
La pollution	87,6 %
L'insécurité, la délinquance	86,4 %

L'Express/Téléperformance, mars 1995.

Presque tous les Français rêvent de posséder une petite maison avec un jardin.

2 LES RELATIONS SOCIALES

a) Lisez ci-dessous l'extrait du magazine *Le Point* et les légendes des photos. Quelle conclusion en tirez-vous sur la vie sociale des Français ?

« Notre vie sociale peut presque se quantifier : ainsi sachez qu'un Français rencontre chaque mois, en moyenne, sept membres de sa parenté, qu'il a trois ou quatre amis, rend service dans l'année à un ou deux ménages voisins et adhère à une association. Telles sont, du moins, les conclusions d'une enquête de l'INSEE (1) sur la sociabilité des Français. »

Le Point, janvier 1995.

(1) Institut national de la statistique et des études économiques.

Dans les entreprises, les anniversaires, les promotions, les départs sont des occasions de « faire un pot » (petite fête).

b) Lisez l'article d'A. Schifres (p. 125). Faites la liste des associations énumérées par l'auteur. Imaginez pour quelles raisons on peut adhérer à chacune de ces associations.

Exemple : Gérer des structures rock → participer à la création d'une entreprise.

- Recherchez les jeux de mots.
- Imaginez des associations originales.

Les Français adorent créer ou adhérer à des associations. Une ville de 120 000 habitants peut compter 15 000 associations différentes. Alain Schifres donne un point de vue humoristique sur ce goût des Français.

L'association des « Restaurants du cœur » créée par l'humoriste Coluche distribue de la nourriture pendant les mois d'hiver aux personnes qui en ont besoin.

« On s'associe [...] pour gérer des structures rock ou des salles de rap, défendre les arrêts de bus et les classes menacées de fermeture. On s'associe pour célébrer l'andouillette[1] et la race nivernaise[2] [...]. Parce qu'on est chauve ou parce qu'on est barbu. Afin de préserver la camaraderie chez les anciens de Saint-Lo[3] et chez les anciens de Cao Bang[4]. En vue d'un idéal ou dans l'idéal d'être en vue. Avec l'intention de prévenir les étés chauds dans les forêts et les incendies dans les banlieues. Pour défendre la chasse ou au besoin la combattre. Dans le but de restaurer des abbayes et des gens qui ont de l'appétit [...] »

Alain Schifres, *L'Express*, juillet 1991.

___

1. sorte de saucisse - 2. race de vaches - 3. anciens élèves d'une école privée - 4. ancien militaire ayant participé à la bataille de Cao Bang (guerre d'Indochine, 1950).

3 L'ÉTAT ET LA SÉCURITÉ SOCIALE

a) Voici des phrases souvent entendues en France. Que révèlent-elles sur l'attitude des Français face à l'État ?

> Il y a plus de 3 millions de chômeurs. C'est la faute du gouvernement…

> L'État nous prend tout notre argent pour le gaspiller.

> La Sécurité sociale est en déficit. Que fait l'État ?

> Il y a trop de lois. On n'est pas assez libre.

> Ah ! Ces fonctionnaires ! Ils ont la sécurité de l'emploi. On ne peut pas les licencier. Ils ont régulièrement des augmentations ! Voilà des gens heureux !

b) Lisez le tableau d'informations ci-contre.

- Comparez avec le système de protection sociale de votre pays.

- Relevez les mots en relation avec les idées :
  – d'argent donné,
  – d'argent reçu.

■ La protection sociale

• Maladie - Hospitalisation - Maternité - Famille

L'employeur et l'employé cotisent obligatoirement à la **Sécurité sociale**. L'employé verse environ 8 % de son salaire. La Sécurité sociale rembourse environ 75 % des frais médicaux. Elle verse des **allocations de maternité** et des **allocations familiales** (à partir du deuxième enfant). Elle aide aussi les personnes en difficulté. On peut aussi cotiser à des **caisses d'assurances maladie complémentaires** (adhésion facultative) qui complètent le remboursement des frais de la Sécurité sociale.

• Retraite

L'employeur et l'employé cotisent obligatoirement pour la retraite de l'employé. L'employé verse 8 % environ de son salaire. S'il a cotisé pendant 40 ans, il a droit, à 60 ans, à une retraite égale à 50 % du salaire moyen de ses 11 meilleures années.

Il existe aussi des **caisses de retraites complémentaires**.

• Chômage

L'employeur et l'employé cotisent à une caisse d'assurance chômage.

L'arrivée du TGV

Projet et conséquences

A

Février 1993. Une nouvelle va causer quelques soucis aux habitants de Signac.

LE FUTUR TGV TRAVERSERA NOTRE DÉPARTEMENT

La S.N.C.F. vient de révéler le projet de la ligne du futur TGV Méditerranée. Cette ligne doit permettre au TGV Paris-Valence de continuer à grande vitesse jusqu'à Avignon, puis vers Marseille et l'Italie à l'est et vers Montpellier et l'Espagne vers l'ouest. Nous avons interrogé un responsable de la S.N.C.F.

• Pourquoi construire une nouvelle ligne ?
Pour que la région soit moins isolée. Ce projet sera réalisé car le train est un moyen de transport d'avenir pour des distances allant jusqu'à 1 000 km. Grâce au TGV on pourra faire Paris-Avignon en 2 h 40. De sorte que pour des raisons professionnelles par exemple, on pourra partir d'Avignon le matin, passer une journée à Paris et revenir le soir.

• Par conséquent, le train va concurrencer l'avion ?
Oui, puisque la durée du trajet sera à peu près la même. Car quand on dit : il faut 1 h 10 pour faire Avignon-Paris en avion, c'est faux. Pensez aux trajets ville-aéroport, à la nécessité d'arriver en avance, au temps passé à récupérer les bagages, sans compter les retards fréquents. D'autre part, les voyageurs préféreront le train à cause du prix du billet, deux fois moins cher que l'avion.

• La construction de cette ligne aura-t-elle des conséquences pour l'économie de notre région ?
C'est évident. D'abord, elle créera des emplois pendant quatre ou cinq ans. Ensuite, elle permettra un développement du tourisme. Enfin, elle rendra possible une nouvelle organisation du travail. Aujourd'hui, dans certaines professions, il n'est plus nécessaire d'habiter près de l'entreprise qui vous emploie. Il suffit de pouvoir s'y rendre rapidement, pour une réunion par exemple. On pourra donc travailler pour une entreprise parisienne tout en vivant à Avignon.

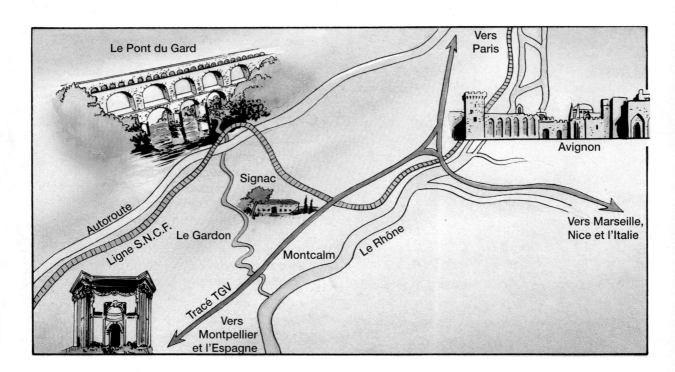

Union et désaccords

Mars 1993. Juliette Lapierre et son cousin Bastien créent une association anti-TGV. Ils essaient de mettre au point un tract de protestation.

Bastien : Il faut insister sur les indemnisations. On va leur faire payer cher les maisons et les terrains qui sont sur le trajet !

Juliette : En somme, Bastien, tu es plutôt favorable à ce TGV. Ce qui t'intéresse, c'est d'en tirer un profit maximum.

Bastien : Ne fais pas l'hypocrite, Juliette ! Avoue que si tu es dans cette association, c'est parce que la nouvelle ligne coupe Montcalm en deux.

Juliette : Ce n'est pas la seule raison. Figure-toi que je pense aussi aux problèmes écologiques que ça va poser. Les paysages défigurés, le bruit, les risques d'inondations...

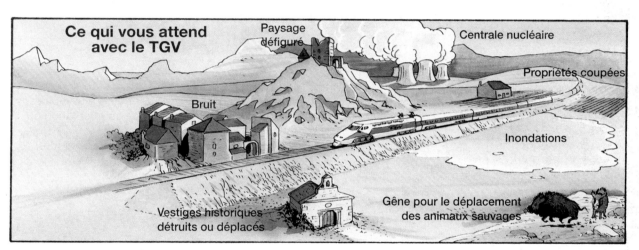

Ce qui vous attend avec le TGV — Paysage défiguré — Centrale nucléaire — Propriétés coupées — Bruit — Inondations — Vestiges historiques détruits ou déplacés — Gêne pour le déplacement des animaux sauvages

Promesses et garanties

À la mairie, où la majorité est favorable au projet, on organise une réunion d'information.

Selim : Mesdames et Messieurs, ce projet de ligne n'est pas définitif. Il peut être modifié. Nous vous promettons d'être à l'écoute de vos problèmes. Nous nous engageons à indemniser correctement les habitations et les terres qui se trouvent sur le trajet de la ligne. Nous vous garantissons que des mesures seront prises contre le bruit, les inondations, et tous les autres risques écologiques. Nous vous assurons que tous les bâtiments, tous les lieux qui ont un intérêt historique, archéologique ou touristique seront protégés...

Les relations logiques

■ **Le but - La cause - La conséquence**

1. Le but

• **Dans quel but** ⎫
  Pourquoi ⎬ construit-on le TGV ? → C'est **pour** améliorer le trafic.

  C'est **pour que** les trajets soient plus rapides.
  (→ subjonctif).

• Quel est **le but, l'objectif, l'intention** de...

2. La cause

• **Pourquoi... ? - Parce que...**
  Quelle est **la cause de... la raison** de... ?
• Je ne déjeunerai pas **car** je n'ai pas faim.
  (car relie deux propositions)
• **Comme** je n'ai pas faim, je ne déjeunerai pas.
  (la relation cause-effet est évidente)
• **Puisque** je ne déjeune pas, je vais faire une promenade. (la cause est connue)
• **Grâce** à la ligne TGV, le trafic ne sera plus saturé.
  (la cause est positive)

3. La conséquence

• Quelles sont **les conséquences** de... ?
  Ça **permettra** (**entraînera**) quoi... ?
• On construit une ligne TGV...
  donc ⎫
  par conséquent ⎬ les trajets
  c'est pourquoi ⎬ seront
  de sorte que ⎭ plus rapides.

Ça **vient de** son foie.

Les douleurs **sont causées par** une mauvaise digestion.

C'est le lapin aux champignons **qui est à l'origine** des douleurs.

• Le TGV ...
... permettra (**permettre**) des trajets plus rapides.
... provoquera (**provoquer**) une augmentation du trafic.
... causera (**causer**) des problèmes écologiques.
... créera (**créer**) un nouveau tourisme.
... produira (**produire**) des emplois.
... rendra (**rendre**) les voyages plus agréables.

---

1 **LES RELATIONS LOGIQUES**

Dans l'article de presse de la page 126, relevez et classez tous les mots qui expriment des relations logiques.

2 **L'EXPRESSION DU BUT**

Vous êtes journaliste. Vous interviewez le responsable de la construction de l'autoroute A 89. À l'aide des indications ci-après posez-lui des questions sur les buts de cette construction.

Imaginez ses réponses. Utilisez et variez les mots et expressions de la rubrique « Le but » (tableau ci-dessus).

Buts →
• avoir une route rapide qui traverse le Massif central,
• doubler l'autoroute de la vallée du Rhône qui est saturée,
• supprimer l'isolement de la région,
• développer l'économie de la région,
• favoriser le tourisme.

PROJET DE CONSTRUCTION
de l'autoroute A 89 (Clermont-Ferrand - Montpellier)

■ **Objectifs**
  • avoir une route rapide qui traverse le Massif central,
  • doubler l'autoroute de la vallée du Rhône qui est saturée,
  •

3 LA CAUSE (PARCE QUE - CAR - PUISQUE - COMME)

Complétez avec ces mots.

Un journaliste interroge le responsable du projet TGV Méditerranée.

Le journaliste : Il existe déjà une voie de chemin de fer dans la région ?

Le responsable : Oui.

Le journaliste : Mais alors ... elle existe, pourquoi en construire une autre ?

Le responsable : ... nous avons besoin d'une ligne rapide qui relie Paris à l'Espagne et à l'Italie.

Le journaliste : Je comprends. Mais ... il faut une ligne rapide pourquoi ne pas améliorer l'ancienne ?

Le responsable : C'est totalement impossible ... il faudrait arrêter le trafic pendant trois ans et ... ce trafic est très important nous n'avons pas d'autre solution que de faire une deuxième ligne.

4 VERBES EXPRIMANT LA CAUSE OU LA CONSÉQUENCE

Complétez avec les verbes et expressions verbales du tableau de la page 128.

Un projet d'autoroute contesté.

C'est le Conseil régional des Alpes qui ... du projet d'autoroute qui doit relier Grenoble et Sisteron à travers les Alpes du Sud. Cette autoroute ... une traversée rapide des Alpes. Elle ... plus faciles les déplacements entre les villages. Sa construction ... des emplois.

Mais ce projet est très critiqué. Les critiques ... principalement des partis écologistes et des maires de certains villages. Ils ont organisé des manifestations qui ... l'arrêt des travaux. Ils pensent que l'autoroute ... des changements écologiques importants dans cette région riche en animaux sauvages.

5 JEUX DE RÔLES

Préparez et jouez ces scènes en utilisant, selon les instructions, les mots et expressions du tableau de la page 128.

> Tu sais, je crois que je vais divorcer.

Marie annonce son intention de divorcer.
Florence lui demande pourquoi. Elle l'avertit des conséquences de sa décision.

> Qu'est-ce que tu fais ?

> J'apprends le japonais.

Il lui demande dans quel(s) but(s) elle apprend le japonais et pour quelles raisons.
Elle répond. Elle explique les conséquences que la connaissance du japonais aura sur sa vie professionnelle, etc.

> Nous allons construire un centre culturel dans la banlieue sud.

Le maire de la ville annonce un projet.
La journaliste lui pose des questions sur les buts du projet et sur les conséquences de sa réalisation.
Le maire répond aux questions.

Entraînez-vous

1. Dans une soirée. Pierre fait toujours comme Marie. Continuez comme dans l'exemple.

- *Marie :* Je vais au bar.
  – *Pierre :* Puisque tu y vas, j'y vais aussi.

- *Marie :* Je prends un Perrier citron.
  – *Pierre :* ...

2. Elle a de bons conseillers. Confirmez comme dans l'exemple.

- C'est Michel qui l'a aidée à réparer sa voiture.
  – Grâce à lui, elle a pu réparer sa voiture.

Protégeons la nature

■ L'environnement naturel

• **Les végétaux** (un végétal) - une forêt - un arbre - une plante - une feuille - une fleur - un fruit pousser - fleurir - mûrir (fruits).

• **Les animaux** (un animal sauvage / domestique) - un mammifère (la tête, les pattes, la queue) - un oiseau (le bec - les ailes) - un reptile - un poisson - un insecte.

• **L'agriculture et l'élevage** - semer (une graine) - planter (un arbre) - faire pousser - arroser - produire - cultiver - récolter
un champ - une terre (cultivée / en friche).

• **L'écologie** - un environnement - un milieu - un cadre de vie - un paysage.

→ **l'équilibre** (équilibrer) / **le déséquilibre** (déséquilibrer) - la stabilité (stabiliser) / l'instabilité (déstabiliser).

→ **le manque et l'abondance** - Cette région manque d'eau, a besoin d'eau - l'eau manque dans cette région - Il lui manque une rivière - Il y a pénurie d'eau.
Dans cette autre région, il y a abondance d'eau, trop d'eau - La terre est saturée d'eau - Il y a un excès d'eau.

→ **Le propre et le sale** - salir (la saleté) - polluer (la pollution) - purifier (la pureté) - nettoyer - L'air est pur / impur.

---

1 EMPLOIS FIGURÉS

Voici des mots du tableau ci-dessus employés dans un sens figuré. Expliquez ce sens.

• Le candidat aux élections **a cultivé** son électorat en allant souvent sur **le terrain**. Il **a récolté** 60 % des voix. Son travail **a porté ses fruits**.

• L'ingénieur **a** longuement **mûri** son projet de nouveau moteur solaire. Puis il l'a présenté à ses collègues. Mais les critiques d'un de ces collègues **ont** **semé** le doute parmi les participants. Les moteurs solaires sont **un champ** de recherche qui reste encore à **défricher**.

2 L'ÉCOLOGIE

Observez ces images du monde. Quels sont les manques ? les excès ? Quelles sont les causes et les conséquences de ces problèmes ? Quelles sont les solutions ?

Sécheresse en Afrique.

Rivière polluée.

Déforestation en Amazonie.

TOURISME VERT

Il ne respecte pas la nature.

Le plus souvent, les animaux sauvages paient cher le goût actuel pour l'observation des animaux et les sports de nature. L'observation des baleines en pleine mer (le *whale watching*) se développe aux Canaries et en Méditerranée. Les cétacés ne peuvent plus se reposer ou se nourrir en paix. Dans les Abruzzes (Italie), les ours ont un tel succès qu'ils sortent des limites du parc national créé à leur intention pour échapper à leurs admirateurs. Chez nous, alors qu'en vallée d'Aspe (Pyrénées-Atlan-tiques), on laisse s'éteindre les derniers ours bruns, on réintroduit à grands frais dans une autre vallée pyrénéenne des ours importés de Slovénie.

SOLUTIONS À SUIVRE.

• Avoir une charte internationale de respect de la vie sauvage.

• Sensibiliser les jeunes.

• Réglementer le tourisme « vert » (croisières, safaris photos, etc.) et les sports « nature » : les adeptes[1] de parapente[2] et de varappe[3] effrayent les rapaces qui abandonnent leur nichée[4] ; et le ski de fond hors piste empiète sur le territoire des chamois[5] et des coqs de bruyère[6].

• Découvrir la montagne à pied ou en VTT, sans s'écarter des sentiers, quand c'est recommandé.

• Suivre les exemples réussis : à la réserve des Sept-Îles, à Perros-Guirrec, un système vidéo et des caméras installés par la Ligue de protection des oiseaux permettent d'observer les macareux-moines[7] et les fous de Bassan[7] sur leurs nids, sans les déranger.

D'après *Prima*, septembre 1995.

1. qui pratique. - 2. descendre d'une montagne avec une sorte de parachute. - 3. escalade. - 4. le nid et les oiseaux nouveau-nés. - 5. animal des hautes montagnes. - 6. oiseau. - 7. oiseaux de mer.

---

3 RESPECT DE LA NATURE

a) Lisez le premier paragraphe de cet article.
Quel est le problème posé ?
Quels sont les faits présentés pour illustrer ce problème ?
Donnez d'autres exemples.

b) Lisez le paragraphe « Solutions à suivre ».
Regroupez et classez tous les noms d'animaux du texte.
Donnez votre opinion sur les réglementations proposées.
Sont-elles suffisantes ? Excessives ?

c) Rédigez en petit groupe une « charte pour le respect de la nature » (en 10 phrases brèves).

4 RÉDIGER UNE EXPLICATION

a) Observez le dessin de la p. 127.
Notez les conséquences négatives de la construction du TGV et les demandes de l'association.

État actuel du tracé	Conséquences	Demandes
La future voie passe sur le site d'une ancienne chapelle.	Destruction de la chapelle. Intérêt historique.	Modification du tracé.

b) Rédigez le tract en expliquant les conséquences du tracé actuel sur l'environnement et en demandant des modifications.

Prononciation

Les sons [k] - [g] - [R]

1 Notez dans quel ordre les mots suivants sont prononcés. Répétez.

à Pâques - la bague
la guerre - Beaucaire
mon oncle - mon ongle
carré - garer
l'écran - les grands
Bangui - la banquise

2 Répétez. Surveillez la prononciation du son [R].

Proverbes.

• La parole est d'argent et le silence est d'or.
• Les premiers seront les derniers.
• Rira bien qui rira le dernier.
• Pierre qui roule n'amasse pas mousse.
• Qui ne risque rien, n'a rien.
• Prudence est mère de sûreté.
• Araignée du soir : espoir. Araignée du matin : chagrin.

SITES À PRÉSERVER

DÉCOUVERTE DES PARCS NATURELS ET DES RÉSERVES

LA CAMARGUE SECRÈTE ET SAUVAGE

3 jours
Découverte à cheval du parc régional de Camargue.
Logement dans une authentique cabane de gardian.
Prévoir un produit anti-moustiques.

Située dans le delta du Rhône, la plaine marécageuse de Camargue a longtemps été une région isolée habitée par quelques fermiers, peuplée de taureaux et de chevaux sauvages et fréquentée uniquement par les pêcheurs et les chasseurs. L'assèchement de la partie nord pour y développer des cultures et l'extraordinaire développement touristique des régions environnantes ont conduit les pouvoirs publics à créer en 1970 un parc régional pour protéger le milieu naturel.

À cheval ou en barque (sans moteur pour ne pas effrayer les oiseaux) vous découvrirez un paysage sauvage de landes, d'étangs et de marécages. Au hasard de la randonnée, vous rencontrerez des troupeaux de chevaux ou de taureaux qui vivent en semi-liberté

et vous apercevrez peut-être un sanglier ou un castor. Mais ce sont surtout les oiseaux qui font la richesse de la faune de la Camargue (n'oubliez pas vos jumelles) : des flamants roses, des hérons, des canards sauvages qui viennent du nord de l'Europe pour y passer l'hiver et de nombreux autres oiseaux migrateurs.

Si vous souhaitez éviter la chaleur et les moustiques, choisissez de visiter la Camargue au printemps quand les marais se couvrent de fleurs blanches ou en automne quand la lande battue par le vent ressemble à une mer aux couleurs mauves et roses.

CIRQUES ET LACS DES PYRÉNÉES

Une semaine
Trois randonnées à pied en moyenne et haute montagne.
Pour marcheurs expérimentés.
Logement à l'hôtel ou en refuge.

Le parc national des Pyrénées longe su 100 km la frontière avec l'Espagne s'appuie sur le parc espagnol d'Ordes À travers les forêts de sapins, vo grimperez de 1 000 à 2 500 mètres d' titude vers les sommets enneigés et pics rocheux. Vous longerez des t rents et découvrirez des petits lacs haute montagne. Vues magnifiques

---

1 **LE VOCABULAIRE DE LA NATURE**

a) En lisant les textes ci-dessus, relevez et classez dans le tableau les noms qui désignent un élément de la nature.

Notez aussi les verbes qu'on utilise souvent avec ces noms (exemple : fleur → fleurir - cueillir - etc.).

b) Si vous souhaitez enrichir votre vocabulaire, complétez ces listes. Utilisez le dictionnaire bilingue.

Relief	Eau	Végétaux	Animaux
Une plaine	Un delta	Une lande	Un taureau

le site impressionnant du cirque de Gavarnie, sur le parc du Marboré, sur la vallée d'Ossau, etc.

Vous pourrez admirer une flore riche de 400 espèces spécifiques aux Pyrénées (en particulier une variété de lys). Vous observerez les marmottes et les chamois. Avec un peu de chance vous pourrez surprendre des animaux en voie de disparition comme le vautour ou l'aigle royal. Mais n'espérez pas apercevoir les ours. Il n'en reste qu'une douzaine et ils ne sortent en général que la nuit.

Attention : ne pas cueillir de fleurs, ne faites pas de feu. Les chiens sont interdits dans le parc.

Meilleure saison : juillet - août.

LES GORGES DE L'ARDÈCHE

4 jours
Nombreuses activités combinant le sport et la découverte de la nature : canoë-kayak, rafting, VTT, escalade, etc.
Logement à l'hôtel.

L'une des plus récentes réserves naturelles créées en France. Il faut dire qu'il était temps. En 1980, année de la création de la réserve, les déchets rejetés par les villages des environs et le comportement irresponsable de certains touristes avaient complètement pollué le site.

Sur environ 35 km, la rivière Ardèche serpente entre des falaises de 200 à 300 mètres de hauteur. Les rapides et les petites cascades alternent avec les plans d'eau calme. Au-delà des falaises, c'est un paysage méditerranéen de collines couvertes de chênes et de pins (la garrigue).

Les descentes de la rivière en canoë-kayak, les randonnées à pied ou en VTT vous permettront de découvrir une flore et une faune intéressantes : nombreuses espèces d'oiseaux, sangliers, castors, renards, serpents et lézards.

Vous pourrez aussi admirer quelques merveilleux effets de l'action de l'eau dans une région calcaire : un pont naturel (pont d'Arc) creusé par l'Ardèche, de nombreuses grottes, l'impressionnant gouffre de l'aven d'Orgnac et le cirque de Tourre. Activités possibles presque toute l'année. Très fréquenté en juillet et août.

Attention : la rivière peut se transformer en un torrent dangereux après un orage.

2 FAITES VOTRE CHOIX

Vous êtes le gagnant d'un jeu télévisé et on vous offre l'un de ces trois séjours-découvertes. Lequel choisissez-vous ? Dites pourquoi.

3 PRÉSENTEZ UN LIEU NATUREL

Présentez brièvement et oralement un lieu naturel que vous aimez (parc naturel, réserve naturelle, paysage, etc.).

4 RÉDIGEZ UN TEXTE DE PROTESTATION ET DE PROPOSITIONS

Vous connaissez sans doute un lieu négligé par les pouvoirs publics (paysage abîmé par les touristes, rue ou quartier sales, rivière polluée, etc.).

• Présentez-le par écrit en 5 ou 6 lignes (vous pouvez utiliser le vocabulaire de la p. 130).

• Présentez en 5 ou 6 lignes quelques propositions pour son amélioration.

La situation s'aggrave

Souvenir

Juin 1993. Dans la propriété de Montcalm.

Juliette : Tu vois cette chapelle... Bientôt, elle va disparaître... Oh ! elle n'a pas un grand intérêt historique. Mais pour moi, elle a de l'importance. C'est là que, quand j'avais sept ou huit ans, je venais voir les jeunes du village danser autour des feux de la Saint-Jean. Ce jour-là, c'était un événement. Deux ou trois jours avant, on venait le soir décorer la chapelle. La veille, on préparait de grands tas de bois. Et toute la nuit du 21 juin, les jeunes chantaient, dansaient et sautaient par-dessus le feu... Et le lendemain et les jours suivants, on voyait des couples qui revenaient ici pour s'embrasser en cachette...

Selim : Mais toutes ces traditions ont disparu aujourd'hui. Maintenant le 21 juin, c'est la Fête de la musique.

Juliette : Peut-être, mais cette chapelle me rappelle ces souvenirs.

Selim : Je vais te dire, Juliette. Moi aussi, j'ai des souvenirs d'enfance. Ils sont de l'autre côté de la Méditerranée et je n'en fais pas une maladie.

Refus et insistance

Au marché du village.

Le client : Elles sont bonnes, vos tomates ?

Le vendeur : Elles ne sont pas bonnes monsieur. Elles sont excellentes. Je vous les recommande.

Le client : Alors, vous m'en mettez un kilo. Je voudrais un peu de persil.

Le vendeur : Voilà. Le persil, je vous l'offre. Et avec ça ?

Juliette : Contre la ligne TGV ! Lisez le bulletin de l'association anti-TGV ! Lisez le bulletin gratuit ! Tenez, monsieur !

Le client : Non merci.

Juliette : On vous l'a déjà distribué ?

Le client : Non, mais toutes ces histoires ne m'intéressent pas.

Juliette : Comment pouvez-vous dire ça ? Vous ne l'avez pas lu !

Le client : Je vous l'ai déjà dit. Je ne fais pas de politique.

Juliette : Mais moi non plus, monsieur. Tenez ! Je vous en donne un quand même. Lisez-le ! Et venez nous en parler à la réunion, ce soir, au Café des sports !

Légalité et responsabilité

Le 24 septembre 1993, dans la presse locale.

SIGNAC. LE MAIRE ET TROIS CONSEILLERS MUNICIPAUX SÉQUESTRÉS.

24 septembre : hier, vers 10 h, une vingtaine de membres de l'association anti-TGV sont entrés dans la mairie et ont occupé les lieux. Ils ont empêché le maire et trois conseillers municipaux de sortir. Ils réclament ...

La veille, dès que la nouvelle est connue.

Selim : Vous êtes devenus complètement fous ! Vous n'avez pas le droit de faire ça ! Et toi, bien sûr, tu les soutiens !

Juliette : Je te jure que je n'étais pas au courant. Mais je les comprends. Quand des technocrates viennent détruire les efforts de toute une vie, on ne se contrôle plus.

Selim : Justement, tu es la présidente de l'association. C'est à toi de les contrôler.

Juliette : Je ne pense pas qu'ils m'obéissent.

Selim : Alors, réunis le bureau de l'association et excluez-les !

Juliette : Plusieurs membres du bureau sont à la mairie.

Selim : Dans ce cas, démissionne ! Parce que je t'avertis, moi, je ne vis pas avec une terroriste !

Suite et fin

Récit et cohérence

Aujourd'hui, comme il pleut, nous visiterons le Louvre. **Hier,** nous sommes allés à Versailles. **Demain,** nous irons à Fontainebleau.

■ Situation dans le temps

1. Situation sans relation avec un autre moment.

Elle est partie le 1er janvier, à midi, en hiver, en 1980, etc.

2. Situation en relation avec un autre moment.

22 mars 1990.

Par rapport au moment où l'on parle	Par rapport à un autre moment
aujourd'hui, cette semaine, ce mois-ci, cette année.	ce jour-là, cette semaine-là, ce mois-là, cette année-là.
hier, avant-hier.	la veille, l'avant-veille.
demain, après-demain.	le lendemain, le surlendemain.
la semaine dernière, le mois dernier.	la semaine précédente, le mois précédent.
la semaine prochaine, le mois prochain.	la semaine suivante, le mois suivant.
il y a 10 ans, depuis 10 ans.	dix ans avant.
dans 10 ans.	dix ans après, dix ans plus tard.
maintenant.	à ce moment-là.

Ce jour-là, je me rappelle, il pleuvait. Nous avons visité le Louvre. **La veille,** nous étions allés à Versailles. **Le lendemain,** nous sommes allés à Fontainebleau.

10 ans plus tard.

1 ◼ LES EXPRESSIONS DE TEMPS

Lisez les récits de ces personnes. Que diront-elles dans un an quand elles raconteront la même histoire ?
Continuez les débuts de récits donnés en exemple en employant les expressions du tableau ci-dessus.

• **Le directeur commercial d'une entreprise :** « Il y a un mois que nous négocions avec une entreprise italienne. La semaine dernière, nous avons invité ses dirigeants à venir à Paris. Avant-hier, nous les avons accueillis à l'aéroport. Hier, nous les avons amenés à Versailles et, le soir, nous avons dîné à Montmartre. Aujourd'hui, nous examinons une dernière fois les contrats et, ce soir, nous les signons. »
→ *un an après :* « Je me souviens du jour où nous avons signé les contrats avec l'entreprise italienne. Ce jour-là ... »

• **Un étudiant fait un séjour linguistique en Espagne :** « Je suis arrivé hier dans la famille qui me loge. Aujourd'hui, c'est samedi. Avec les enfants de cette famille, nous visitons Madrid. Demain, nous passerons la journée au musée du Prado. Après-demain, les cours commencent. Mais les week-ends,

nous ferons des excursions. La semaine prochaine, nous irons à Ségovie et dans quinze jours à Grenade. »
→ *un an après :* « J'ai visité Madrid pour la première fois, il y a un an. C'était un samedi. J'étais avec ... »

2 ◼ EMPLOIS DU TEMPS

🔊 **Écoutez. Manon et Sébastien essaient de se fixer un rendez-vous pour passer une journée ensemble. Mais ils ont un emploi du temps très chargé. Complétez leur agenda.**

	MANON	SÉBASTIEN
samedi 8		
dimanche 9		
lundi 10		
mardi 11		
mercredi 12		
jeudi 13		
vendredi 14		
samedi 15		
dimanche 16		
lundi 17		
mardi 18		

3 **RÉCIT**

Imitez le récit de Juliette (A, p. 134).
Racontez un événement important que vous avez vécu (rencontre, découverte, fête, etc.).

→ « C'était en 19...   Ce jour-là...   Quelques jours avant...   La veille... »

■ **Construction avec deux pronoms**

● **me, te, nous, vous + le, la, les**

Il	me te nous vous	le la les	prête	Il ne me le prête pas. Il me l'a prêté. Il ne me l'a pas prêté.

Tu me prêtes ce livre ?

Non, je t'en ai déjà prêté un. Tu ne me l'as jamais rendu. Celui-ci, je ne te le prête pas.

● **le, la, les + lui, leur**

Je	le la les	lui leur	prête	Je ne le lui prête pas. Je le lui ai prêté. Je ne le lui ai pas prêté.

● **me, te, lui, nous, vous, leur + en**

Il	m' lui	en	donne	Il ne m'en donne pas. Il lui en a donné (un). Il ne lui en a pas donné.

4 **CONSTRUCTIONS AVEC DEUX PRONOMS**

Formulez les réponses en employant les pronoms qui conviennent.

a) Une directrice exigeante et une secrétaire obéissante.
La directrice : Myriam, vous pouvez me taper cette lettre ?
La secrétaire : D'accord, je *vous la* tape.
La directrice : Vous pouvez me faire une photocopie de ce rapport ?
La secrétaire : D'accord ...
La directrice : Vous pouvez dire aux clients d'attendre cinq minutes ?
La secrétaire : D'accord ...
La directrice : Vous pouvez dire à M. Rigaud de venir dans mon bureau ?
La secrétaire : D'accord ...
La directrice : Quand vous verrez les délégués commerciaux vous pourrez leur donner ces dossiers ?
La secrétaire : D'accord ...

b) La directrice et un délégué commercial.
La directrice : Alors, vous avez parlé de notre projet à nos partenaires ?
Le délégué commercial : Oui, ...
La directrice : Vous leur avez montré notre documentation ?
Le délégué commercial : Oui, ...
La directrice : Ils vous ont fait des remarques ?
Le délégué commercial : Non, ...
La directrice : Ils ont pris une décision ?
Le délégué commercial : Non, ...
La directrice : Ils vous ont dit quand ils la prendraient ?
Le délégué commercial : Non, ...
La directrice : Vous leur direz que je voudrais les rencontrer.
Le délégué commercial : D'accord, ...

Entraînez-vous

1. Alexandre est un jeune homme de 18 ans. Ses parents sont généreux. Répondez pour lui.

● Tes parents te prêtent leur voiture ?
– Oui, ils me la prêtent.
● Tes parents te donnent de l'argent ?
– Oui, ...

2. Les parents de Sylvie ne sont pas généreux. Répondez pour elle.

● Tes parents te prêtent leur voiture ?
– Non, ils ne me la prêtent pas.
● Tes parents te donnent de l'argent ?
Non, ...

Devoirs - Droits - Libertés

■ La loi et le droit

● Dans la légalité

observer ⎱ une loi, un règlement, une règle,
respecter ⎰ une consigne (de sécurité, etc.)
obéir / désobéir à quelqu'un

● Dans l'illégalité

commettre une faute, une infraction, une irrégularité, un délit *(voir p. 46)*
punir quelqu'un, donner une sanction, une contravention, une amende

● La justice et l'injustice

être juste / injuste - partial / impartial
accorder un privilège
favoriser (le favoritisme) - pistonner (le piston)

● De l'interdiction à la permission

Je lui interdis de partir - Je lui déconseille de partir - Je tolère qu'il parte - Je l'autorise à partir - Je lui permets de partir.
être tolérant, laxiste.
demander, accorder, obtenir une dérogation.

● De la liberté à l'obligation

Je la laisse libre de… - C'est facultatif - Je lui conseille de… - Je lui recommande de… - Je l'oblige à…

● Les droits

avoir le droit de… - être dans son droit… défendre, faire respecter, faire valoir ses droits.

---

1 COMPORTEMENTS

**a) Voici des faits réels. Ils ne sont pas représentatifs du comportement des Français mais on peut les observer quotidiennement.
Commentez-les et jugez-les en utilisant le vocabulaire ci-dessus.**

> Mon mari ne met jamais sa ceinture de sécurité quand il roule en ville. Il dépasse souvent la limitation de vitesse. Quand il est à pied, il se permet de traverser la rue même quand le feu est au vert pour les voitures.

> Il y avait dix candidats pour ce poste de chef de service. Ma femme avait le moins bon curriculum vitae. Mais elle a obtenu le poste car elle connaît bien le député Dupont.

> Ma mère est veuve. Elle a 75 ans. Elle touchait 700 € de retraite par mois.
> Exactement comme sa voisine. Mais moi je sais me débrouiller. Je lui ai obtenu une allocation supplémentaire de 350 € par mois.

**b) Y a-t-il, dans votre pays, des actes :
– qui sont interdits mais qu'on devrait tolérer ou permettre ?
– qui sont tolérés ou permis mais qu'on devrait interdire ?
Discutez.**

2 FAITES RESPECTER VOS DROITS

Préparez et jouez avec votre voisin(e) l'une des scènes suivantes.

● Vous venez de garer votre voiture. Une voiture se gare devant vous. En reculant, elle casse votre phare. Le conducteur descend et s'en va sans rien vous dire.

● Dans un magasin, vous avez choisi un pantalon. Une affiche annonçait : « En solde : 30 € ». Mais à la caisse, on vous demande 50 €.

● Vous êtes dans l'espace « non fumeur » d'un restaurant. À la table à côté de vous, trois personnes allument des cigarettes.

● Dans une queue au supermarché (ou devant un cinéma) quelqu'un vous passe devant.

> Je ne vais quand même pas me laisser marcher sur les pieds.

3 PROGRÈS ET LIBERTÉ

Dans le texte suivant, faites la liste des types de surveillance et de contrôle que Monsieur X doit subir.
Quels en sont les avantages et les inconvénients ?

Monsieur X sort comme tous les matins de son immeuble situé à Levallois-Perret dans la banlieue de Paris. Une discrète caméra de surveillance le filme pendant qu'il se rend jusqu'à sa voiture. Quand il est au volant, une voix synthétisée lui annonce qu'il doit mettre sa ceinture de sécurité.

Arrivé devant l'agence de publicité où il travaille, M. X doit passer son badge dans un appareil électronique qui enregistre son arrivée. Puis il prend l'ascenseur où un micro transmet les conversations au central de surveillance ... De son bureau, il passe un coup de fil à sa fille restée à la maison. Le numéro appelé et la durée de la conversation seront répertoriés dans le listing téléphonique personnalisé de la société.

Paiement par carte de télépéage sur une autoroute.

Aujourd'hui, M. X doit concevoir une affiche qui vante la sécurité d'une marque d'automobile. M. X s'aperçoit qu'une loi lui interdit d'utiliser le mot « air bag » parce que c'est un mot étranger.

L'après-midi, M. X a un rendez-vous à Béthune. Il prend l'autoroute et paie grâce à sa carte de télépéage. Son passage est enregistré dans les ordinateurs de la société d'autoroute (...).

D'après *Le Point,* 30 juillet 1995.

4 RÉDIGER UNE DEMANDE D'AUTORISATION OU DE DÉROGATION

Choisissez ci-contre une situation.
Rédigez une lettre selon le plan suivant.

Plan de la lettre
• Présentez-vous *(voir p. 10)*.
• Formulez votre demande *(voir les formules de demande, p. 67)*.
• Présentez vos raisons : « En effet ... » « D'une part ... d'autre part » « D'abord ... Ensuite ... De plus ... Enfin ... »
• Rédigez la phrase de remerciement et la formule de politesse *(voir p. 175)*.

Situations
Vous demandez :
• qu'on vous accorde un congé exceptionnel,
• qu'on vous permette de travailler dans un autre service,
• que, par dérogation, on vous permette d'entrer dans une université, de participer à un stage, etc. (normalement, vous ne remplissez pas les conditions),
• qu'on vous accorde la faveur de rendre un travail (dossier, thèse, etc.) après l'échéance,
• etc.

Prononciation

Les sons [f] [v] [p] [b]

1 **Trouvez dans quel ordre les mots des groupes suivants sont prononcés. Répétez ces mots dans l'ordre ci-dessous.**

1 - fa - va - pas - bas
2 - fou - vous - pou - bout
3 - fut - vu - pu - bu
4 - défi - dévie - dépit - débit
5 - folle - vole - pôle - bol
6 - faux - veau - pot - beau

2 **Répétez ce texte.**

Psychanalyse
Dans mes rêves je vois :
Une poule dans la foule,
Une file dans la ville,
Un abbé qui dit un Ave,
Une marchande de fleurs en pleurs,
Une folle qui vole,
Trois poux sur la tête d'un fou,
Et un enfant sur un banc,
Emporté par le vent.

CADRE DE VIE : STRASBOURG, VILLE EUROPÉENNE

Vue du centre historique : la cathédrale Notre-Dame, le château des Rohan (XVIIIᵉ siècle).

Le nouveau tramway.
Première grande ville de France à choisir une femme comme maire, Strasbourg est aussi une des premières pour l'amélioration du cadre de vie : limitation de la vitesse à 50 km/h, interdiction du transit des voitures dans le centre historique, construction du tramway (agréable, adapté à tous, intégré au paysage), promotion de l'utilisation du vélo en ville.

UN DYNAMISME CULTUREL

Il y a quelques années encore, on n'était pas loin de considérer que la culture, à Strasbourg, se résumait à la cathédrale, à la choucroute, à la bière et aux *winstubs* (bars à vin typiques). Certains habitants de la ville n'hésitent pas à définir ainsi cette époque : « La culture n'était qu'un adjuvant touristique destiné aux cars d'Allemands en visite pour une journée. » D'autres ajoutent : « Nous assistions impuissants à une dérive coupable de la culture vers le folklore. »

Or depuis quelques années, une vie culturelle intense et variée se développe dans la capitale alsacienne. La ville, sans renier son patrimoine, sa tradition ou sa gastronomie, a pris le tournant de la modernité de manière exemplaire en suscitant la création et la formation. Strasbourg consacre à la culture 21 % de son budget. Mais tout cet argent ne passe pas forcément dans des manifestations très spectaculaires. Par exemple, si la ville verse chaque année 1,5 million de francs[1] au Festival de musique, elle en consacre 34 millions[2] au conservatoire.

Parcours, mars 1995.

1. = 152 449 €.
2. = 5 183 267 €.

 Complétez votre information : les nouvelles réalisations culturelles à Strasbourg.

Le Théâtre national de Strasbourg. Une salle et une troupe qui ont fait la preuve de leur créativité. On y trouve des comédiens allemands et italiens aussi bien que français. Les spectacles sont présentés un peu partout en Europe.

L'EUROPE : UNE CHANCE POUR LA VILLE

Que serait Strasbourg sans la présence des institutions européennes ?

Une bien agréable métropole de province, comme tant d'autres capitales régionales. Le Conseil de l'Europe, la Cour européenne des droits de l'homme et le Parlement européen confèrent à Strasbourg un indéniable rayonnement international, hissent la ville au rang de capitale européenne.

Plus personne n'en doute. Pour preuve, les résultats du sondage réalisé, au printemps dernier, par *Les Dernières Nouvelles d'Alsace* : 91 % des Alsaciens et 81 % des Strasbourgeois ont plébiscité l'Europe, estimant qu'elle représente un atout majeur pour Strasbourg. Et les 200 000 visiteurs du Palais de l'Europe corroborent cette opinion. L'Europe à Strasbourg, c'est une longue et permanente aventure. Elle a démarré au lendemain de la Seconde Guerre mondiale par l'installation du Conseil de l'Europe. Elle franchira une étape décisive lorsque les euro-députés siégeront, enfin, dans le nouvel hémicycle qui sort de terre.

Claude Bourg, journaliste aux *Dernières Nouvelles d'Alsace, Parcours*, mars 1995.

Conseil de l'Europe,
Le Parlement européen.

UN VISAGE MODERNE

Les Strasbourgeois voient leur cité bouger, susciter l'intérêt au plus haut niveau et partout dans le monde. Pour preuve, Strasbourg est devenue la deuxième ville de France après Paris pour les congrès internationaux.

« Ici, ce qui compte, ce n'est pas la langue, mais la compétence », note un acteur économique. Et ceci ne vaut pas que pour la culture. Outre le domaine audiovisuel se sont créés plusieurs pôles, des fondations scientifiques à l'ENA[1] en passant par des institutions européennes ou internationales. À cette nébuleuse d'instances s'ajoutent les organisations caritatives, les O.N.G[2] et toutes sortes de représentations de lobbying qui dépassent largement le cadre européen (32 consulats et 27 représentations permanentes, dont les consulats japonais, américain...).

Parcours, mars 1995.

1. École nationale d'administration.
2. Organisations non gouvernementales. Il s'agit des organisations humanitaires.

Complétez votre information :
Pourquoi le choix de Strasbourg comme siège de l'administration européenne a-t-il transformé la ville ?

Complétez votre information :
Pourquoi est-il agréable de vivre à Strasbourg ?

1 LES TROIS VISAGES DE STRASBOURG

a) Travail en petits groupes. La classe se partage les trois parties du dossier ci-dessus. Pour chacune des parties :
- relevez les informations contenues dans l'article, les légendes des photos, le document sonore ;
- préparez une présentation orale de ces informations.

b) Travail en grand groupe. Pour chaque partie du dossier :
- présentation orale préparée par le petit groupe ;
- lecture, écoute et compréhension des documents par l'ensemble de la classe avec l'aide du petit groupe qui les a étudiés.

2 PRÉSENTATION DE VOTRE VILLE

Vous devez faire une présentation objective de votre ville à des personnalités françaises. Préparez-la par écrit sous la forme d'une liste de courtes phrases qui montrent :

– les points forts,
– les points faibles,
– vos souhaits pour l'amélioration de ces points faibles.

Krach boursier à cause d'une fleur

Nous sommes en 1552 à Istanbul, capitale de l'Empire turc. L'ambassadeur d'Allemagne, qui vient de rendre visite au sultan Soliman le Magnifique, aperçoit dans les jardins du palais de Topkapi des fleurs magnifiques, inconnues en Europe.

Ce sont des tulipes. Aussitôt, il veut en acheter mais le conseiller du sultan qui l'accompagne lui répond que ce sont des fleurs très rares et qu'elles ne sont pas à vendre. L'ambassadeur insiste et finit par obtenir à prix d'or quelques bulbes de la fameuse fleur.

Revenu dans son pays, l'ambassadeur plante les bulbes dans son jardin et, l'année suivante, une vingtaine de tulipes font l'admiration de ses visiteurs. La réputation de cette fleur nouvelle et extraordinaire s'étend bientôt à tout le pays. Puis elle dépasse les frontières et arrive en Hollande où la fleur, qui s'acclimate bien, devient un véritable phénomène de société.

Pendant ce temps, un commerce qui ressemble à celui d'un produit précieux s'est établi entre la Turquie et l'Europe. Les Turcs vendent les bulbes en petites quantités et à des prix très élevés. Mais les commerçants européens savent que chez eux la demande est énorme et que, par snobisme, des aristocrates et des bourgeois sont prêts à acheter à n'importe quel prix ces bulbes précieux.

Vers 1600, la tulipe a conquis presque tout le grand marché européen et toutes les classes sociales. Car les commerçants ont su varier leurs produits. Ils offrent du haut de gamme pour les riches (des fleurs aux coloris rares et mélangés) et du bas de gamme pour les moins riches. La tulipe est maintenant cotée à la Bourse de Haarlem (Hollande). Un bulbe rare peut se vendre jusqu'à 76 224 €, le prix d'un appartement. Certains spéculent sur la tulipe comme on le fait aujourd'hui sur l'or ou sur le dollar. Des fortunes énormes peuvent se faire en quelques mois...

Un seul pays est resté à l'écart du phénomène. C'est l'Angleterre. Les commerçants décident alors de faire une grande opération publicitaire pour conquérir ce marché. Mais, surprise et déception, les Anglais restent indifférents. L'opération est un échec total.

Dès que la nouvelle est connue à Haarlem, quelques spéculateurs revendent leurs actions. Aussitôt, c'est l'affolement général. Tout le monde se précipite pour vendre. Des commerçants sont ruinés. C'est le premier grand krach boursier de l'histoire de l'Europe.

SCRIPT DU FILM.

Vous devez faire un film de cette histoire. Faites la liste des différentes scènes dialoguées que vous devez prévoir. Complétez le tableau.

Scène	Lieu	Personnages et dialogues
1	Jardin du palais de Topkapi	L'ambassadeur et le conseiller négocient le prix des bulbes de tulipes.
2	....	....

1 *Le conditionnel passé*

Ils font des suppositions.
Continuez les phrases.

• Après l'échec à un examen : « Si j'avais mieux révisé, j(e) … »
• Le groupe de touristes bloqué par une grève des transports : « S'il n'y avait pas eu cette grève, nous … »
• Le directeur à l'employé qui demande une augmentation mais qui ne fait pas correctement son travail : « Si … »
• La mère à sa fille malade parce que c'est l'hiver et qu'elle est sortie sans s'habiller chaudement : « Si … »

2 *Le futur antérieur*

Ils font des projets.
Continuez les phrases.

• J'ai beaucoup de travail à finir. Je ne quitterai le bureau que quand …
• Pierre a 20 ans. Il n'a pas encore gagné beaucoup d'argent. Il achètera une voiture quand …
• Les promeneurs sont fatigués. Ils font une pause. Ils repartiront quand …
• Vous n'avez pas encore vu ce film. Vous me donnerez votre avis …

 3 *L'expression du but*

Un écologiste explique dans quels buts les gorges de l'Ardèche ont été transformées en réserve naturelle.

Lisez le document ci-dessous et complétez le discours de l'écologiste.

« Les gorges de l'Ardèche ont été transformées en réserve naturelle pour … pour que … pour que … Le but de l'opération est … »

Objectifs de notre action.

■ Interdire aux communes de jeter leurs déchets dans la rivière.

■ Préserver la faune et la flore.

■ Réglementer le camping.

■ Sauver le paysage.

 4 *L'expression de la cause*

Reliez les deux phrases en utilisant chacune des expressions suivantes et en faisant les transformations nécessaires.

à cause de… parce que… puisque… grâce à…

• Je vais prendre le TGV. Les transports aériens sont en grève.
• On a construit la ligne du TGV sur les terres de M. Lapierre. M. Lapierre a perdu une partie de ses terres.
• Selim est compétent en mécanique. Avec son aide, j'ai pu réparer ma voiture.
• Tu n'aimes pas la montagne. Nous irons à la mer.

 5 *L'expression de la conséquence*

Imaginez une conséquence pour chacun des faits suivants.

Exemple : Cette forêt a été classée parc régional…
→ Le camping est **donc** réglementé. Cela **permet** de protéger certaines espèces animales, etc.

Utilisez chaque fois une expression ou un verbe de conséquence différent.

• Il pesait 100 kg. Il a fait un régime pendant 1 an.
• Il n'a pas plu depuis six mois dans cette région agricole.
• La rivière est polluée.
• Il y a eu une tempête terrible sur l'île de la Martinique.
• On a construit une ligne de TGV entre Paris et Toulouse.

6 *Situation relative dans le temps*

Continuez le récit de Sylvia, étudiante italienne, d'après son agenda.

Précisez les moments et les durées sans utiliser les dates.
→ « Je me souviens que le 14 juillet de l'année dernière j'étais à Paris. Ce jour-là … »

1er juillet – Arrivée à Paris. Inscription dans une école de langue.
13 juillet – Fin des cours de français.
14 juillet – Vu le défilé du 14 Juillet le matin. Le soir, bal dans le Quartier Latin. Rencontre d'Antoine.
15 juillet – Visite du célèbre château de Versailles avec Antoine.
16 juillet – Voyage Paris-Aix-en-Provence dans la voiture d'Antoine.
du 17 au 24 – Tourisme en Provence.
25 juillet – Retour à Paris en TGV et Paris-Rome le soir.

7 Les verbes exprimant la cause ou la conséquence

Complétez avec un verbe.

• Le TGV … aux voyageurs de faire Paris-Avignon en 2 h 40.

• En septembre dernier, des inondations catastrophiques ont eu lieu dans le sud de la France. Elles … la mort de trois personnes et des dégâts importants.

• Les nouvelles mesures pour l'emploi commencent à … des effets. Il y a 3 % de chômeurs en moins.

• Il a reçu une mauvaise nouvelle. Ça l'… triste.

8 Situations de communication

Pour chacune des quatre situations suivantes, imaginez et rédigez un bref dialogue.

a) Expression de la peur et de l'encouragement.

Pierre est candidat à un emploi et doit avoir un entretien avec le directeur du personnel. Il n'est pas sûr de lui. Son amie Nathalie l'encourage.

b) Expression de la crainte et conseils de prudence.

Adrien est photographe de presse. Il doit partir pour faire un reportage dans un pays en guerre. Sa femme exprime ses craintes. Elle lui donne des conseils de prudence. Il la rassure.

c) Expression de la culpabilité et de la réprimande.

Damien, 14 ans, arrive chez lui avec une bande dessinée et dit triomphalement à sa mère : « Je ne l'ai pas payée cher. Je l'ai volée ! » La mère réagit.

d) Protester. Faire valoir ses droits.

Un collègue de Marie a obtenu trois jours de congé exceptionnel pour aller au mariage d'un ami. Marie a fait la même démarche. Mais on lui a refusé ce congé. Elle va voir le chef du personnel.

9 Vocabulaire

a) L'écologie.

Formulez le contraire des affirmations suivantes (sans utiliser de négation).

• L'air est pollué.

• Il y a assez d'eau dans cette région.

• Dans cette région, il y a un équilibre entre les villes et la campagne.

• Dans cette région d'Afrique, les animaux trouvent de la nourriture en abondance.

• Des campeurs ont dégradé cet endroit de la forêt.

b) La loi et le droit.

Donnez un synonyme des verbes en italique.

• Il faut *observer* le règlement.

• Je vous *permets* d'emprunter ce livre.

• Ça y est ! *J'ai eu* mon autorisation.

• Vous *ne pouvez pas* fumer dans cette pièce. C'est écrit dans le règlement.

• L'enfant *a suivi* les conseils et les directives de ses parents.

c) La nature.

Trouvez cinq noms qui permettent de décrire :

1. une région montagneuse (*ex :* un pic…),
2. le cours d'une rivière
3. une région côtière

d) Trouvez une situation où les phrases suivantes peuvent être prononcées.

• Tu as de la chance !

• Tu n'oseras pas !

• J'ai le trac !

• Mettons-nous à l'abri !

• Prenez vos précautions !

10 Test culturel

Un ami qui va aller en France pour la première fois vous pose ces questions. Répondez-lui.

• Je vais à Strasbourg. On m'a dit que c'était une ville dynamique. C'est vrai ?

• On m'a dit aussi que Strasbourg était une ville européenne. Pourquoi ?

• Combien de temps faut-il, à peu près, pour faire Paris-Avignon en train ?

• J'habiterai chez des Français qui sont fonctionnaires. Qu'est-ce que c'est, un « fonctionnaire » ?

• Comme je vais travailler, il paraît que je serai inscrit à la Sécurité sociale. À quoi ça sert ?

• Ces Français m'ont écrit et m'ont dit que pendant les vacances, ils m'inviteraient dans la maison qu'ils ont en Camargue. Ça ressemble à quoi, la Camargue ?

• Mais en hiver, j'aimerais bien aller faire du ski. Tu sais où on peut en faire en France ?

• Quels sont les gestes ou les choses que les Français considèrent comme porte-bonheur ? ou qui portent malheur ?

UNITÉ 6

COMPRENDRE ET S'EXPRIMER

• Donner des informations quantitatives. Apprécier quantitativement.

• Faire face aux situations de communication relatives aux petits problèmes quotidiens (maison, voiture).

• Rédiger un constat d'accident.

• Comprendre un récit écrit au passé simple.

• Parler de l'état physique des personnes, des maladies.

• Formuler des arguments. Bâtir une argumentation.

DÉCOUVRIR

• Les nouvelles formes du travail. Les professions d'avenir.

• Les nouveautés technologiques et scientifiques.

• Quelques grands sujets de débat en France : l'éducation - la santé - la génétique - le travail - la défense de la langue française - la défense des animaux.

Face aux professionnels

Garagiste

A

La cliente : Je vous ramène ma voiture. Vous me l'avez réparée avant-hier mais il y a toujours ce sifflement bizarre quand je freine.

Le garagiste : Ça ne siffle pas un peu moins ?

La cliente : Non, de plus en plus. Et la voiture freine de moins en moins... Le bruit est si fort que tout le monde me regarde passer.

Le garagiste : Alors, il faut changer tout le bloc.

La cliente : Le bloc ?

Le garagiste : Oui, le bloc frein.

La cliente : Et ça va me faire combien ça ?

Le garagiste : Plus ou moins 2 000 F[1]. Avec la TVA en plus.

La cliente : Et ma voiture sera prête quand ? Dans deux ou trois jours ?

Le garagiste : Oh là là, beaucoup plus ! Cette voiture est tellement vieille qu'on ne trouve plus les pièces. Il faut les commander. Ça prendra au moins 15 jours. Plus un jour de travail ...

1. = 300 €.

Plombier

Maçon

Postier

Le client : Je viens retirer un paquet recommandé. Voici mon avis de réception.

Le postier : Il me faut votre carte d'identité.

Le client : C'est que ... Je vais vous expliquer. Tous mes papiers d'identité sont dans ce paquet. Je les avais oubliés chez un ami en Bretagne et il me les envoie.

Le postier : Mais comment je peux savoir qui vous êtes ?

Le client : Ben, ouvrez le paquet !

Le postier : Je n'ai pas le droit. Il n'y a que vous qui puissiez le faire.

Le client : Et alors, qu'est-ce qu'on fait ?

Le postier : Attendez, je vais voir mon chef.

Employée

La cliente : C'est moi qui ai téléphoné ce matin. Vous savez, au sujet de la facture de 20 000 F ?[1]

L'employée : Ah, ce n'est pas moi que vous avez eue. C'est ma collègue et elle est partie.

La cliente : Ben voilà. J'ai reçu une facture d'eau de 20 000 F[1].

L'employée : Ça arrive aujourd'hui. Avec les jardins, les piscines, les enfants qui prennent deux bains par jour...

La cliente : Oui, mais j'habite un deux pièces. Je vis seule. Il n'y a pas de fuite à mon installation. D'ailleurs, voici mon relevé de compteur.

L'employée : Attendez ! J'interroge l'ordinateur... Effectivement, ça ne correspond pas... Il doit y avoir une erreur quelque part.

La cliente : Donc, ça vient de l'ordinateur ?

L'employée : Peut-être. Mais moi je ne peux rien faire. Il faut que vous nous envoyiez une lettre en expliquant votre problème ...

---

1. = 3 048 €.

L'expression de la quantité

■ Les articles et l'idée de quantité

Le choix de l'article dépend du caractère masculin/féminin et singulier/pluriel du nom. Il dépend aussi de la « vision » que l'on a de l'objet ou de la personne.

1. Vision générale

→ L'objet ou la personne sont considérés comme des généralités un peu abstraites.

S	P
le, la, l' un, une	les

- Tu aimes **le** café ?
- **Un** Français du Sud parle avec **un** accent.
- **Les** hommes sont souvent égoïstes.

2. Vision particulière

→ L'objet est considéré comme un être particulier. Il peut être connu (défini) ou inconnu (indéfini).

	S	P
indéfini	un, une	des
défini	le, la, l'	les

- J'ai acheté **un** disque, **le** dernier de Cabrel.
- **Le** gouvernement a démissionné.
- Tu peux acheter **le** pain.

3. Vision quantitative

→ L'objet est considéré comme faisant partie :
– d'un ensemble que l'on peut compter ;
– d'un ensemble que l'on ne peut pas compter.

	S	P
comptable	un, une	des
non comptable	du, de la, de l'	(1)

(1) pluriel impossible car la quantité n'est pas comptable.

- Dans le placard tu trouveras **du** café, **un** paquet de café de Colombie.
- Il a **du** courage et **de** l'énergie.
- Il reste **de la** bière ? – Oui, il reste deux bières : **une** brune et **une** blonde.

• Quantités comptables ou non comptables

Les quantités non comptables sont celles qu'on perçoit naturellement comme non comptables : l'air, la terre, l'eau, les idées, les sentiments, etc. Mais beaucoup de noms peuvent passer d'une catégorie à l'autre.
J'ai bu **une** bière = un verre de bière.
J'ai écouté une chanson de Cabrel. Ça c'est **de la** bonne chanson = elle fait partie des bonnes chansons.

• Forme négative avec les articles indéfinis et partitifs

- Tu as un dictionnaire bilingue ?
1 - Non, je **n'**ai **pas de** dictionnaire bilingue.
2 - Je **n'**ai **pas un seul** dictionnaire.
3 - Je **n'**ai **pas un** dictionnaire bilingue. J'en ai trois.

- Tu bois du vin rouge avec le poisson ?
1 - Non, je **ne** bois **pas de** vin rouge.
2 - Je **ne** bois **pas du** vin rouge. Je bois **du** blanc.

---

1 LES SENS DES ARTICLES

Expliquez le sens et l'emploi des articles soulignés. Vous pouvez faire des comparaisons avec votre langue maternelle.

- **Une mère et son fils dans la cuisine.**

La mère : Tu veux regarder s'il reste du pain ?
Le fils : Il n'en reste qu'une moitié.
La mère : Ce n'est pas suffisant. Voilà 2 €. Tu veux bien aller acheter du pain ?
Le fils : Je prends une baguette ?
La mère : Non, du pain de campagne. Le pain de campagne est meilleur... Oui, prends un pain de campagne.

(Quelques minutes après)
La mère : Comment ! Tu es encore là ! Tu n'es pas parti acheter le pain ! Dépêche-toi !

- **Récit de fête.**

« Hier soir, nous avons fait un bon repas. Après, nous sommes allés à la Closerie des Lilas et nous avons commandé du champagne. Le champagne est le meilleur des digestifs. Surtout qu'à la Closerie, ils ont un excellent champagne, et pas trop cher ... Attention, si tu veux du bon et du pas cher, il faut commander le champagne de leur réserve. Ce n'est pas une marque réputée mais quand on aime le champagne, on apprécie. »

2 L'EMPLOI DES ARTICLES

Complétez avec un article (Il peut y avoir plusieurs possibilités).

• Invitation

– On va discuter un moment dans ce bar ? Je t'offre ... café.

– D'accord pour l'invitation. Mais je ne bois plus ... café. ... café m'énerve trop. Maintenant, je bois ... thé. Alors je prendrai ... thé léger au citron.

• Mal aux dents

– Tu connais ... bon dentiste ? Parce que je ne veux pas aller chez n'importe qui. ... dentiste est quelqu'un dont il faut toujours se méfier.

– Il y en a ... bons et ... moins bons. Moi, je vais chez ... dentiste de ma sœur. C'est ... excellent dentiste. Il a ... expérience, ... patience avec les enfants, et il a toujours ... histoires drôles à raconter.

3 DONNEZ DES APPRÉCIATIONS SUR VOTRE VILLE

En pensant à l'état de la ville où vous habitez et aux changements qu'elle a connus, construisez quelques phrases avec chacune des expressions du tableau ci-contre.

« Dans le centre-ville, il y a beaucoup trop de circulation. Il y a tellement d'embouteillages que ... Il y a de moins en moins de ... »

4 APPRÉCIATIONS ET COMMENTAIRES

Dialoguez avec votre voisin(e) sur les sujets suivants en utilisant les expressions du tableau.

• Êtes-vous satisfait(e) de...

– votre logement,

– vos conditions de travail,

– vos loisirs,

– vos professeurs,

– etc.

Pourquoi ?

NB : Vous pouvez choisir d'être un personnage imaginaire comme dans ce dessin humoristique.

• Repas

– Vous aimez mon poisson à la bordelaise ?

– J'adore. Ça fait longtemps que je n'ai pas mangé ... poisson à la bordelaise comme celui-là. Il faut dire que chez nous, nous ne faisons pas ... poisson à la bordelaise. Nous ne connaissons pas ... recette.

■ Comparaison et appréciation

● Comparaison (voir p. 178)

● Nuances dans les comparaisons

Il s'amuse **beaucoup plus (moins)**... **bien plus (moins)**... **un peu plus (moins)**... qu'avant.

● Progression

Il travaille **de moins en moins**.
Il est **de plus en plus** paresseux.

● Approximation

Il y avait **au moins (au plus... plus ou moins...)** 50 000 personnes à la manifestation.

● Appréciation

→ Elle parle **assez (pas assez... trop...)** fort.
→ Il fait **si (tellement)** chaud **qu'**on étouffe.
   Elle parle **tant (tellement) qu'**on ne l'écoute plus.
   Elle a **tant de (tellement de)** dettes **qu'**elle est ruinée.

Il n'y a pas assez d'animation. Mais c'est tellement calme ! Je mange beaucoup plus de poisson que quand j'habitais Paris de sorte que j'ai de plus en plus de mémoire. Alors, j'écris mes souvenirs.

Entraînez-vous

1. Pronom « en » + de plus en plus / de moins en moins.
Testez votre connaissance de la France.

• Est-ce qu'à Paris il y a de plus en plus de cafés ?
  – Non, il y en a de moins en moins.

2. Si... tant... tellement.
Écoutez Françoise et Pierre.
Transformez comme dans l'exemple.

• Il parle trop. Il m'ennuie.
→ Il parle tellement qu'il m'ennuie.

Petits problèmes quotidiens

Fais-moi passer le tournevis.

Tiens l'échelle !

Vous avez coupé le courant ?

■ Travaux dans la maison

● Électricité - Appareils électriques

une installation électrique - une lampe - une ampoule.
allumer / éteindre - une prise (de courant) - brancher / débrancher.
un appareil électroménager (*voir p. 110*) - un radiateur électrique.
une panne - être en panne - dépanner - un électricien.

● Les gros travaux

la maçonnerie (un maçon) - la menuiserie (un menuisier).

● La peinture - la décoration (un peintre - un décorateur)

(re)peindre - poser un papier peint.

● Plomberie - chauffage

une installation d'eau, de chauffage au gaz - un tuyau - un robinet - un évier - un lavabo - une baignoire - une douche - les toilettes - une chaudière.
une fuite - un tuyau bouché - un robinet bloqué.

● Les actions

construire / démolir - installer - poser - placer.
entretenir - réparer - arranger - remplacer - changer.

DÉPANNAGE - INSTALLATION - RÉNOVATION

Allô **ABC SERVICES**

du Lundi au Vendredi
8 h - 19 h
Samedi : 8 h - 12 h
TOUTE L'ANNÉE
DEVIS SUR DEMANDE

LE PROFESSIONNEL DU DÉPANNAGE
INTERVENTIONS RAPIDES
Fuites d'eau et de gaz,
ouvertures de portes, pannes d'électricité
AUTRES INTERVENTIONS :
Maçonnerie - Carrelage - Peinture - Menuiserie
Revêtements sols et murs - Isolation - Ramonage
Contrats d'entretien chauffage - Fuel et gaz

3, rue de Metz - 84390 MORIÈRES
Fax : 90.21.00.00 - Tél : 90.32.10.00

1 INSTALLATION ET DÉPANNAGE

Observez et lisez le document ci-dessus.

a) Complétez le tableau en indiquant les problèmes que l'entreprise Allô ABC Services peut résoudre et les travaux qu'elle peut faire.

Problèmes	Travaux à faire
• Robinet bloqué ou fuite au robinet	→ réparer ou changer le robinet

b) Toutes les activités de l'entreprise Allô ABC Services ne sont pas représentées par des dessins. Quels autres dessins aurait-on pu faire figurer ?

Exemple : un maçon qui répare un mur.

2 ÊTES-VOUS BRICOLEUR ?

Votre classe serait-elle capable de remplacer l'entreprise Allô ABC Services ?

a) Faites individuellement la liste de tous les petits (ou gros) travaux que vous savez faire.

b) Mettez en commun vos compétences. Classez-les par type d'activité.

Exemple : électricité : changer une ampoule - installer une prise - etc.

■ Problèmes de voiture

● La voiture en pièces détachées

la carrosserie (une aile - les portes - le toit - le coffre) - le moteur - la roue - les feux (un phare - un stop - un clignotant) - un essuie-glace - un rétroviseur - une plaque d'immatriculation le volant - le tableau de bord (le compteur - un voyant) - un siège.

● Conduire - démarrer - accélérer / ralentir -
freiner (le frein) - tourner - faire un demi-tour - croiser, doubler, dépasser un autre véhicule - s'arrêter - se garer - stationner.

● Entretien et problèmes - être en panne -
avoir un pneu crevé, à plat - gonfler - vérifier la pression - être en panne d'essence - prendre de l'essence - faire le plein - vérifier le niveau d'huile - s'arrêter dans une station-service, un garage.

● Accidents - heurter un arbre - rentrer dans ... -
accrocher une autre voiture - renverser un piéton - écraser un chien - les dommages.

---

3 LA VOITURE

a) Nommez les différentes parties de la voiture dans l'image ci-dessus.

b) Posez des questions à votre voisin(e) pour vérifier si c'est un bon conducteur (conductrice).

4 CONSTAT D'ACCIDENT

a) Lisez le rapport d'accident ci-contre et complétez le croquis.

> **Croquis de l'accident**
> Indiquez la direction des véhicules et les points de chocs.
>
> rue Voltaire
> Boulevard Victor-Hugo
> Musée

b) Faites le croquis d'un accident que vous avez eu et rédigez le constat d'accident.

CONSTAT

Circonstances de l'accident.

Je roulais sur le boulevard Victor-Hugo en direction du musée. Devant moi, à dix mètres environ, un autobus roulait dans la même direction. Tout à coup, l'autobus a donné un brusque coup de frein pour éviter une voiture qui venait en sens inverse et qui tournait à sa gauche dans la rue Voltaire, coupant la route à l'autobus.

Il faisait nuit. Il pleuvait. La chaussée était glissante et ma visibilité était limitée par l'autobus. J'ai freiné mais l'avant de mon véhicule a heurté l'arrière de l'autobus.

Dégâts sur mon véhicule : carrosserie - avant endommagé, phare gauche cassé, pneu avant-gauche déchiré.

Prononciation

GROUPES DE CONSONNES

1 Écoutez et répétez les mots.

- son [ks] : un accident, ...
- son [gz] : un exercice, ...
- son [st] : un stylo, ...
- son [sp] : un sport, ...
- autres groupes : électrique, ...

2 Répétez ces phrases.

Ce fut un accident absurde.
Mais un spectacle extraordinaire
Pour les spectateurs stupéfaits.
Un taxi, conduit par un ancien boxeur
Qui voulait stationner dans un square,
Heurta une statue d'Ibsen.
Excité, le sportif s'expulsa du taxi,
Et s'excusa auprès de la statue.

TRAVAILLER AUTREMENT

LES NOUVELLES FORMES DU TRAVAIL

Philippe Flichy est directeur de Betterway, une société de conception et d'édition de programmes interactifs. Quand sa société était installée à Paris, ses collaborateurs et lui n'arrivaient à accorder ni leur calendrier, ni leurs humeurs, ni leurs horaires. Alors, il a installé Betterway loin de Paris, dans un petit village.

AUJOURD'HUI, IL NE TRAVAILLE PLUS, il télétravaille ! Ses collaborateurs échangent constamment des données graphiques avec son ordinateur central et viennent sur place de temps à autre. Résultat : pour Philippe, une meilleure productivité, un cadre de vie idyllique, un pouvoir d'achat accru ; pour la région parisienne, moins de pollution, moins d'encombrements ; pour les commerçants, artisans de son village – qui sont venus en juin visiter « la soucoupe volante » au cours d'une journée portes ouvertes – un client de plus. L'exemple de Philippe donne un avant-goût de ce que sera le travail au XXIᵉ siècle ; nomade, éclaté et autonome. [...] Les technologies de l'information vont transformer l'ensemble de notre modèle économique et social : les modes de production et de consommation, l'organisation de l'entreprise et des services publics. Bref, notre vie.

Dominique Nora, *Le Nouvel Observateur*, septembre 1995.

1 UNE NOUVELLE ORGANISATION

Lisez l'article ci-dessus.

a) Pour quelles raisons Philippe Flichy a-t-il installé son entreprise dans un village ?

b) Comparez l'organisation de Betterway avec celle d'une entreprise traditionnelle.

c) Quels sont les avantages de cette organisation du travail ? Y trouvez-vous des inconvénients ?

d) Expliquez et commentez les trois caractéristiques du travail de demain :
    « nomade », « éclaté », « autonome »

• Cette organisation du travail sera-t-elle possible avec le métier que vous faites ou que vous ferez plus tard ?
• Avec quelles professions est-elle possible ? impossible ?

2 MÉTIERS D'AVENIR, MÉTIERS EN VOIE DE DISPARITION

a) Lisez l'article de la revue *Talents* (p. 153).
    • Pourquoi, d'après-vous, ces différentes professions sont-elles des professions d'avenir ?
    • Comparez la situation de la demande d'emploi en France et dans votre pays.

b) Lisez ci-dessous la liste des petits commerçants et des petits artisans. Pour chaque profession :
    • Expliquez sa fonction : « Le boulanger fait le pain et le vend, etc. »
    • Dites si, d'après vous, ces professions ont de l'avenir.

> **Petits commerçants - Petits artisans**
> • **Petits commerçants** : boulanger - boucher - bijoutier - épicier - fruitier - pâtissier - poissonnier - quincaillier - etc.
> • **Petits artisans** : électricien - maçon - menuisier - peintre - plombier - serrurier - tailleur (couturière) - teinturier (blanchisseur) - etc.

3 MÉTIERS RARES

Découvrez *(photos et légendes, p. 153)* cinq métiers d'avenir.

a) Quelles qualités, quelles compétences particulières faut-il avoir pour les exercer ?
    Quels sont les avantages et les inconvénients de chacun de ces métiers ?

b) Connaissez-vous d'autres métiers rares ? Présentez-les.

4 PROFESSION FICTION

Vous avez touché un héritage et vous décidez de créer une entreprise originale. Décrivez cette entreprise.

PROFESSIONS D'AVENIR

UN MÉTIER À L'ÉCOUTE

ACOUSTICIEN

Les métiers orientés vers la protection de la nature et la qualité de l'environnement sont en pleine expansion. L'acousticien contrôle le niveau sonore des lieux bruyants (villes, autoroutes, aéroports, etc.) et propose des mesures d'amélioration. Il intervient aussi dans les projets de construction.

• Une chose est sûre, le social et la santé sont des professions d'avenir. Assistante sociale, éducateur spécialisé, infirmière, etc., sont très demandés.

• Autre constante, la fonction commerciale demeure encore et toujours une voie royale, notamment dans la banque et les assurances.

• Une étude récente de l'entreprise a aussi fait plaisir aux ingénieurs – 49 % des patrons interrogés prévoyaient une augmentation de leurs effectifs à court terme. Mais avec de nouveaux profils, c'est-à-dire des ingénieurs sachant maîtriser la finance, les techniques commerciales, le management.

• Reste enfin les fameux services aux particuliers (livraison à domicile, aide aux catégories en difficulté) dont tout le monde prévoit le développement. Mais une idée astucieuse et l'envie de créer sa propre entreprise restent les meilleurs moyens de s'en sortir.

D'après *Talents*, décembre 1994.

UN MÉTIER À LA PAGE

MAQUETTISTE P.A.O
(publication assistée par ordinateur).

L'intermédiaire indispensable entre l'auteur et l'imprimeur. Il organise la mise en page du journal ou du livre (choix des lettres, illustrations, etc.).

UN MÉTIER EN HAUSSE

NETTOYEUR ACROBATIQUE

Nettoyeur acrobatique. Le verre est devenu le matériau principal des nouvelles constructions. Mais il se salit vite. Le métier de nettoyeur acrobatique est un métier qui monte. Mais il est réservé à ceux qui n'ont pas le vertige.

POUR SOLITAIRES ET AMOUREUX DE LA NATURE

GARDE-FORESTIER

Avec le développement des réserves et des parcs naturels, ce métier est en pleine expansion.

AFFAIRE DE GOÛT

AGROQUALITICIEN

Il contrôle la qualité et l'hygiène des produits alimentaires distribués dans les supermarchés, les restaurants, etc.

Sélectionnés parmi
Les cent métiers de demain,
Le livre mondial
des inventions 95.

Magazine Sciences

A LES INVENTEURS
Mais comment eurent-ils l'idée ?

Roland Moreno, qui inventa la carte à puce (carte à microprocesseur) en 1974, affirmait un jour que les grands inventeurs ne furent ni plus savants ni plus travailleurs que leurs collègues scientifiques. Tout simplement, ils utilisèrent davantage leurs dons d'observation et leur imagination.

Tout le monde connaît l'histoire d'Isaac Newton qui, se promenant dans son jardin un soir de pleine lune, vit une pomme tomber à ses pieds. Cette observation banale fit

Mini moto pour maxi rendement.

Un système original d'arrosage.

réfléchir le savant qui se demanda pourquoi la lune ne tombait pas aussi. Il eut ainsi l'idée de la théorie de l'attraction universelle. L'observation de la nature a toujours stimulé les inventeurs. Plus récemment, c'est l'étude des dauphins qui a permis d'améliorer la forme des avions et l'observation des nids d'abeilles qui est à l'origine de certains haut-parleurs.

Mais l'inventeur est aussi quelqu'un qui sait imaginer. Et imaginer c'est toujours partir de ce qui existe déjà en ajoutant, en supprimant ou en déplaçant quelque chose.

En 1886, le pharmacien américain John Pemberton avait mis au point un sirop contre la soif. Mais cette préparation ne serait jamais devenue le célèbre Coca-Cola si l'un de ses vendeurs n'y avait pas ajouté par hasard du soda.

Il suffit d'enlever un ski pour inventer le monoski, de supprimer un rail pour créer le train monorail rapide. Il suffit d'accepter de penser que les objets ne sont pas faits pour durer pour admettre l'idée du stylo jetable, du briquet jetable et aujourd'hui des vêtements jetables après une seule utilisation.

Un jour, vers 3500 avant J.-C., un potier sumérien eut l'idée de découper dans un tronc d'arbre une galette circulaire pour construire le premier tour de potier. Un ou deux siècles plus tard, un autre Sumérien pensa que cette galette circulaire pouvait être adaptée à son traîneau. Ce jour-là, il inventa la roue.

Airbus aux allures de dauphin.

B MÉDECINE
Découverte pour un futur proche

◆ Le soleil contre la déprime.

On s'en doutait mais ce n'était pas encore scientifiquement prouvé. L'action du soleil sur la peau produit une protéine antidépressive. Grosse fatigue ou petite déprime ? Jetez vos pilules et sortez au soleil !

◆ Du nouveau sur l'ulcère à l'estomac.

Non, l'ulcère à l'estomac n'est pas dû au stress mais à une bactérie. C'est ce qu'a découvert le médecin australien Barry Marshall. L'antibiotique est prêt. Les ulcères peuvent se guérir en 8 jours.

◆ La fin des vaccins par piqûre.

Des chercheurs américains ont fait fabriquer plusieurs types de vaccins par des bananiers. Pour être vacciné, il suffit de manger... une banane.

◆ Un espoir pour les obèses.

Des chercheurs américains ont isolé une protéine qui coupe l'appétit et augmente les dépenses d'énergie. Grâce à cette protéine, des souris obèses ont retrouvé une taille de guêpe. L'expérimentation sur l'homme est prévue pour 1996.

C TECHNOLOGIE
C'est pour demain

◆ Le porte-monnaie électronique.

Impossible aujourd'hui de payer une baguette de pain ou un journal à 8 F[1] avec un chèque ou une carte de crédit. Impossible donc de se séparer du lourd porte-monnaie gonflé de pièces. Le porte-monnaie électronique de demain ne pèsera que quelques grammes. On le chargera avec un appareil spécial qui débitera notre compte en banque de 500[2], 1 000[3] ou 5 000 francs[4] et il permettra de régler toutes les petites dépenses jusqu'à ce qu'il soit vide.

1. = 1,22 €. – 2. = 76,22 €. – 3. = 152 €. – 4 = 762 €.

◆ Le visiophone.

Le visage de la personne qui vous parle en même temps que sa voix, c'est pour bientôt. Le visiophone est prêt à être commercialisé mais on réfléchit à une réglementation de son utilisation. Doit-on par exemple interdire la publicité par visiophone ?

Le téléphone du futur.

Récits d'événements passés

■ Les temps du récit d'un événement passé

Actions principales. Actions présentées comme **achevées**.	Informations secondaires. Actions **en train de se dérouler ou de se faire**.	Actions **antérieures** à l'action principale.
passé composé	imparfait	plus-que-parfait
passé simple		
présent	présent	passé composé

1. Le passé simple

Très employé dans la plupart des récits écrits jusqu'au milieu du XXe siècle. Aujourd'hui, on le trouve surtout aux troisièmes personnes du singulier et du pluriel dans de nombreux récits écrits (littérature, presse, ouvrages d'information).

• **Verbes réguliers en -er (type parler).**
il / elle parl**a** - ils / elles parl**èrent**.

• **Verbes réguliers en -ir (type finir).**
il / elle fin**it** - ils / elles fin**irent**.

2. Le présent dans le récit d'événements passés

Il permet de rendre certains moments du récit plus vivants (plus « présents »). Voir par exemple le récit de la p. 152.

• **Verbes irréguliers** *(voir aussi tableaux p. 184).*

	il / elle	**ils / elles**
être	fut	furent
avoir	eut	eurent
prendre	prit	prirent
mettre	mit	mirent
faire	fit	firent
voir	vit	virent
savoir	sut	surent
pouvoir	put	purent
venir	vint	vinrent

NB. Le choix entre imparfait ou passé composé (et passé simple) ne dépend pas de la durée des actions mais de la vision que l'on a de l'action.

Exemple : **Je suis sorti** quand il rentrait.
Je sortais quand **il est rentré**.

L'action soulignée est présentée comme action principale, l'autre action comme une circonstance.

---

1 L'EMPLOI DES TEMPS DU PASSÉ

**a) Lisez le texte de la partie A, p. 154.
Faites la liste des différentes inventions dont on parle. Indiquez les circonstances de l'invention.**

Inventions	Circonstances
......	......

b) Dans chacun des six paragraphes, observez les temps employés et justifiez l'emploi de ces temps.

Exemple :
« Roland Moreno inventa » : événement passé achevé.
« Roland Moreno affirmait un jour » : on présente R. Moreno en train de parler.

c) Connaissez-vous des inventions dont les circonstances sont originales ? Racontez.

2 FORMES DU PASSÉ SIMPLE

Dans les phrases suivantes, mettez au passé composé les verbes qui sont au passé simple.

• Ce matin-là, François se leva à 6 h. Il prit un rapide petit déjeuner et sortit. Dans la rue, il s'aperçut qu'il allait pleuvoir. Il revint chez lui et mit un imperméable. Puis il courut jusqu'à la bouche de métro.

• C'était un samedi matin. Marianne descendit pour aller voir le courrier. Elle trouva une lettre à l'en-tête de l'entreprise où travaillait Fabien. Elle remonta et tendit la lettre à son mari. Ils la lurent ensemble et poussèrent un cri de joie. Fabien était nommé directeur d'une filiale aux États-Unis. Ils passèrent la matinée à téléphoner aux copains et ils les invitèrent pour le soir. L'après-midi, ils firent les courses et achetèrent du champagne.

3 COMPRENDRE UN RÉCIT AU PASSÉ SIMPLE

Voici le début d'un roman de Marcel Aymé.

a) Dans chaque phrase, relevez et mettez au présent les actions principales et les actions secondaires.

Actions principales.
Dutilleul a la révélation de son pouvoir.
Actions secondaires.
Il vient d'entrer dans sa 43ᵉ année.

Faites la liste des temps et formes verbales qui sont utilisés pour exprimer chaque type d'action.

b) Pourquoi le personnage de Dutilleul est-il extraordinaire ? Imaginez la suite de la scène.

4 RÉDIGEZ LE RÉCIT D'UN ÉVÉNEMENT ÉTRANGE OU EXTRAORDINAIRE

Il peut être vécu ou imaginé. Vous pouvez aussi raconter une scène de film, de roman de science-fiction, etc. Travaillez en deux étapes.

a) Classez les différentes actions de votre histoire dans le tableau ci-dessous.

Actions principales au passé composé	Actions antérieures au plus-que-parfait	Circonstances - Actions secondaires à l'imparfait (ou proposition au participe présent).
(3) Je suis tombé en panne sur une route déserte.	(2) Il avait plu.	(1) On était en novembre. Il faisait nuit.

b) Rédigez votre récit (une dizaine de lignes).

c) Vous pouvez faire ensuite deux autres versions de votre récit en mettant les actions principales :
1. au présent,
2. au passé simple,
et en faisant les transformations nécessaires.

d) Lisez les trois récits à votre voisin(e) et comparez-les.

Dutilleul venait d'entrer dans sa quarante-troisième année lorsqu'il eut la révélation de son pouvoir. Un soir, une courte panne d'électricité l'ayant surpris dans le vestibule[1] de son petit appartement de célibataire, il tâtonna[2] un moment dans les ténèbres[3] et, le courant revenu, se trouva sur le palier du troisième étage. Comme sa porte d'entrée était fermée à clé de l'intérieur, l'incident lui donna à réfléchir et [...] il se décida à rentrer chez lui comme il en était sorti, en passant à travers la muraille[4] [...]
Le lendemain samedi, profitant de la semaine anglaise[5], il alla trouver un médecin du quartier pour lui exposer son cas. Le docteur put se convaincre qu'il disait vrai et, après examen, découvrir la cause du mal.

Marcel Aymé, *Le Passe-Muraille*, Gallimard, 1943.

1. entrée et couloir (dans un appartement) - 2. chercher avec les mains dans le noir - 3. la nuit - 4. le mur - 5. week-end.

Entraînez-vous

1. Construction du passé composé avec deux pronoms. Vous êtes allé voir votre frère et votre belle-sœur qui habitent Rome. À votre retour, vos parents vous interrogent :

• Tu leur as donné notre cadeau ?
   – Oui, je le leur ai donné.

2. Construction du passé composé avec « en » + pronom indirect. Même situation que dans l'exercice 1.

• Tu as fait un cadeau à ta belle-sœur ?
   – Oui, je lui en ai fait un.

Restez en forme !

■ La santé - La maladie

1. L'état général.

Comment allez-vous ? Comment vous sentez-vous ?
Je vais } bien - pas très bien
Je me sens } mal - mieux
être en bonne santé / mauvaise santé

• **la fatigue** : être fatigué - épuisé - déprimé / être en pleine forme.

• **le sommeil** : dormir bien / mal - avoir des insomnies - faire des cauchemars.

• **le poids** : grossir - avoir de l'embonpoint - être trop gros / maigre.

• **la douleur** :

avoir mal à (au, etc.) } la tête - les dents -
souffrir de (du, etc.) } les jambes - les muscles -
} le ventre - l'estomac.

• **la digestion** : digérer bien/mal - avoir des douleurs d'estomac, des nausées (avoir mal au cœur) - vomir.

2. Les maladies.

prendre } froid - mal
attraper }
un rhume - le mal à la gorge - une grippe
éternuer - se moucher - tousser
une maladie de } le cœur - les poumons
être malade de (du, etc.) } - le foie - les reins
une maladie grave : l'hépatite - le cancer - le sida

3. Les soins - (se) soigner.

un médecin (le docteur Dupont) - un chirurgien - une infirmière
examiner un patient
faire des analyses (de sang, d'urine, etc.)
donner un traitement - faire une ordonnance - un médicament (un cachet - une pilule - des gouttes) - faire une piqûre
subir une opération
guérir - se remettre d'une maladie, d'une opération.

1 LA DICTATURE DE LA FORME

Être ou paraître en pleine forme, être ou paraître bien dans sa peau, c'est l'obsession de beaucoup de Français.

a) Observez les photos ci-dessous. Quelles idées, quels comportements montrent-elles ?
Comment expliquez-vous ces comportements ?

→ « Aujourd'hui, il faut être ... il faut paraître ... Pour cela on fait ... »

b) Quelle est votre recette pour être en forme (avant une épreuve sportive, un examen, etc.). Dialoguez avec votre voisin(e).

c) 🎧 Écoutez.
Un médecin vous met en garde contre certains comportements excessifs.

Relevez les dangers des comportements suivants :

– trop de sport,
– une hygiène excessive,
– les régimes,
– les soins et la chirurgie esthétique.

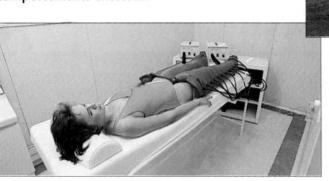

Extrait d'Agrippine de C. Brétecher, *Le Nouvel Observateur*, avril 1995.
* hernie hiatale (vocabulaire médical) : problème à l'œsophage * ma pauvre cocotte : appellation familière affectueuse.

2 ILS SE PLAIGNENT TOUJOURS !

Lisez ce début d'une bande dessinée de C. Brétecher qui présente une grand-mère (Mamie) et sa petite-fille.

a) Avec votre voisin(e), imaginez plusieurs autres rencontres semblables entre les deux personnages en utilisant le vocabulaire du tableau *(p. 158)*.

Pour finir, imaginez une scène amusante qui montre que la grand-mère est en très bonne santé.

Rédigez et jouez ces scènes.

b) D'après les médecins, quatre types de personnes vont en consultation :

• ceux qui sont malades et qui décrivent leurs symptômes ;

• ceux qui sont malades mais qui affirment que tout va bien ;

• ceux qui sont en bonne santé mais qui croient être malades ;

• ceux qui en savent plus que le médecin.

À quelle catégorie appartenez-vous ?
Imaginez une scène de consultation entre un médecin et l'un de ces « malades ».

Prononciation

1 Noms de villes et de pays étrangers.
Écoutez le nom de la capitale.

Formez une phrase comme dans l'exemple.
• Pékin ...
→ Pékin est la capitale de la Chine.

Allemagne - Argentine - Chine - Espagne - Grèce - Italie - Mexique - Pologne - Royaume-Uni.

2 Mots d'origine étrangère.
Écoutez la prononciation française de ces mots d'origine étrangère. Répétez et écrivez les mots dans le tableau.

Origine anglaise	Origine italienne	Autre origine (indiquez le pays)
un standard	une pizzeria	un patio (esp.)

LE MONDE DE DEMAIN EST DÉJÀ LÀ

Café Orbital à Paris.

LES BARS CYBERNÉTIQUES

■ L'ère du bistro multimédia est arrivée : le premier « cyberbar » parisien a ouvert ses portes le 6 mai. Après Londres, Tokyo, Los Angeles et Rio, Paris a enfin son café interactif connecté à Internet.

Là, au café Orbital, à deux pas de la Bourse et de l'AFP[1], six ordinateurs « branchés sur le Net » permettront de dialoguer avec des correspondants dans le monde entier.

Attablé devant un petit crème, vous pourrez vous glisser dans la peau d'un « cybernaute » : dialoguer avec Bill Clinton, disputer une partie d'échecs avec Gary Kasparov, échanger des recettes de cuisine avec une ménagère brésilienne ou bien faire votre shopping virtuel. Pour la modique somme de 35 F[2], vous hériterez d'un passe pour une demi-heure de délire cybernétique.

M. de la Horre, *L'Événement du Jeudi*, mai 1995.

---

1. Agence France Presse. – 2. = 5,34 €.

1 VOCABULAIRE DE LA COMMUNICATION

a) Lisez le texte ci-dessus. Recherchez et classez tous les mots appartenant au thème de la communication.

Noms	Verbes	Adjectifs
		cybernétique

b) Produisez quand c'est possible des dérivations avec ces mots.

Exemple : cybernétique → la cybernétique (la science) – un cybernéticien.

c) Recherchez (dans l'ordre du texte) les mots qui signifient :

un café - un réseau international de communication - un lieu où l'on vend ou achète des actions - une tasse de café au lait - bon marché - une folie.

2 L'ORIGINALITÉ

Trouvez-vous le café Orbital original ? Le fréquenteriez-vous ?

Imaginez un autre café original.

3 LES GÈNES

Lisez l'article « La carte d'identité génétique » (p. 161). Répondez à cette personne qui vous demande des informations sur la carte génétique.

Qu'est-ce que les gènes ? ... Où se trouvent-ils ? ... Quel est leur rôle ? ... Pourquoi dit-on que la découverte des gènes a été une grande découverte scientifique ? ... Qu'est-ce qu'une carte génétique ? ... À quoi sert-elle ? ...

4 GÉNÉTIQUE ET MORALE

Lisez l'article « Pour ou contre la carte d'identité génétique ? » (p. 161).

a) Résumez en une phrase :
→ l'opinion des scientistes
→ l'opinion des humanistes

b) Quels sont les risques donnés en exemple par les humanistes? Pouvez-vous en imaginer d'autres ?

La carte d'identité génétique

Les gènes sont des éléments fixés sur les chromosomes des êtres vivants. Leur organisation est particulière pour chaque individu. *L'équipement génétique* d'une personne détermine ses caractéristiques physiques. Il détermine aussi en partie l'évolution de sa santé. Certains généticiens pensent que les gènes peuvent peut-être influencer les tendances psychologiques.

La découverte des gènes et l'établissement de la carte génétique d'une personne permettra :
• *de guérir les maladies* en remplaçant un gène déficient ou en apportant un gène manquant ;
• *de prévoir les maladies.* En étudiant la carte génétique on peut trouver les maladies qu' un individu risque d'avoir.

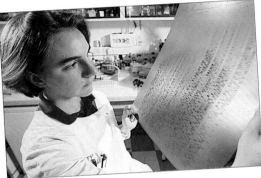

Lecture d'une carte génétique.

Pour ou contre la carte d'identité génétique.

Deux philosophies s'affrontent. Dans le camp des scientistes, on estime qu'il serait absurde de refuser l'utilisation des tests qui permettent à un individu et à ses médecins de connaître les risques auxquels celui-ci est exposé. À l'inverse, les humanistes s'inquiètent du fait que certaines affections puissent être diagnostiquées alors que l'on ne sait pas encore les guérir (...).

Lors d'une récente communication à l'Académie de médecine, le Pr. Maurice Tubiana exprimait son angoisse de voir des personnes se suicider en apprenant, au vu des résultats d'un test, qu'elles sont porteuses du gène d'un mal incurable. On peut aussi s'interroger sur l'attitude d'employeurs et d'assureurs qui n'ont pas tardé à s'intéresser de très près à ces mêmes tests génétiques, infaillibles moyens de déterminer les sujets à risques lors d'une embauche ou de la signature d'un contrat d'assurance-vie.

G. Badou, *L'Express*, avril 1995.

5 LA GÉNÉTIQUE

Voici des exemples de ce que la génétique a déjà fait avec des plantes et des animaux. Êtes-vous d'accord avec ces pratiques ? Accepteriez-vous ces pratiques sur un être humain ?

En ajoutant des gènes, en modifiant un équipement génétique, on peut :
• modifier la couleur et la forme d'une fleur,
• produire des tomates qui restent mûres longtemps et pourrissent tardivement,
• rendre un arbre résistant à une maladie,
• allonger le corps d'un porc pour qu'il ait plus de côtes,
• détruire une espèce animale. Par exemple dans les plantes que les chenilles ont l'habitude de manger, on introduit un gène coupe-faim. Les chenilles ne mangent plus et elles meurent.

La génétique permet de créer des légumes aux dimensions réduites, très décoratifs, mais toujours aussi savoureux !

6 LES OBJETS DE DEMAIN

Quels sont d'après vous :

- les objets actuels qui vont se développer et se moderniser ?
- les objets actuels qui vont disparaître ?
- les nouveaux objets qui vont apparaître ?

Le télécopieur (le fax) va-t-il petit à petit remplacer le téléphone ? Le CD ROM va-t-il remplacer les disques, les CD, les cassettes audio et les cassettes vidéo ?

Affaire à juger

Tout au long de cette leçon, vous préparerez et organiserez

UN PROCÈS

Par groupe de 6 à 10 étudiant(e)s, vous ferez au choix le procès d'un fait de société, d'une mode, d'un événement d'actualité, d'un personnage historique, d'une époque passée, etc.

Cette double page vous donnera les moyens de choisir votre sujet et d'organiser votre groupe.

Dans les pages « grammaire », vous apprendrez à formuler des arguments. Dans les pages « vocabulaire », vous apprendrez à développer ces arguments.

Les pages « civilisation » vous présenteront quelques procès ou sujets de débats.

1 LE DÉROULEMENT D'UN PROCÈS

Voici, très simplifié, le déroulement d'un procès en cour d'assises (la cour qui juge les actes criminels).
Comparez ces informations avec ce qui se passe dans votre pays ou dans certains films.
Adaptez le déroulement de ce procès à votre projet.

1. **Le président du tribunal** demande à l'accusé de se présenter. Il présente ensuite les faits qui sont à l'origine du procès. Puis, il appelle les témoins.

2. Les **témoins** se succèdent à la barre. Ils apportent leur **témoignage**. Ils peuvent **témoigner** pour **l'accusation** ou pour **la défense**. Ils peuvent être interrogés par le président et par les avocats.

4. **Les avocats de l'accusation** prennent successivement la parole. L'avocat général, un fonctionnaire du ministère de la Justice, demande **une peine**.

5. **Les avocats de la défense** prennent la parole. Ils défendent l'accusé.

3. On présente au **jury** des objets, des photos, etc., qui ont un rapport avec le crime. Le jury est toujours composé d'un nombre impair de personnes.

6. Le jury et le **président du tribunal** se retirent dans une salle. Les membres du jury décident par un vote si l'accusé est **coupable** ou **non coupable**, s'il mérite ou non la peine demandée.

7. Le jury retourne dans la salle du tribunal et le président prononce **le verdict**.

2 SUJETS DE DÉBATS

Lisez ces couvertures de magazines. Repérez les sujets de débats.
Pour chaque sujet, trouvez au moins un argument pour et un argument contre.

Exemple :

Pour l'astrologie → Elle rassure certaines personnes. Elle amuse. Etc.

Contre l'astrologie → Elle se trompe souvent. Elle n'est pas scientifique. Etc.

■ ÉTAPE 1

• Constituez vos tribunaux. Chaque tribunal comporte **un président**, un ou deux **avocats de l'accusation**, un ou deux **avocats de la défense**, deux à cinq **témoins**.

• Quand vous présenterez votre procès, **le jury** sera constitué par le reste de la classe. C'est lui qui votera pour ou contre ...

• Choisissez votre sujet et rédigez-le selon une de ces formules :

→ **Pour ou contre** ... l'interdiction des voitures dans les villes, etc.

→ Ce personnage, cette mode, ce comportement **est-il coupable de ...** ou **non coupable ?**

Dans les pages qui suivent vous préparerez votre procès. Vous ne le jouerez qu'à l'étape 4 *(fin de la leçon)*.

Formuler des idées

■ Effets de construction

1. Présentation de l'acteur, de l'action, de la qualité

Pierre a beaucoup marché. **Il** est fatigué → L'acteur est sujet de la phrase.
La marche que Pierre a faite l'a beaucoup fatigué → L'action devient sujet de la phrase.
La fatigue de Pierre est due à sa longue marche → La qualité devient sujet de la phrase.

La transformation « verbe ou adjectif → nom » est très utile dans l'enchaînement des phrases.

« Le mois dernier, le gouvernement **a augmenté** la TVA. Cette **augmentation** a provoqué la colère des consommateurs. »

2. Effets d'opposition

• **Dans la phrase**

Il est timide **mais** ...
Malgré sa timidité ...   } il n'hésite pas à
Bien qu'il soit timide ...   } parler en public.
(bien que + subjonctif)

Il est timide mais il parle **quand même** en public avec facilité.
Au lieu d'avoir peur du public, il reprend confiance.

• **Dans un enchaînement de phrases**

Elle est paresseuse.   { **Pourtant** ...   }   elle peut travailler
                        { **En revanche** ... }   10 heures par jour
                        { **Par contre** ...   }   un mois avant un examen.

D'un côté   } le pays est plus riche.   **D'un autre côté**   } il y a de plus en plus de pauvres.
D'une part   }   **D'autre part**   }

3. Énumérations de circonstances

• **Pour qu'**elle soit prête à temps, **qu'**elle ne rate pas son train et **qu'**elle arrive à l'heure, il faudrait **qu'**elle se lève tôt.

• Le sportif ne participe pas au match **parce qu'**il a été blessé et **qu'**il ne s'est pas entraîné.

• **Bien qu'**il soit malade et **qu'**il ait de la fièvre, il travaille.

---

1 **TRANSFORMATION DU VERBE EN NOM**

Transformez les informations suivantes en titres de presse comme dans l'exemple.

Exemple : Le nouveau disque de Johnny Halliday *est sorti.*
→ Sortie du nouveau disque de Johnny Halliday.

Nouvelles des spectacles
• La pièce de Molière « Le Malade imaginaire » *a été reprise* à la Comédie-Française.
• Claude Sautet *a réalisé* le film « Nelly et Monsieur Arnaud » en 1994.
• Le film « Germinal » *a coûté* très cher.
• La fréquentation des salles de cinéma *a diminué.*

2 **TRANSFORMATION DE L'ADJECTIF EN NOM**

Transformez les informations suivantes en titres de presse comme dans l'exemple.

Exemple : Le coureur cycliste Miguel Indurain a été très *courageux.*
→ Le courage de Miguel Indurain.

Nouvelles des sports
• La patineuse Surya Bonaly a fait de très *belles* figures.
• Le skieur italien Alberto Tomba est très *rapide.*
• Le coureur marocain Skah a gagné le 10 000 m parce qu'il a été à la fois *intelligent* et *endurant.*

3 MISE EN VALEUR DES ACTIONS

Réécrivez les phrases suivantes en transformant les mots en italique en noms.

Exemple : Indurain *a gagné* le Tour de France et l'événement a été fêté en Espagne.
→ La victoire d'Indurain au Tour de France a été fêtée en Espagne.

• Pour que la pollution des villes *diminue,* il faudrait *réglementer* la circulation automobile.
→ ...

• Les deux présidents *se sont rencontrés* et la presse *a commenté* l'événement.
→ ...

• En province les gens *se désintéressent* des salles de cinéma parce que les bons films sont *rares.*
→ ...

4 EXPRESSION DE L'OPPOSITION

Imaginez et complétez ce qu'ils disent.

Cet homme est handicapé. Pourtant…

J'ai réussi à traverser le Sahara malgré…, bien que… Pourtant…

5 CONSTRUCTION EN OPPOSITION

Reformulez ces opinions en utilisant les mots entre parenthèses et en faisant les transformations nécessaires.

Réponses à une enquête : « Êtes-vous pour ou contre l'interdiction des voitures dans le centre-ville ? »

• **Un habitant du centre :** « J'ai une voiture. Je suis favorable à l'interdiction. » *(pourtant)*

• **Une mère de famille :** « Il y a des transports en commun. La voiture est indispensable. » *(bien que)*

• **Un habitant de la banlieue :** « Ça ne gênera pas beaucoup ceux qui habitent le centre. Ça va handicaper ceux qui habitent la banlieue. » *(en revanche)*

• **Un sceptique :** « On interdira peut-être aux voitures de circuler. Beaucoup de gens continueront à aller au centre-ville en voiture. » *(malgré - quand même)*

6 CONSTRUCTION AVEC PLUSIEURS PROPOSITIONS

Reliez les trois phrases en utilisant le mot de liaison entre parenthèses.

• Marianne ne veut pas m'accompagner au cinéma. Je n'ai pas envie d'y aller seul. Je resterai chez moi. *(puisque)*

• Notre quartier est agréable. Notre loyer n'est pas cher. Nous allons déménager. *(bien que)*

• Je vous envoie la brochure de renseignements sur nos produits. Vous la lirez. Vous ferez votre choix. *(pour que)*

■ ÉTAPE 2

Selon le rôle que vous aurez dans le procès, rédigez une liste d'arguments et d'idées qui seront développés dans l'étape 3.

Exemple : Pour la réduction du temps de travail :
• augmentation de la durée du temps libre → développement des loisirs et par conséquent développement économique du secteur loisir
• créations d'emplois
• etc.

Entraînez-vous

1. Vous êtes sceptique et vous demandez confirmation comme dans l'exemple :

• Je ne suis pas parti en avion parce que le prix du billet a augmenté.
– C'est à cause de l'augmentation du prix ?

2. On vous parle d'un couple d'originaux. Étonnez-vous comme dans l'exemple :

• Il pleut, mais ils sortent quand même pour se promener.
– Bien qu'il pleuve, ils sortent pour se promener.

Développer un argument

■ L'éducation en France, sujet de débats

En 1994, le Premier ministre a demandé aux jeunes ce qu'ils pensaient du système éducatif. Voici quelques extraits de leurs réponses.

1 D'une manière générale, il faudrait réduire le temps de travail hebdomadaire (et donc les vacances !). La semaine des 4 jours est encore, je pense, une mauvaise réforme. Cela augmente encore le travail quotidien. Il faut au contraire le réduire et augmenter les activités de détente comme les sports. Car au lycée, en plus des 6 à 8 h de travail au lycée même, il faut encore rajouter les heures de travail à la maison (de 1 h à 5 h) selon les jours mais aussi les personnes. Une fille de ma classe s'est trouvée mal après le bac blanc. Elle a expliqué ensuite qu'elle s'était couchée à minuit - 1 h pour se réveiller à 5 h - 5 h 30 pendant les trois jours du bac blanc. C'est un cas qui malheureusement n'est pas isolé.

Alphonse, 18 ans, lycéen.

2 Que cela soit au collège ou au lycée, je n'ai eu aucun contact avec le monde de l'entreprise. On nous apprend qu'on aura « quand on sera plus grand et si on travaille bien » un travail, bref que l'on est et sera un salarié en puissance : mais nous dit-on qu'on peut créer son entreprise ? Que l'on est aussi et tout autant un chef d'entreprise en puissance ? Ce qu'est une entreprise ou comment « ça marche » ? Non, et même, on fait « comme si » l'entreprise était donnée, allait de soi : la fin d'un enseignement professionnel ne se conclut-il pas par des exercices de présentation aux entretiens d'embauche ? Imagine-t-on des exercices de création d'entreprises ? (comment trouver un financement, de quelles aides publiques peut-on bénéficier, etc. ?).

Grégoire, 24 ans, ingénieur, Toulouse.

3 Pourquoi y a-t-il en France (depuis plusieurs années) cette hégémonie certaine des mathématiques et du baccalauréat scientifique que j'ai passé l'an dernier (parce que, soi-disant, c'était mieux) ; il y a un certain paradoxe à voir en classe scientifique des élèves qui sont plus attirés

par les langues vivantes, la philosophie, la littérature (...).

Par ailleurs, pourquoi ne changerait-on pas complètement le système scolaire en s'inspirant du système allemand (cours de 45 minutes, après-midi libres nous permettant de consacrer plus de temps à nos loisirs, moins de grandes vacances en contrepartie, apprentissage ...). Il n'y a aucune honte à copier un système qui fonctionne bien et qui écarte un grand nombre de jeunes du chômage (il n'y aurait en Allemagne que 3 % de jeunes au chômage).

Bernadette, 19 ans.

Extraits de Michel Fize, *Génération Courage. Les lettres des jeunes Français au Premier ministre,* Éditions Julliard, 1995.

■ Développer un argument

Les formules suivantes sont plus employées à l'oral qu'à l'écrit.

● Introduire le développement.

→ par l'idée générale que l'on veut développer, par une interrogation, par un exemple.
→ par des formules comme :
  Je vais parler de ... démontrer que ... prouver que ...
  Nous allons voir ... examiner ... nous interroger sur ...

● Donner un exemple.

Voici un exemple ... Par exemple ...
C'est le cas ...
Ainsi ... D'ailleurs ...

● Enchaîner les idées.

→ *Succession* : D'abord ... Premièrement ... Ensuite ... Deuxièmement ... De plus ... Par ailleurs ... Enfin ... Pour finir ...
→ *Opposition* : voir p. 164.

● Conclure.

Cet exemple montre bien que ... prouve que ... révèle ...
Pour conclure, on peut dire que ...

---

1 COMPRÉHENSION DES TEXTES P. 166

La classe se partage les trois textes.

a) Lisez les textes. Trouvez les mots ou expressions qui correspondent aux explications suivantes :

Texte 1 : changement d'organisation - avoir un malaise - examen fictif qu'on passe au lycée avant le véritable examen.
Texte 2 : qui existera dans l'avenir - être normal et évident.
Texte 3 : domination - contradiction - en échange.

b) Relevez :

– les informations sur l'organisation du travail scolaire en France, les programmes, etc.,
– les changements souhaités par les étudiants.

Donnez votre opinion sur ces idées. Pouvez-vous en proposer d'autres ?

c) Présentez ces informations et vos réflexions à la classe.

2 🎧 Écoutez ces deux conversations et observez les photos p. 166.
Relevez les informations nécessaires pour rédiger le commentaire de chacune de ces photos.

3 L'ARGUMENTATION DES ÉTUDIANTS

a) Lisez le document 1, p. 166. Quelle est l'idée principale qui est développée. Observez et commentez la façon dont l'auteur de la lettre :

– introduit son sujet,
– enchaîne les idées,
– donne des exemples,
– conclut.

b) Faites le même travail pour les documents 2 et 3. Observez les différences de style. Remarquez comment les auteurs essaient d'intéresser le lecteur (citations, interrogations, etc.).

■ ÉTAPE 3

Développez les arguments dont vous avez fait la liste à l'étape 2. Vous pouvez :
– soit rédiger les développements,
– soit rédiger seulement des notes qui vous permettront de les présenter oralement dans l'étape 4.

Prononciation

INTONATION DE L'ARGUMENTATION

Écoutez et répétez ces phrases extraites d'un débat sur l'éducation.

1 - Formules d'introduction
2 - Interrogations
3 - Succession d'idées

4 - Conclusion
5 - Intonation du doute
6 - Intonation de la certitude
7 - Intonation de l'indignation
8 - Intonation de l'enthousiasme

CONTROVERSES - CONFLITS - PROCÈS

❶ TOUBON VEUT PURIFIER LA LANGUE FRANÇAISE

Paris, mercredi 23 février 1994

Le Conseil des ministres a adopté le projet de loi relatif à l'emploi de la langue française. Présenté par Jacques Toubon, ministre de la Culture et de la Francophonie, ce projet rend obligatoire le français pour toute inscription ou annonce dans un lieu public sous peine de fortes amendes. Adopté par les députés, il interdirait[1] notamment l'emploi de termes étrangers dans la publicité. Toutes les entreprises sont obligées d'utiliser le français pour leurs documents, externes et internes.

Chronique de l'année 1994.
© 1995 - Jacques Legrand S.A.

1. La loi n'a pas encore été adoptée par les députés. L'information est donc au conditionnel.

❷ DOISNEAU GAGNE LE PROCÈS DU « BAISER »

Paris, mercredi 2 juin 1993

Robert Doisneau[1] est soulagé. Le procès que lui intentait un couple qui soutenait avoir été photographié par hasard pour le célèbre cliché *Le Baiser* de l'Hôtel de Ville en 1950, a tourné à son avantage. Malgré la présentation de photographies personnelles de l'époque et celle d'une étude morphologique, ils n'ont pu convaincre le tribunal que Doisneau avait « capturé » leur étreinte. Celui-ci a démontré qu'il avait fait poser des figurants, loin de l'instantané fugitif. Tant pis pour la poésie.

Chronique de l'année 1993.
© 1994 - Jacques Legrand S.A.

1. Célèbre photographe de la poésie de la vie quotidienne.

❸ LES LOUPS DE LA ZIZANIE

Nice - Une meute d'une douzaine de loups qui, importée d'Italie, a investi ces derniers mois l'immense Parc du Mercantour, a réveillé de vieux démons parmi les bergers et les chasseurs de haute montagne des Alpes-Maritimes. Le loup est une espèce protégée en Europe.

Hier matin, peu avant 4 heures, une charge de dynamite faisait voler en éclats un pont sur une route menant au Parc national. Un correspondant anonyme a revendiqué l'attentat au nom des « Frères des loups » qui entendent « faire payer aux chasseurs ce qu'ils ont fait aux loups ». Il a annoncé « d'autres actions du même type ». L'après-midi, la ligue des opposants aux loups organisait un rassemblement devant la préfecture des Alpes-Maritimes. Pour ces 300 chasseurs et bergers, « la capture et la mise hors d'état de nuire des loups » est l'unique solution.

« 172 moutons ont été dévorés et d'énormes ravages sont constatés parmi les mouflons, chamois, sangliers ... » ont expliqué les manifestants.

La Montagne, juin 1995.

1 COMPRÉHENSION DES DOCUMENTS

Pour chaque document, faites les activités a et b.

a) Compréhension des mots nouveaux.
Voici la signification des mots difficiles que vous risquez de rencontrer en lisant les trois documents.

Document 1 :
un verbe : *accepter* - un adverbe : *en particulier* - un nom : *un mot*.

Document 2 :
un adjectif : *ne plus être inquiet* - un verbe : *faire un procès* - un verbe : *affirmer avec force* - une expres-

sion verbale : *il a gagné le procès* - un nom : *embrassade et baiser* - un adjectif : *rapide*.

Document 3 :
un nom : *un groupe (de loups)* - un verbe : *envahir* - une expression verbale : *réveiller les anciennes peurs* - un nom : *personne qui garde les moutons* - un nom : *une bombe* - une expression verbale : *détruire* - un verbe : *vouloir*.

b) Pour chaque document complétez le tableau.

Qui se plaint ? Qui accuse ?	Qui est accusé ?	Quels sont les faits reprochés ?	Comment se résout le conflit ?
...	...	...	...

2 RECHERCHE SÉLECTIVE D'INFORMATIONS ET D'ARGUMENTS

a) Examinez maintenant chaque document en adoptant le rôle que vous avez choisi pour le projet (président du tribunal, avocat de la défense, etc.).
Selon ce rôle faites le travail indiqué dans le tableau.

Rôles	Doc 1	Doc 2	Doc 3
Président du tribunal	Imaginez des faits précis que le ministre pourrait condamner.	Relatez le fait présenté dans le texte.	Relatez le fait présenté dans le texte. Imaginez d'autres faits condamnables.
Avocat de l'accusation	Trouvez des arguments pour justifier la décision du ministre.	Trouvez des arguments pour justifier la plainte du couple.	Trouvez des arguments pour accuser l'organisation « Frères des loups ».
Avocat de la défense	Trouvez des arguments en faveur de l'emploi des mots étrangers.	Défendez le photographe Doisneau.	Défendez l'organisation « Frères des loups ».
Témoin	Vous êtes grammairien ou chef d'entreprise. Prenez le parti qui convient à votre profession.	Vous êtes président de la Société des artistes. Vous défendez les artistes.	Vous êtes éleveur de moutons. Défendez votre troupeau.

b) Mettez en commun votre recherche et vos idées.

ÉTAPE 4 DU PROJET

• Relisez les étapes du déroulement d'un procès *(p. 162)*.

• Présentez votre procès devant le reste de la classe qui joue le rôle du jury.

1 Problèmes quotidiens.

Ils ont un problème. À qui vont-ils téléphoner ou qui vont-ils voir ?
Rédigez en 2 ou 3 lignes ce que chacun va dire pour expliquer son problème.
Dans l'ensemble de votre travail, employez chacune des expressions suivantes :

- de plus en plus   • tellement ... que ...   • plus ou moins   • tant de ... que ...

2 Récit d'accident.

À l'aide des indications et des croquis ci-dessous, imaginez et rédigez le constat d'accident du véhicule A.
Rédigez votre récit au passé.

• Avant l'accident		• Après l'accident
	Route nationale 107	A - Renault 5 B - Autocar C - Petit camion
8 H 00	Route départementale	

M É T É O

- Temps couvert   • Brouillard le matin
- Température : - 5°

• État du véhicule

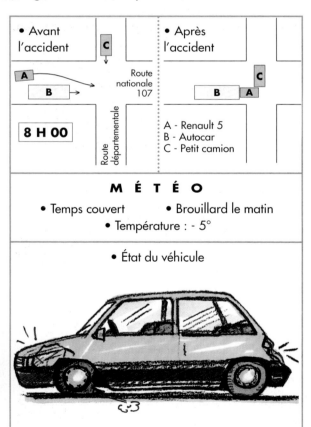

3 Comprendre un récit au passé simple.

Dans le récit suivant, mettez les verbes qui sont au passé simple au passé composé.

Ce soir-là, Sylviane et Cédric voulurent faire des projets d'avenir. Comme chaque fois qu'ils essayaient d'en faire, ils se disputèrent et la dispute fut plus violente que d'habitude. Cédric décida de sortir. Il prit le métro jusqu'à Saint-Germain, but une limonade à la terrasse d'un café, puis revint à pied jusqu'à l'appartement. Il entra et s'aperçut que Sylviane était partie.

4 Expression de l'opposition.

Marquez l'opposition entre les deux phrases en utilisant les mots de la liste (une seule fois).
Quand vous réunissez les deux phrases faites les transformations nécessaires.

- L'eau est glacée. Il se baigne.
- Hier il n'est pas resté chez lui. Il est allé au cinéma.
- Elle fait consciencieusement son travail. Elle fait beaucoup d'erreurs.
- Le sportif avait couru la veille et il paraissait fatigué. Ce jour-là, il a battu le record de France.
- Je suis plein de bonne volonté. Je ne peux pas vous aider.

au lieu de...   bien que...
malgré...   pourtant...
d'un côté... De l'autre...

5 Transformation des verbes et des adjectifs en noms.

Transformez les phrases suivantes de façon que l'action ou la qualité soulignées soient sujet de la phrase.

- Adrien est timide et cela l'handicape quand il passe l'oral d'un examen.
- En 1983, le professeur Montagnier a découvert le virus du sida. C'est un premier pas vers la guérison de la maladie.
- Le nombre des divorces augmente. C'est une des causes de l'instabilité psychologique des enfants.
- Les vieilles maisons à rénover sont rares. Leur prix est en train d'augmenter.

6 Les métiers.

a) Complétez le tableau.

Métier	Un problème qu'il peut résoudre	Ce qu'il fait pour le résoudre
Plombier		
Menuisier		
		Réparer la toiture
	Papier peint du salon sali et déchiré	
		Changer une pièce du téléviseur

b) Que vendent-ils ?

- le boulanger
- l'épicier
- le boucher
- le quincaillier
- le buraliste
- le pâtissier

c) Trouvez une profession caractéristique de chacune des activités suivantes :

- contrôler...
- fabriquer...
- imaginer...
- convaincre...

7 Les sciences.

a) Anatomie. De quel organe s'agit-il ?

- Il permet de réfléchir :
- Il permet de digérer :
- Ils permettent de respirer :
- Il fait circuler le sang :
- Il stocke les sucres :

b) Médecine. Donnez des symptômes des maladies suivantes :

- le rhume
- l'indigestion
- la grippe
- une fracture à la jambe

c) Découverte scientifique. Complétez ce texte avec les mots appropriés.

Des chercheurs pensent avoir ... un nouveau vaccin contre le rhume. Ils sont en train de l'... sur des animaux et ils font de nombreux ... Ils pensent que le vaccin sera ... dans deux ans et qu'il pourra être commercialisé. Quand tout le monde sera ... contre le rhume, on pourra enfin aller au concert sans être gêné par les voisins qui ...

d) Technologie. Citez des objets de la technologie moderne qui permettent :

- de payer plus facilement
- d'informer quelqu'un
- de simplifier le travail

8 Suites d'actions.

Observez ces personnes.
Dites ce qu'elles ont fait avant. Ce qu'elles font. Ce qu'elles vont faire.
Rédigez au moins 6 phrases pour chaque situation.

La France administrative

• Les divisions administratives

• 22 régions dans l'Hexagone, **cinq départements d'outre-mer** (Guadeloupe, Martinique, Réunion, Guyane, Saint-Pierre-et-Miquelon) et **des territoires d'outre-mer** (Polynésie, etc.). Les régions sont administrées par un **conseil régional**.

• 96 départements. Dans chaque département, il y a un **chef-lieu** où se trouve la **préfecture**. Le **préfet** est le représentant de l'État.

• 36 558 communes. La plus grande est Paris. La plus petite, Ornes, dans le département de la Meuse, a un seul habitant. **Le maire** et ses **conseillers municipaux** administrent les communes. Ils sont élus.

• Le regroupement de plusieurs communes forme un **canton** administré par un **conseiller général** élu.

• On élit, par ailleurs, 5 **députés** en moyenne par département.

• Les grandes villes
(en milliers d'habitants)

	Ville	Agglomération
Paris	2 152	9 318
Marseille	800	1 230
Lyon	415	1 262
Toulouse	358	650
Nice	342	516
Strasbourg	252	388
Nantes	244	496
Bordeaux	210	696
Montpellier	207	248
Lille	172	959

100 km

La France physique

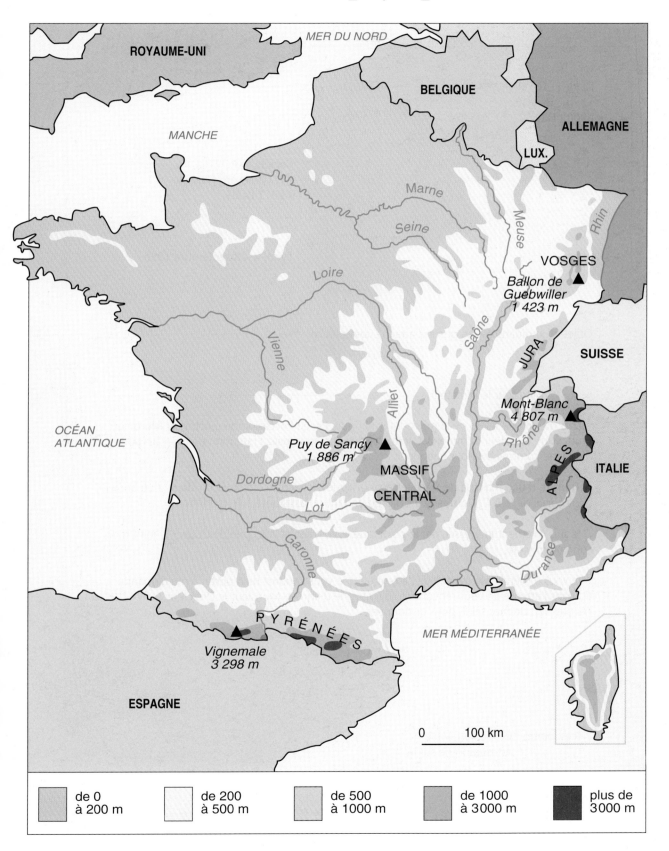

ROYAUME-UNI

MER DU NORD

BELGIQUE

ALLEMAGNE

LUX.

MANCHE

Marne

Seine

Meuse

Rhin

VOSGES

Ballon de
Guebwiller
1 423 m ▲

Loire

JURA

SUISSE

Vienne

Saône

OCÉAN
ATLANTIQUE

Allier

Mont-Blanc
4 807 m ▲

Rhône

ITALIE

Puy de Sancy
1 886 m ▲

MASSIF

ALPES

Dordogne

CENTRAL

Lot

Garonne

Durance

P Y R É N É E S

MER MÉDITERRANÉE

Vignemale
3 298 m ▲

ESPAGNE

0   100 km

| | de 0 à 200 m | | de 200 à 500 m | | de 500 à 1000 m | | de 1000 à 3000 m | | plus de 3000 m |

Marie LETOURNIER ──────────────────────────────── (1)
12, rue de Metz
69002 LYON

                                    Société EXPORTEX ──────────────── (2)
                                    32, boulevard Masséna
                                    75013 PARIS

                                    Lyon, le 28 septembre 1995

Objet : Candidature à un poste d'attaché commercial ──────────────── (3)

        Monsieur le Directeur, ──────────────────────────── (4)

    Lors du dernier Salon de la micro-informatique, j'ai eu l'occasion de rencontrer Monsieur Brun, votre directeur commercial. Il m'a appris que vous aviez l'intention de créer un poste d'attaché commercial pour l'étranger.

    Titulaire d'une maîtrise de Sciences économiques, je viens d'effectuer un stage d'un an au siège social de la B.C. Company à Chicago en tant qu'assistante à l'exportation.

    Je suis vivement intéressée par le poste que vous créez et vous prie de trouver ci-joint mon curriculum vitae.

    Je vous remercie par avance de l'attention que vous voudrez bien porter à ma demande et, dans l'attente de vous rencontrer, je vous prie d'agréer, Monsieur le Directeur, ──── (5)
l'expression de mes salutations distinguées.

Marie Letournier

Pièces jointes : Curriculum vitae
                      Attestation de stage

① L'expéditeur

Dans le cas où la lettre n'est pas accompagnée d'un curriculum vitae, le nom et l'adresse de l'expéditeur peuvent être suivis d'autres informations utiles (n° de téléphone, profession, etc.). Ces informations doivent permettre d'identifier rapidement l'expéditeur.

② Le destinataire

Monsieur Pierre DURAND - Madame Nathalie DELVAUX -
Monsieur le Directeur d'EXPORTEX - Monsieur le Professeur Jacques ANTOINE - Madame l'Attachée de presse - etc.

③ L'objet et la référence

• L'indication de l'objet de la lettre n'est pas obligatoire mais elle permet d'orienter rapidement le courrier vers le service concerné.

• Quand on répond à une lettre administrative, il est souhaitable d'indiquer les références de cette lettre.
Exemple :
Références : votre demande du 08/10/1995, n° 267.

④ Les formules d'appel

• Lettres à la famille ou aux amis :   Cher Jean - Chère Marie - Cher ami - Cher(s) cousin(s) -
Mon cher Jean - Ma chère Marie (plus affectueux).

• Lettres à une personne qu'on ne   Monsieur - Madame.
connaît pas ou qu'on connaît peu :   Cher Monsieur - Cher Collègue - etc. (s'il existe un certain degré de familiarité).

• Lettres à un(e) responsable :   Monsieur le Directeur - Madame la Directrice (Madame le Directeur).
Monsieur le Maire - Monsieur le Conseiller.

⑤ Les formules de politesse

• Lettres à la famille ou aux amis   Affectueux baisers - Je t'embrasse.
(selon le degré de familiarité   Affectueuses pensées - Amicales pensées.
et d'intimité) :   Amicalement - Bien amicalement.
Cordialement - Bien cordialement.

• Lettres à une personne   Je vous prie d'agréer, Monsieur (Madame, Monsieur le Directeur,
qu'on ne connaît pas ou qu'on   Madame le Professeur), l'expression de mes sentiments les meilleurs.
connaît peu. Lettres   ... l'expression de mes salutations distinguées.
à caractère administratif.   ... l'expression de mes sentiments respectueux (à une personne importante).
... l'expression de mes sentiments dévoués (à un supérieur hiérarchique).

GRAMMAIRE

☞ Les pages suivantes :
– développent les points de grammaire traités dans PANORAMA I et non repris au niveau II
– renvoient à tous les points de grammaire traités dans cet ouvrage.

■ Nommer - Désigner (les déterminants)

	Masc. sing.	Fém. sing.	Pluriel
articles indéfinis			
articles définis	voir p. 148		
articles partitifs			
à + articles définis	au - à l'	à la - à l'	aux
de + articles définis	du - de l'	de la - de l'	des
adjectifs démonstratifs	ce - cet	cette	ces
adjectifs interrogatifs	quel	quelle	quels - quelles
adjectifs possessifs — un possesseur	mon - ton - son	ma - ta - sa	mes - tes - ses
adjectifs possessifs — plusieurs possesseurs	notre - votre - leur		nos - vos - leurs
adjectifs indéfinis	voir p. 100		

■ Substituer (les pronoms)

- **Les pronoms personnels (p. 16)**
- **Les pronoms possessifs (p. 72)**
- **Les pronoms démonstratifs (p. 72)**

- **Les pronoms interrogatifs (p. 72)**
- **Les pronoms indéfinis (p. 100)**

Construction avec deux pronoms

1. Phrases déclaratives affirmatives et négatives (p. 137)

2. Phrases impératives

- **le, la, les + moi, toi, lui, etc.**

Ce livre ...
Prête-le-moi !
Prête-le-lui !

- **moi, toi, lui, etc. + en**

Du thé ...
Donne-m'en
Donne-lui-en !

À la forme négative, l'impératif suit les mêmes règles que les phrases déclaratives (p. 137) :
Ne me le prête pas !
Ne le lui prête pas !
Ne m'en donne pas !

■ La négation

La négation porte sur le verbe ou sur un nom précédé d'un article défini (ou contracté)	Il *ne* travaille *pas*. Il *n'*aime *pas* le thé.
La négation porte sur un nom introduit par un article indéfini ou partitif → ne ... pas de sauf quand la négation fait partie d'une opposition.	Elle *n'*a *pas de* voiture. Elle *ne* boit *pas de* thé. *mais* Elle *n'*a *pas une* voiture rouge. Elle a une voiture bleue. Elle *ne* boit *pas du* thé mais elle boit du café.
Négation d'une idée de temps → encore - toujours / ne ... plus → quelquefois / ne ... jamais	Il *ne* va *plus* au théâtre. Il *ne* va *jamais* à l'opéra.
Négation d'une idée de quantité (voir p. 100) → des ... un ... } pas un (e) ... (ne ...) aucun (e) (ne ...)	Je *n'*ai *pas un* sou. Je *n'*ai *pas* vu *un seul de* mes amis. *Aucune* de mes amies *n'*est venue.
Négation d'un pronom indéfini → quelqu'un / ne ... personne (ne ...) → quelque chose / ne ... rien (ne ...) → quelque part / ne ... nulle part	Je *n'*ai vu *personne*. *Personne n'*est venu. Il *ne* s'est *rien* passé. *Rien ne* s'est passé. Je *ne* l'ai vu(e) *nulle part*.
Double négation → ni ... ni ... ne → ne ... ni ... ni	*Ni* Pierre, *ni* Marie *ne* sont venus. Je *n'*ai vu *ni* Pierre, *ni* Marie.

■ La caractérisation

1. Pour caractériser un nom

• L'adjectif qualificatif :

C'est un livre neuf - Ce livre est neuf.

• Le complément du nom :

– **lieu** : une rue *de* Paris.
      une ville *de* France.

– **matière** : une chemise *de* coton.
      une veste *en* cuir.

– **caractéristique** : une maison *au* toit rouge.
      une fille *aux* yeux bleus.

– **fonction** : une salle *de* réunion.
      un verre *à* vin.
      une robe *de* soirée.

• La proposition relative (voir p. 108)

2. Pour caractériser une action

• L'adverbe (p. 92)

• Le gérondif et le participe présent (p. 92)

• La construction avec préposition :

Il parle *avec* humour.
Le courrier arrive *par* la poste.
Il vient *à* pied, *à* cheval, *à* vélo.
Il voyage *en* train, *en* avion.

■ Comparer - Apprécier

1. La phrase comparative

La comparaison porte sur ...	Supériorité	Égalité	Infériorité
• **une qualité** (adjectif ou adverbe)	**plus ... que** Pierre est *plus* grand *que* moi *NB* : bon → meilleur ; mauvais → plus mauvais, pire.	**aussi ... que** Il chante *aussi* bien *que* moi.	**moins ... que** Il est *moins* travailleur *que* Jean.
• **une action** (verbe)	**plus (...) que** Il parle *plus que* moi. *NB* : bien → mieux	**autant (...) que** Il travaille *autant que* moi. Il a *autant* travaillé *que* moi.	**moins (...) que** Il mange *moins que* moi. Il a *moins* mangé *que* moi.
• **une quantité** (nom)	**plus de ... que** Il y a *plus* d'habitants à Londres qu'à Paris.	**autant de ... que** Elle a *autant* d'enfants que nous.	**moins de ... que** Nous avons gagné *moins* d'argent que l'an dernier.

2. L'expression du superlatif

• **Adjectifs et adverbes :**

Marie est *la plus* courageuse, *la moins* timide.
C'est Jacques qui parle *le mieux*, *le moins* vite.

• **Verbes :**

C'est Pierre qui mange *le plus*.
C'est Marie qui travaille *le moins*.

• **Noms :**

C'est à Paris que j'ai *le plus* d'amis.
C'est en province que j'ai *le moins* d'amis.

3. Appréciation : voir p. 148

■ L'interrogation

1. L'interrogation générale

• **Intonation :**

Pierre vient demain ?

• **Est-ce que :**

Est-ce que Pierre vient demain ?

• **Pronom sujet après le verbe :**

Pierre vient-il demain ? Arrive-t-il à 8 heures ?

• **Forme interro-négative :**

Pierre ne vient pas demain ? *(intonation)*
Est-ce que Pierre ne vient pas demain ?
Pierre ne vient-il pas demain ? N'arrive-t-il pas à 8 heures ?

2. L'interrogation sur les personnes

• **La personne est sujet :**

Qui parle ? **Qui est-ce qui** parle ?

• **La personne est complément :**

Pierre amène **qui** ? – **Qui** Pierre amène-t-il ?
Marie téléphone **à qui** ? – **À qui** Marie téléphone-t-elle ?
Vous travaillez **avec qui** ? **pour qui** ? – **Avec qui, pour qui** travaillez-vous ?

3. L'interrogation sur les choses

• **La chose est sujet :**

Qu'est-ce qui fait du bruit ?

• **La chose est complément :**

Qu'est-ce que tu fais ce soir ? Tu fais **quoi** ce soir ?
À quoi penses-tu ? Tu penses **à quoi** ? **À quoi** est-ce que tu penses ?
Avec quoi as-tu décoré ton salon ?

4. L'interrogation sur le temps

• **Date et moment :**

Quand viens-tu ? **Quand est-ce que** tu viens ?
À quelle date ... ? **À quelle heure** ... ? **À quel moment** ... ?
Quel jour ... ? **Quelle** année ... ?
Depuis quand est-il arrivé ? (depuis le 3 octobre)
Jusqu'à quand restera-t-il ? (jusqu'au 3 novembre)
À partir de quand avez-vous travaillé ? (à partir du 5 octobre)

• **Durée :**

Depuis combien de temps (combien de jours, combien d'années, etc.) êtes-vous à Paris ? (depuis trois ans)
Pendant combien de temps avez-vous habité le Quartier Latin ? (pendant six mois)
En combien de temps avez-vous écrit ce livre ? (en six mois)

5. L'interrogation sur le lieu

• **Où allez-vous ? D'où venez-vous ? Jusqu'où irez-vous ? Par où passez-vous ?**

• **Préposition de lieu + qui/quoi**

À côté de qui êtes-vous assis ? **Derrière quoi** se cache-t-il ?

6. L'interrogation sur un choix

• **Adjectifs interrogatifs :**

Quel livre préférez-vous ?
Dans quelle boîte de nuit allez-vous ?

• **Pronoms interrogatifs** (voir p. 72).

7. Interrogation sur le but, la cause, la conséquence (Voir p. 128).

■ L'expression du temps (le récit)

1. L'emploi des temps dans le récit

• **Récit au passé :**

passé composé et imparfait (p. 8) ⎱ événements
passé simple et imparfait (p. 156) ⎰ principaux et secondaires.

plus-que-parfait (p. 80)   événements antérieurs.
passé récent (p. 8)   événements proches du présent.
imparfait (p. 136)   actions répétées et habituelles.

• **Récit au présent :**

présent (p. 8)   événements présents ou passés.
présent progressif (p. 8)   événements en train de se dérouler.

• **Récit au futur :**

futur (p. 8)   événements futurs.
futur antérieur (p. 120)   événements antérieurs.
futur proche (p. 8)   événements proches du présent.

2. L'emploi des temps dans le discours rapporté

• **Relation d'un discours présent (p. 52)**
• **Relation d'un discours passé (p. 80)**

3. Le déroulement de l'action

• **Du début à la fin :**

commencer à - se mettre à / continuer / finir de - s'arrêter de

• **Continuité / non-continuité :**

Il travaille **encore.**
Il travaille **toujours.**
Il ne travaille **plus.**

• **Point de vue :**

Il est **déjà** arrivé / Il n'est **pas encore** arrivé.

• **Caractérisation du déroulement :**

peu à peu - petit à petit - progressivement - de plus en plus - de moins en moins.

4. La répétition et l'habitude

• **Préfixe -re :**

Elle refait son travail. Il repeint le salon.

• **Toujours / ne ... jamais :**

Il travaille **toujours** le samedi. Il **ne** travaille **jamais** le dimanche.

• **Encore / ne ... plus :**

Pierre a **encore** eu une mauvaise note. Marie **n'**a **plus** de mauvaises notes.

• **Expressions exprimant la fréquence :**

Elle va ⎱ une fois, deux fois par semaine
au cinéma ⎰ de temps en temps - parfois - quelquefois
    souvent - la plupart du temps

■ L'expression de l'espace

1. Peuvent se construire avec un verbe ou avec un nom (la préposition qui sert à la construction avec un nom est donnée entre parenthèses)

à l'intérieur (de) / à l'extérieur (de) - en haut (de) / en bas (de) - autour (de) - au-dessus (de) / au-dessous (de)
au milieu (de) - au fond (de) - au sommet (de) - de l'autre côté (de) - loin (de) / près (de) - en face (de) - au bord (de) -
à côté (de) - à gauche (de) / à droite (de) - devant / derrière.

2. Se construisent seulement avec un nom

dans - sur - sous - entre - parmi - par - le long de -
du côté de - vers - à travers.

3. Se construisent seulement avec un verbe

dedans - dehors - ailleurs - partout - quelque part -
n'importe où - ici - là - là-bas - là-haut - là-dessus -
là-dessous - par ici - par là - par là-bas - tout droit -
ci-dessus - ci-dessous.

■ L'expression des notions et des idées

1. Les relations logiques

• Addition et liaison (pp. 66 et 167) :

et - en plus - de plus - etc.

• Réduction et manque (pp. 66 et 130) :

en moins - il manque ... - il reste ... - etc.

• Choix (p. 73) :

ou ... ou (bien) ... - soit ... soit ... - etc.

• Le but (p. 128) :

pour ... - pour que + subjonctif - etc.

• La cause (p. 128) :

parce que ... - à cause de ... - comme ... - puisque ... - en effet ... - etc.

• La conséquence (p. 128) :

donc ... - par conséquent ... - de sorte que ... - etc.

• Organisation d'un ensemble (tout et parties) (p. 55) :

faire partie de ... - comporter ... - etc.

• Réciprocité :

forme pronominale : Pierre et Jean se battent.

• Sens réfléchi :

forme pronominale : Pierre se regarde dans la glace.
pronoms réfléchis : moi-même, toi-même, lui-même, elle-même, etc.

2. Les notions relatives à la vérité d'un fait

• Possibilité / Impossibilité (p. 52) :

Il est possible / impossible que ... etc.

• Probabilité / Improbabilité (p. 52) :

Il est probable / improbable que ... etc.

• Certitude / Doute (p. 52) :

C'est sûr, certain - On peut en douter - etc.

• Hypothèse (p. 64) :

Si elle était ... Supposons que ... Admettons que ... etc.
(Voir aussi vocabulaire p. 26.)

3. L'expression de la subjectivité

- Appréciation et opinion (p. 12).
- Approbation et désapprobation (p. 82).
- Confiance et méfiance (p. 82).
- Demandes (p. 64).
- Interdiction et permission (p. 138).
- Crainte et courage (p. 122).
- Plainte (p. 25).
- Suggestion et conseils (p. 64).
- Volonté et souhait (p. 24).

■ Procédés de mise en valeur dans la phrase

1. La vision passive (pp. 36 et 37)

• Transformation passive :

Marie a repeint le salon.
→ Le salon a été repeint par Marie.

• Construction : (se) faire + verbe :

Un maçon a construit une maison pour Pierre.
→ Pierre s'est fait construire une maison.

• Construction pronominale :

On construit une bibliothèque
→ Une bibliothèque se construit.

2. La forme présentative

Pierre écrit un roman → C'est Pierre qui écrit un roman.
→ C'est un roman que Pierre écrit.

3. La forme impersonnelle (p. 52)

Pierre est malade. C'est possible → Il est possible que Pierre soit malade.

4. La transformation nominale (p. 162)

• Verbe → nom :

Les prix ont augmenté. Les consommateurs sont mécontents.
→ L'augmentation des prix a mécontenté les consommateurs.

• Adjectif → nom :

→ Le mécontentement des consommateurs est dû à l'augmentation des prix.

CONJUGAISONS

■ Ce qu'il faut savoir pour utiliser les tableaux de conjugaison des pages suivantes —

Temps et formes	Principes de conjugaison
Présent de l'indicatif	• Les verbes en **-er** se conjuguent comme « **regarder** » sauf : - le verbe « aller » - les verbes en **-yer, -ger, -eler, -eter** qui présentent quelques différences. • Pour les autres verbes, la seule règle générale est la terminaison **-s, -s, -t, -ons, -ez, -ent.** Mais il y a des exceptions (pouvoir, vouloir, etc.). Il faut donc apprendre les conjugaisons de ces verbes par types.
Passé composé	• Il se forme avec les auxiliaires *avoir* ou *être* + le participe passé. • Les verbes utilisant l'auxiliaire *être* sont : - **les verbes pronominaux** - les verbes suivants : **aller - arriver - décéder - descendre - devenir - entrer - monter - mourir - naître - partir - rentrer - retourner - rester - sortir - tomber - venir.** **ainsi que leurs composés en -re** : redescendre - redevenir - etc.
Imparfait	• Il se forme à partir de la 1re personne du pluriel du présent : **nous faisons → je faisais, tu faisais**, etc. Ensuite, la terminaison est la même pour tous les verbes : **-ais, -ais, -ait, -ions, -iez, -aient.**
Plus-que-parfait	• *Avoir* ou *être* à l'imparfait + participe passé. • Les verbes utilisant l'auxiliaire *être* sont les mêmes qu'au passé composé.
Futur	• Les verbes en **-er**, (sauf « aller ») se conjuguent comme « **regarder** ». Pour les autres verbes, il faut connaître la 1re personne. Ensuite, seule la terminaison change. je fer**ai** - tu fer**as** - il/elle/on fer**a** - nous fer**ons** - vous fer**ez** - ils/elles fer**ont**.
Futur antérieur	• *Avoir* ou *être* au futur + participe passé.
Conditionnel présent	• Il se forme à partir de la 1re personne du singulier du futur : **je ferai → je ferais.** • Ensuite, la terminaison est la même pour tous les verbes : je fer**ais** - tu fer**ais** - il/elle/on fer**ait** - nous fer**ions** - vous fer**iez** - ils/elles fer**aient**.
Conditionnel passé	*Avoir* ou *être* au conditionnel + participe passé
Subjonctif présent	• Pour la plupart des verbes, partir de la 3e personne du pluriel du présent : **ils regardent → que je regarde - ils finissent → que je finisse ils prennent → que je prenne - ils peignent → que je peigne** Mais il y a des exceptions : savoir → que je sache, etc. • Ensuite, la terminaison est la même pour tous les verbes : que je regard**e** - que tu regard**es** - qu'il/elle/on regard**e** - que nous regard**ions** - que vous regard**iez** - qu'ils/elles regard**ent**.
Passé simple	• Pour les verbes en **-er**, partir de l'infinitif : **parler → il/elle parla - ils/elles parlèrent.** • Pour les autres verbes, il y a souvent une ressemblance avec l'infinitif ou le participe passé mais ce n'est pas une règle générale : finir → il/elle finit - ils/elles finirent pouvoir (participe passé : pu) → il/elle put - ils/elles purent.
Participe présent Gérondif	• Ils se forment souvent à partir de la 1re personne du pluriel du présent de l'indicatif, mais il y a des exceptions : **nous allons → allant - nous pouvons → pouvant.**
Impératif	• Pour la plupart des verbes on utilise les formes du présent de l'indicatif : - Tu parles → Parle ! - Nous parlons → Parlons ! - Vous parlez → Parlez ! Le **-s** des verbes en **-er** et du verbe « aller » disparaît après « tu » à l'impératif sauf quand une liaison est nécessaire. Parles-en ! Vas-y ! • Les verbes « avoir » et « être » sont irréguliers : Sois gentil ! Aie du courage ! Sache que je t'observe !

Conjugaison des verbes avoir - être - regarder - se laver - aller

	PRÉSENT	PASSÉ COMPOSÉ	IMPARFAIT	FUTUR	IMPÉRA
AVOIR	J'ai Tu as Il a Nous avons Vous avez Ils ont	J'ai eu Tu as eu Il a eu Nous avons eu Vous avez eu Ils ont eu	J'avais Tu avais Il avait Nous avions Vous aviez Ils avaient	J'aurai Tu auras Il aura Nous aurons Vous aurez Ils auront	Aie Ayons Ayez
ÊTRE	Je suis Tu es Il est Nous sommes Vous êtes Ils sont	J'ai été Tu as été Il a été Nous avons été Vous avez été Ils ont été	J'étais Tu étais Il était Nous étions Vous étiez Ils étaient	Je serai Tu seras Il sera Nous serons Vous serez Ils seront	Sois Soyons Soyez
REGARDER	Je regarde Tu regardes Il regarde Nous regardons Vous regardez Ils regardent	J'ai regardé Tu as regardé Il a regardé Nous avons regardé Vous avez regardé Ils ont regardé	Je regardais Tu regardais Il regardait Nous regardions Vous regardiez Ils regardaient	Je regarderai Tu regarderas Il regardera Nous regarderons Vous regarderez Ils regarderont	Regarde Regardons Regardez
SE LAVER	Je me lave Tu te laves Il se lave Nous nous lavons Vous vous lavez Ils se lavent	Je me suis lavé Tu t'es lavé Il s'est lavé Nous nous sommes lavés Vous vous êtes lavés Ils se sont lavés	Je me lavais Tu te lavais Il se lavait Nous nous lavions Vous vous laviez Ils se lavaient	Je me laverai Tu te laveras Il se lavera Nous nous laverons Vous vous laverez Ils se laveront	Lave-toi Lavons-nous Lavez-vous
ALLER	Je vais Tu vas Il va Nous allons Vous allez Ils vont	Je suis allé Tu es allé Il est allé Nous sommes allés Vous êtes allés Ils sont allés	J'allais Tu allais Il allait Nous allions Vous alliez Ils allaient	J'irai Tu iras Il ira Nous irons Vous irez Ils iront	Va Allons Allez

SUBJONCTIF PRÉSENT	CONDITIONNEL PRÉSENT	CONDITIONNEL PASSÉ	FUTUR ANTÉRIEUR	PLUS-QUE-PARFAIT
Que j'aie	J'aurais	J'aurais eu	J'aurai eu	J'avais eu
Que tu aies	Tu aurais	Tu aurais eu	Tu auras eu	Tu avais eu
Qu'il ait	Il aurait	Il aurait eu	Il aura eu	Il avait eu
Que nous ayons	Nous aurions	Nous aurions eu	Nous aurons eu	Nous avions eu
Que vous ayez	Vous auriez	Vous auriez eu	Vous aurez eu	Vous aviez eu
Qu'ils aient	Ils auraient	Ils auraient eu	Ils auront eu	Ils avaient eu
Que je sois	Je serais	J'aurais été	J'aurai été	J'avais été
Que tu sois	Tu serais	Tu aurais été	Tu auras été	Tu avais été
Qu'il soit	Il serait	Il aurait été	Il aura été	Il avait été
Que nous soyons	Nous serions	Nous aurions été	Nous aurons été	Nous avions été
Que vous soyez	Vous seriez	Vous auriez été	Vous aurez été	Vous aviez été
Qu'ils soient	Ils seraient	Ils auraient été	Ils auront été	Ils avaient été
Que je regarde	Je regarderais	J'aurais regardé	J'aurai regardé	J'avais regardé
Que tu regardes	Tu regarderais	Tu aurais regardé	Tu auras regardé	Tu avais regardé
Qu'il regarde	Il regarderait	Il aurait regardé	Il aura regardé	Il avait regardé
Que nous regardions	Nous regarderions	Nous aurions regardé	Nous aurons regardé	Nous avions regardé
Que vous regardiez	Vous regarderiez	Vous auriez regardé	Vous aurez regardé	Vous aviez regardé
Qu'ils regardent	Ils regarderaient	Ils auraient regardé	Ils auront regardé	Ils avaient regardé
Que je me lave	Je me laverais	Je me serais lavé	Je me serai lavé	Je m'étais lavé
Que tu te laves	Tu te laverais	Tu te serais lavé	Tu te seras lavé	Tu t'étais lavé
Qu'il se lave	Il se laverait	Il se serait lavé	Il se sera lavé	Il s'était lavé
Que nous nous lavions	Nous nous laverions	Nous nous serions lavés	Nous nous serons lavés	Nous nous étions lavés
Que vous vous laviez	Vous vous laveriez	Vous vous seriez lavés	Vous vous serez lavés	Vous vous étiez lavés
Qu'ils se lavent	Ils se laveraient	Ils se seraient lavés	Ils se seront lavés	Ils s'étaient lavés
Que j'aille	J'irais	Je serais allé	Je serai allé	J'étais allé
Que tu ailles	Tu irais	Tu serais allé	Tu seras allé	Tu étais allé
Qu'il aille	Il irait	Il serait allé	Il sera allé	Il était allé
Que nous allions	Nous irions	Nous serions allés	Nous serons allés	Nous étions allés
Que vous alliez	Vous iriez	Vous seriez allés	Vous serez allés	Vous étiez allés
Qu'ils aillent	Ils iraient	Ils seraient allés	Ils seront allés	Ils étaient allés

■ Verbes présentant des irrégularités

Mode de lecture des tableaux ci-dessous

	infinitif	
conjugaison du présent	1re personne du futur	
	1re personne du subjonctif	
	3e personne du passé simple	
	participe passé	
verbes ayant une conjugaison identique		

■ Verbes en -er

Se conjuguent comme « **parler** »

• Cas particuliers
Verbes en -yer

payer	
je paie	je paierai
tu paies	que je paie
il paie	que je paye
nous payons	il/elle paya
vous payez	
ils paient	payé
appuyer - balayer - envoyer - essayer - essuyer - nettoyer - renvoyer	

Verbes en -eler et -eter
sauf les verbes du type « acheter »

appeler	
j'appelle	j'appellerai
tu appelles	que j'appelle
il appelle	
nous appelons	il/elle appela
vous appelez	
ils appellent	appelé

acheter	
j'achète	j'achèterai
tu achètes	que j'achète
il achète	
nous achetons	il/elle acheta
vous achetez	
ils achètent	acheté
congeler - geler - peler - racheter	

Verbes en -ger
Quand la terminaison commence par les lettres **a** ou **o**, mettre un **e** entre le **g** et la terminaison :
nous mangeons (présent)
je mangeais (imparfait)
je mangeai (passé simple)

■ Verbes en -ir

finir	
je finis	je finirai
tu finis	que je finisse
il finit	
nous finissons	il/elle finit
vous finissez	
ils finissent	fini
accomplir - agir - applaudir - avertir - choisir - démolir - éblouir - guérir - haïr - (je hais/nous haïssons) - obéir - punir - réagir - réfléchir - réjouir - remplir - répartir - réunir - unir	

venir	
je viens	je viendrai
tu viens	que je vienne
il vient	
nous venons	il/elle vint
vous venez	
ils viennent	venu
appartenir - contenir - entretenir - maintenir - obtenir - retenir - soutenir - devenir - intervenir - prévenir - se souvenir	

courir	
je cours	je courrai
tu cours	que je coure
il court	
nous courons	il/elle courut
vous courez	
ils courent	couru
parcourir - secourir	

ouvrir	
j'ouvre	j'ouvrirai
tu ouvres	
il ouvre	que j'ouvre
nous ouvrons	il/elle ouvrit
vous ouvrez	
ils ouvrent	ouvert

couvrir - découvrir - recouvrir - entrouvrir - rouvrir - offrir - souffrir

partir	
je pars	je partirai
tu pars	
il part	que je parte
nous partons	il/elle partit
vous partez	
ils partent	parti

sentir - ressentir - mentir - repartir - sortir - ressortir

cueillir	
je cueille	je cueillerai
tu cueilles	
il cueille	que je cueille
nous cueillons	il/elle cueillit
vous cueillez	
ils cueillent	cueilli

accueillir - recueillir

dormir	
je dors	je dormirai
tu dors	
il dort	que je dorme
nous dormons	il/elle dormit
vous dormez	
ils dorment	dormi

(s')endormir - (se) rendormir

servir	
je sers	je servirai
tu sers	
il sert	que je serve
nous servons	il/elle servit
vous servez	
ils servent	servi

mourir	
je meurs	je mourrai
tu meurs	
il meurt	que je meure
nous mourons	il/elle mourut
vous mourez	
ils meurent	mort

fuir	
je fuis	je fuirai
tu fuis	
il fuit	que je fuie
nous fuyons	il/elle fuit
vous fuyez	
ils fuient	fui

s'enfuir

■ Verbes en -dre

vendre	
je vends	je vendrai
tu vends	
il vend	que je vende
nous vendons	il/elle vendit
vous vendez	
ils vendent	vendu

défendre - descendre - pendre - dépendre - suspendre - tendre - attendre - entendre - étendre - vendre - revendre - répandre - fondre - confondre - répondre - correspondre - perdre - mordre - rompre (sauf au présent : il rompt) - interrompre

prendre	
je prends	je prendrai
tu prends	
il prend	que je prenne
nous prenons	il/elle prit
vous prenez	
ils prennent	pris

apprendre - comprendre - entreprendre - reprendre - surprendre

peindre	
je peins	je peindrai
tu peins	
il peint	que je peigne
nous peignons	il/elle peignit
vous peignez	
ils peignent	peint

atteindre - éteindre - craindre - plaindre

■ Verbes en -oir

devoir	
je dois	je devrai
tu dois	
il doit	que je doive
nous devons	il/elle dut
vous devez	
ils doivent	dû, due

apercevoir - concevoir - décevoir - percevoir - recevoir (sans accent sur le **u** du participe passé).

voir	
je vois	je verrai
tu vois	
il voit	que je voie
nous voyons	il/elle vit
vous voyez	
ils voient	vu

revoir - entrevoir - prévoir (sauf au futur : je prévoirai).

pouvoir	
je peux	je pourrai
tu peux	
il peut	que je puisse
nous pouvons	il/elle put
vous pouvez	
ils peuvent	pu

vouloir	
je veux	je voudrai
tu veux	
il veut	que je veuille
nous voulons	il/elle voulut
vous voulez	
ils veulent	voulu

savoir	
je sais	je saurai
tu sais	
il sait	que je sache
nous savons	il/elle sut
vous savez	
ils savent	su

valoir	
je vaux	je vaudrai
tu vaux	
il vaut	que je vaille
nous valons	il/elle valut
vous valez	
ils valent	valu

s'asseoir	
je m'assieds	je m'assiérai
tu t'assieds	
il s'assied	que je m'asseye
nous nous asseyons	il/elle s'assit
vous vous asseyez	
ils s'asseyent	assis

NB : Autre conjugaison du verbe « s'asseoir »
présent : je m'assois
futur : je m'assoirai

■ Verbes en -tre

battre	
je bats	je battrai
tu bats	
il bat	que je batte
nous battons	il/elle battit
vous battez	
ils battent	battu

abattre - combattre - débattre

mettre	
je mets	je mettrai
tu mets	
il met	que je mette
nous mettons	il/elle mit
vous mettez	
ils mettent	mis

admettre - commettre - émettre - permettre - promettre - remettre - soumettre - transmettre

■ Verbes en -uire

conduire	
je conduis	je conduirai
tu conduis	
il conduit	que je conduise
nous conduisons	il/elle conduisit
vous conduisez	
ils conduisent	conduit

cuire - déduire - introduire - produire - reconduire - réduire - reproduire - séduire - construire - traduire - détruire - instruire

connaître	
je connais	je connaîtrai
tu connais	
il connaît	que je connaisse
nous connaissons	il/elle connut
vous connaissez	
ils connaissent	connu

reconnaître - paraître - apparaître - disparaître

naître	
je nais	je naîtrai
tu nais	
il naît	que je naisse
nous naissons	il/elle naquit
vous naissez	
ils naissent	né

■ Verbes en -ire

écrire	
j'écris	j'écrirai
tu écris	que j'écrive
il écrit	
nous écrivons	il/elle écrivit
vous écrivez	
ils écrivent	écrit
décrire - inscrire - prescrire - transcrire - souscrire	

lire	
je lis	je lirai
tu lis	que je lise
il lit	
nous lisons	il/elle lut
vous lisez	
ils lisent	lu
élire - réélire - relire	

rire	
je ris	je rirai
tu ris	que je rie
il rit	
nous rions	il/elle rit
vous riez	
ils rient	ri
sourire	

dire	
je dis	je dirai
tu dis	que je dise
il dit	
nous disons	il/elle dit
vous dites	
ils disent	dit

suffire	
je suffis	je suffirai
tu suffis	que je suffise
il suffit	
nous suffisons	il/elle suffit
vous suffisez	
ils suffisent	suffi

■ Autres verbes en -re

conclure	
je conclus	je conclurai
tu conclus	que je conclue
il conclut	
nous concluons	il/elle conclut
vous concluez	
ils concluent	conclu
exclure - inclure (part. passé : inclus / incluse).	

suivre	
je suis	je suivrai
tu suis	que je suive
il suit	
nous suivons	il/elle suivit
vous suivez	
ils suivent	suivi
poursuivre	

boire	
je bois	je boirai
tu bois	que je boive
il boit	
nous buvons	il/elle but
vous buvez	
ils boivent	bu

vivre	
je vis	je vivrai
tu vis	que je vive
il vit	
nous vivons	il/elle vécut
vous vivez	
ils vivent	vécu
revivre - survivre	

plaire	
je plais	je plairai
tu plais	que je plaise
il plaît	
nous plaisons	il/elle plut
vous plaisez	
ils plaisent	plu
déplaire - (se) taire	

faire	
je fais	je ferai
tu fais	que je fasse
il fait	
nous faisons	il/elle fit
vous faites	
ils font	fait
défaire - refaire - satisfaire	

croire	
je crois	je croirai
tu crois	que je croie
il croit	
nous croyons	il/elle crut
vous croyez	
ils croient	cru

SITUATIONS ÉCRITES	CIVILISATION	PRONONCIATION
• se présenter dans une lettre officielle • compréhension d'une biographie	• art classique et art moderne	• les voyelles non nasalisées
• la cohérence du texte grâce à l'emploi des pronoms • description et commentaire	• la province (notion, stéréotypes) • une petite ville de Bretagne : Dinan	• les voyelles nasalisées
• se plaindre • compréhension d'un dialogue de théâtre	• comportements face à l'information • la comédie de boulevard (Courteline) • plaisanteries et canulars	• intonation de l'interrogation

SITUATIONS ÉCRITES	CIVILISATION	PRONONCIATION
• présenter une organisation • compréhension d'opinions	• les sports en France • problèmes des médias (objectivité de l'information, télévision et morale)	• jeux avec voyelles en position finale
• compréhension de faits divers	• les banlieues • panorama socio-économique de la France	• le son [y]
• compréhension et rédaction d'un texte à caractère informatif comportant des passages narratifs et descriptifs, des citations et des commentaires	• les « grands travaux » des années 80 et 90 à Paris • le rôle historique du général de Gaulle • mai 1968	

SITUATIONS ÉCRITES	CIVILISATION	PRONONCIATION
• formuler une demande officielle	• quelques monuments célèbres	• le son [j]
• raconter une suite d'actions	• le théâtre actuel (satire des comportements)	• prononciation des pronoms démonstratifs et possessifs
• féliciter - complimenter • lettres de félicitations	• aspects du cinéma - la « Nuit des Césars »	• articulation des consonnes

SITUATIONS ÉCRITES	CIVILISATION	PRONONCIATION
• caractériser des actions • décrire une évolution	• les relations entre hommes et femmes (comportements) • sujets de préoccupations au cours de l'année (cartes de vœux, impôts, *etc.*)	• le [ə] muet • les sons [ɑ̃] - [ɛ̃] - [ɔ̃]
• exprimer un idéal, un rêve passé ou présent	• la chanson française • idéaux et comportements dans les années 70, 80 et 90	• prononciation de phrases poétiques avec allitérations
• réalisation de textes poétiques à partir de structures grammaticales fixes	• quelques poètes contemporains (Queneau, Prévert, *etc.*) • les Français et l'humour	• quelques sons difficiles en finale (**-gne, -vre, -our**, *etc.*)

SITUATIONS ÉCRITES	CIVILISATION	PRONONCIATION
• mettre en garde - avertir - conseiller	• mentalités : les peurs des Français • la France protégée : Sécurité sociale, systèmes d'assurance maladie, retraite, *etc.*	• les sons [œ] - [ø]
• comprendre un explication • rassurer - donner des garanties	• la protection de l'environnement et du paysage - parcs régionaux et réserves naturelles (Camargue, Pyrénées, Ardèche)	• le son [ʀ] • les sons [k] - [g]
• demander / donner une autorisation	• informatique, nouvelles technologies et libertés • la ville de Strasbourg	• les sons [f] - [v] - [p] - [b]

SITUATIONS ÉCRITES	CIVILISATION	PRONONCIATION
• faire un constat (accident, défectuosité, *etc.*)	• nouveaux comportements professionnels - nouvelles professions	• groupes consonantiques [ks] - [gz] - [st] - *etc.*
• comprendre un récit au passé simple	• découvertes scientifiques et technologiques • la génétique en question	• prononciation des mots d'origine étrangère
• faire une liste d'arguments • développer un argument (introduction - exemples - conclusion)	• controverses, débats et procès d'actualité	• intonations expressives propres à l'argumentation

CRÉDITS PHOTOGRAPHIQUES

N° d'éditeur: 10113870 - mars 2004 - photogravure: Touraine Compo - Imprimé en Italie par N.I.I.A.G. - Bergamo